이현진
감평법규 핵심정리

PRIME 감정평가사 시험 대비

요약서

- 핵심 공략으로 최단기간 고득점 확보!
- 법규수석 & 최단기 합격생 배출 기록!
- 최고의 적중률과 충분한 설명 수록

머리말
PREFACE ...

　　감정평가사 2차 시험은 서술형 시험으로 "답안지"로 모든 것을 평가받게 됩니다. 주어진 시간인 100분안에 100점 분량인 16페이지를 채우려면 목차와 키워드 중심의 서술이 필요합니다. 따라서 각 논점별로 답안지 분량으로 요약했습니다. 본서의 함축적인 부분과 이해가 되지 않는 부분은 자신의 기본서로 참고하면서 공부하시면 좋을 것 같습니다. 따라서 본서는 초년생에게는 단권화를 손쉽게 할 수 있는 요약집으로, 다년차에게는 놓친 논점을 체크할 수 있는 용도로 활용할 수 있겠습니다. 별도로 서브를 어떻게 만들지 막막하신 분들에게 좋은 샘플이 될 수 있을 것입니다.

　　이 책의 특징은 다음과 같습니다.

1. 주제별 파트 분류

　　감정평가 및 보상법규 과목을 크게 행정법과 개별법으로 나누었습니다. 개별법은 다시 「공익사업을 위한 토지 등의 취득 및 보상에 관한 법률」(이하 '토지보상법'), 「부동산 가격공시에 관한 법률」(이하 '부동산공시법'), 「감정평가 및 감정평가사에 관한 법률」(이하 '감정평가법'), 도시 및 주거환경정비법(이하 '도시정비법')으로 정리하였습니다. 최대한 주제별 법조문 순서로 다루기 위하여, 편의상 토지보상법은 공용수용과 손실보상으로 나누었습니다. 그리고 손실보상 논점을 행정법 파트에서 다루지 않고 공용수용 뒤에서 연결되는 손실보상으로 넣었습니다. 따라서 관련 법조문과 함께 보신다면 공부의 효율성이 높아질 수 있을 것입니다.

2. 주제별 참고와 판례

참고 부분은 해당 내용이 이해되지 않거나, 답안지를 더욱 풍부하게 쓰는 경우, 배점이 큰 경우에 활용하시면 도움이 될 것 같습니다. 참고 부분은 교수님 저서 및 논문을 활용하였습니다. 또한 각 주제별 판례는 대표 판례, 관련 판례 등으로 구성하였습니다. 따라서 사례 풀이시 관련된 논점이 나오거나 유사 사안에서 추가로 활용하시면 좋을 것 같습니다. 또한 답안지의 배점의 여유가 있는 분들은 판례를 더 적시함으로써, 차별화 전략으로 사용하셔도 좋을 것 같습니다.

3. 논점별 정리

논점별로 하나의 단문으로 정리하였습니다. 또한 각 파트별 답안 구성에 있어 감정평가사 시험에서 중요하게 다뤄지는 논점이 거의 빠지지 않도록 노력하였습니다. 따라서 행정법으로 기본적인 내용을 습득하고 개별법에서 각 논점별로 응용하여 공부하시기 바랍니다.

끝으로 이 책으로 학습하신 모든 분들이 합격의 영광을 누리시길 기원하며, 늘 저와 함께 해주신 하느님과 할머니, 어머니, 신부님과 수녀님들께 감사드립니다. 또한 이 책이 발간될 수 있도록 힘써주신 출판사 관계자분들과 베타연구원분들께 감사의 말씀을 드립니다.

2024년 3월
감정평가사 이현진 올림

목차
CONTENTS

PART 01 행정법

논점 001 법치행정의 원칙	10
논점 002 평등의 원칙	11
논점 003 행정의 자기구속의 원칙	12
논점 004 비례의 원칙	13
논점 005 신뢰보호의 원칙	14
논점 006 실권의 법리	15
논점 007 기타 행정법의 일반원칙	16
논점 008 부당결부금지의 원칙	16
논점 009 공법관계와 사법관계의 구별	17
논점 010 공법관계의 사법규정 준용	17
논점 011 개인적 공권	18
논점 012 무하자재량행사청구권	19
논점 013 행정개입청구권	20
논점 014 법규명령	21
논점 015 행정규칙	27
논점 016 법규명령형식의 행정규칙	30
논점 017 법령보충적 행정규칙(행정규칙형식의 법규명령)	31
논점 018 강학상 행정행위와 행정소송법상 처분과의 관계	33
논점 019 행정행위의 종류	34
논점 020 기속행위와 재량행위	39
논점 021 판단여지	41

논점 022 부관	42
논점 023 행정행위의 효력	45
논점 024 선결문제	47
논점 025 행정행위의 성립요건·효력요건·적법요건	50
논점 026 행정행위 하자의 예	52
논점 027 행정행위의 하자(무효와 취소의 구별)	55
논점 028 위헌·위법인 법령에 근거한 처분의 효력 등	57
논점 029 하자승계	59
논점 030 하자의 치유	60
논점 031 행정행위의 직권취소	62
논점 032 취소의 취소(재취소)	64
논점 033 행정행위의 직권철회	65
논점 034 철회의 취소	67
논점 035 단계적 행정결정	68
논점 036 공법상 계약	71
논점 037 행정상의 사실행위	72
논점 038 행정지도	74
논점 039 행정조사	76
논점 040 행정계획의 개관	78
논점 041 행정계획의 통제	80
논점 042 행정의 실효성 확보수단(행정의 의무이행 확보수단)	84
논점 043 대집행	87
논점 044 사전통지	91

목차
CONTENTS

논점 045 의견청취절차(의견진술절차)   93
논점 046 이유제시   95
논점 047 절차적 하자의 독자적 위법성 인정여부   96
논점 048 국가배상책임의 개관   97
논점 049 공무원의 위법행위로 인한 국가배상책임(국가배상책임의 요건)   99
논점 050 공무원의 배상책임
           (가해공무원의 책임, 가해공무원 개인의 피해자에 대한 손해배상 책임 인정 여부)
           106
논점 051 공법상 결과제거청구권   108
논점 052 행정심판의 개관   110
논점 053 행정심판의 청구요건   112
논점 054 행정심판의 가구제   114
논점 055 행정심판의 심리   116
논점 056 행정심판의 재결   117
논점 057 행정심판의 고지제도   123
논점 058 행정소송의 개관   124
논점 059 무명항고소송(법정외항고소송)   126
논점 060 거부행위의 처분성   128
논점 061 처분변경(변경처분)의 소송의 대상   129
논점 062 원처분주의와 재결주의   131
논점 063 재결의 고유한 하자가 있는 경우(인용재결)   133
논점 064 재결의 고유한 하자가 없는 경우   136
논점 065 원고적격   138

논점 066 협의의 소익(권리보호의 필요)	142
논점 067 피고적격	145
논점 068 내부위임	147
논점 069 제소기간	148
논점 070 집행정지	150
논점 071 가처분	152
논점 072 소송의 심리와 관련된 문제들	153
논점 073 처분사유의 추가·변경	159
논점 074 위법판단 기준시	161
논점 075 판결의 종류	162
논점 076 사정판결	164
논점 077 형성력(제3자효)	165
논점 078 기속력	166
논점 079 기판력	169
논점 080 무효등확인소송	171
논점 081 부작위위법확인소송	174

목차 CONTENTS

PART 02 개별법

CHAPTER 01 | 공용수용 180

논점 001 공용수용의 당사자 · 180
논점 002 공공적 사용수용 · 182
논점 003 공물의 수용 가능성 · 183
논점 004 공익사업의 준비 · 184
논점 005 사업인정 전 협의취득의 법적성질 · 186
논점 006 사업인정 · 187
논점 007 사업인정 의제제도 · 193
논점 008 사업인정 후 조서작성 · 197
논점 009 사업인정 후 협의 · 200
논점 010 협의성립확인 · 203
논점 011 재결신청청구권 · 206
논점 012 재결신청권 · 209
논점 013 화해 · 210
논점 014 재결 · 211
논점 015 재결에 대한 불복 · 215
논점 016 공용수용의 효과 · 222
논점 017 공탁 · 224
논점 018 수용목적물의 인도이전의무 및 그 의무이행확보수단 · 228
논점 019 토지수용위원회 · 231

논점 020 보상협의회	233
논점 021 위험부담이전	234
논점 022 담보권자의 물상대위	236
논점 023 환매권	238
논점 024 환매권의 미통지시 손해배상청구가능성	246

CHAPTER 02 ┃ 손실보상 총론 247

논점 001 손실보상의 개관	247
논점 002 경계이론과 분리이론	249
논점 003 불가분조항 여부(헌법 제23조 제3항의 성격)	252
논점 004 손실보상의 요건	253
논점 005 손실보상 기준	256
논점 006 손실보상 방법(원칙)	261
논점 007 생활보상	265
논점 008 이주대책의 개관	267
논점 009 이주대책대상자의 법적 지위	270
논점 010 주거이전비	273
논점 011 주거용 건축물의 보상과 관련된 특례규정	275
논점 012 간접손실보상의 개관	278
논점 013 간접손실보상의 내용	283

목차 CONTENTS

CHAPTER 03 | 손실보상 각론   286

논점 001 토지 보상평가의 기준   286
논점 002 공법상 제한을 받는 토지의 평가   288
논점 003 현실적인 이용상황의 기준의 평가   289
논점 004 무허가건축물등 부지의 평가   290
논점 005 불법형질변경토지의 평가   292
논점 006 미지급용지의 평가   295
논점 007 도로부지의 평가   299
논점 008 구거부지 및 도수로부지   302
논점 009 개간비의 평가   303
논점 010 토지에 대한 소유권 외의 권리에 대한 보상   306
논점 011 사용하는 토지에 대한 보상 평가   307
논점 012 잔여지 가치하락 등(손실)에 대한 평가   309
논점 013 잔여지의 매수·수용   313
논점 014 건축물등 물건에 대한 보상평가   318
논점 015 무허가건축물등에 대한 보상   320
논점 016 건축물의 잔여 부분에 대한 보상   321
논점 017 기타 지장물에 대한 보상 평가   323
논점 018 권리의 보상액 산정과 평가   326
논점 019 영업손실보상 대상   328
논점 020 영업의 폐지와 휴업의 구분   332
논점 021 농업손실보상 대상   335

CHAPTER 04 | 부동산공시법   337

논점 001 표준지공시지가   337
논점 002 개별공시지가   341
논점 003 토지가격비준표   346
논점 004 개별공시지가의 검증제도   349
논점 005 공시지가와 시가의 관계   351
논점 006 타인토지출입   352
논점 007 주택가격의 공시 및 비주거용 부동산 가격공시제도   354

CHAPTER 05 | 감정평가법   356

논점 001 감정평가사 등록   356
논점 002 감정평가사의 법적 지위   358
논점 003 감정평가법인   361
논점 004 손해배상책임   363
논점 005 징계와 과징금   366
논점 006 타당성조사와 표본조사   367

CHAPTER 06 | 도시정비법   369

PRIME 감평법규 핵심정리
www.primeedunet.com

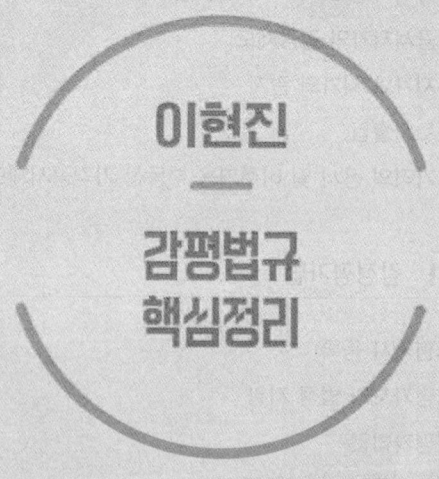

이현진

감평법규
핵심정리

이현진 | 감평법규 핵심정리

제1편
행정법

논점 001 법치행정의 원칙

1. 의의

법치행정의 원칙이란 행정권도 법에 따라서 행하여져야 하며, 만일 행정권에 의하여 국민의 권익이 침해된 경우에는 이의 구제를 위한 제도가 보장되어야 한다는 것을 의미한다.

2. 내용

(1) 법률의 법규창조력

법률의 법규창조력이란 국가작용 중 법규(국민의 권리·의무에 관한 새로운 규율)를 정립하는 입법은 모두 의회가 행하여야 한다는 원칙을 말한다.

(2) 법우위의 원칙

법우위의 원칙이란 행정이 법에 위반되는 행위를 해서는 아니 된다는 원칙을 말한다. 여기서 법은 모든 법규범을 말한다.

(3) 법률유보의 원칙

법률유보의 원칙은 행정권의 발동에는 법적 근거가 있어야 한다는 원칙이다. 여기서 법률은 형식적 의미의 법률을 말한다.

논점 002) 평등의 원칙

1. 의의 및 근거

①평등의 원칙이란 행정청은 합리적 이유 없이 국민을 차별하여서는 아니 된다는 원칙이다. ②헌법 제11조로부터 도출되는 불문법 원칙으로 보는 것이 타당하다. 행정기본법 제9조 평등의 원칙은 헌법 제11조가 규정하는 평등의 원칙이 행정의 영역에서 구체화 된 것이다.

2. 요건

행정주체의 행정작용이 평등원칙에 위반되었다고 보기 위해선 ①동일한 사안일 것, ②행정작용이 차별에 해당할 것, ③차별에 합리적인 사유가 없을 것 등의 요건을 갖추어야 한다.

3. 한계

불법 앞의 평등 요구는 인정되지 않는다.

4. 효력

평등원칙은 헌법적 효력을 갖는다. 평등원칙에 반하는 행정권 행사는 위법하고, 평등원칙에 반하는 법률은 위헌이다.

논점 003 | 행정의 자기구속의 원칙

1. 의의 및 근거

①자기구속의 원칙이란 행정관행이 성립된 경우, 행정청은 특별한 사정이 없는 한 같은 사안에서 행정관행과 같은 결정을 하여야 한다는 원칙이다. ②신뢰보호의 원칙에서 구하는 견해도 있으나, 상대방의 신뢰와 무관하게 성립한다는 점에서 평등원칙에서 구하는 견해가 통설이다. 판례는 평등원칙 및 신뢰보호원칙에서 구하는 입장이다.

2. 요건

①재량행위 영역일 것, ②행정선례가 있을 것, ③동종의 사안일 것을 요한다. 선례에 대하여 재량준칙 존재시 선례가 불필요하다는 〈선례불요설〉이 있다. 그러나 비교대상에 되는 1회이상 선례가 존재하여야 한다는 〈1회 선례 충분설〉과 선례가 관행화 될 정도의 계속적인 선례가 필요하다는 〈행정관행설〉이 대립된다. 판례는 재량준칙이 공표된 것만으로 자기구속원칙이 적용될 수 없고, 되풀이 시행되어 행정관행이 성립한 경우 자기구속원칙이 적용될 수 있다고 한 것으로 보아 행정관행설의 입장이다. 〈생각건대〉 선례없이도 자기구속법리를 인정하면 재량준칙의 법규성을 인정한다는 점, 1회 선례 충분설은 행정의 경직화를 초래하는 점에서 문제가 있는바, 〈행정관행설〉이 타당하다.

3. 한계

①위법한 관행의 경우와 ②사정변경이 있는 경우에 자기구속법리의 적용이 배제될 수 있다.

4. 효력

자기구속의 원칙은 헌법적 효력을 갖는다. 자기구속의 원칙에 반하는 법령이나 행정권행사는 위헌·위법한 것이 된다.

논점 004 비례의 원칙

1. 의의 및 근거

①비례의 원칙이란 행정작용에 있어 행정목적과 행정수단 사이에는 합리적인 비례관계가 있어야 한다는 원칙이다. ②〈헌법적 근거〉로 헌법 제37조 제2항 및 실질적 법치국가원칙으로부터 도출되며, 〈실정법적 근거〉로 행정기본법 제10조에 근거한다.

2. 요건(내용)

①행정목적을 달성하는데 유효하고 적절할 것(적합성), ②행정목적을 달성하는데 필요한 최소한도에 그칠 것(필요성), ③행정작용으로 인한 국민의 이익 침해가 그 행정작용이 의도하는 공익보다 크지 아니할 것(상당성)을 요하며, ④서로 단계적 심사과정을 거치게 된다.

3. 효력

비례의 원칙은 헌법에 근거를 둔 행정법의 일반원칙으로서 이에 위반한 법령은 위헌이 되며, 이에 위반한 행정작용은 위법하다.

논점 005 신뢰보호의 원칙

1. 의의 및 근거

①신뢰보호원칙이란 행정청은 공익 또는 제3자의 이익을 현저히 해칠 우려가 있는 경우를 제외하고는 행정에 대한 국민의 정당하고 합리적인 신뢰를 보호하여야 한다는 원칙이다. ②이론적 근거로서 신의칙설과 법적 안정성설이 주장되나 당사자의 법적 생활 안정의 필요성을 근거로 하여 도출하려는 법적 안정성설이 타당하다. 행정기본법 제12조는 불문법인 신뢰보호의 원칙을 행정법의 일반원칙의 하나로 선언하고 있다.

2. 요건

①행정기관의 일정한 선행행위가 존재할 것, ②신뢰가 보호가치 있을 것, ③국민이 신뢰에 입각하여 어떠한 조치를 취할 것, ④선행행위에 대한 신뢰와 상대방 조치사이에 인과관계가 있을 것, ⑤선행조치에 반하는 행정작용이 존재할 것을 요한다.

3. 한계

선행행위에 반하는 처분을 함으로써 달성되는 공익(법률적합성)이 신뢰이익 및 법적 안정성보다 큰 경우 신뢰보호원칙을 이유로 처분이 위법하다고 할 수 없다.

논점 006 실권의 법리

1. 개념 및 근거

행정청은 권한 행사의 기회가 있음에도 불구하고 장기간 권한을 행사하지 아니하여 국민이 그 권한이 행사되지 아니할 것으로 믿을 만한 정당한 사유가 있는 경우에는 그 권한을 행사해서는 아니 된다. 다만, 공익 또는 제3자의 이익을 현저히 해칠 우려가 있는 경우는 예외로 한다. 실권의 법리의 이론적 근거로는 실권의 법리를 신뢰보호의 원칙의 파생원칙이라 보며, 대법원은 신의성실의 원칙에 바탕을 둔 파생원칙으로 보았다. 행정기본법 제12조 제2항은 실권의 법리를 명문화 하였다.

2. 요건

①행정청이 취소사유, 철회사유 등 권리행사 가능성을 알고 ②그 행사가 가능함에도 불구하고 장기간 행사하지 않으며, ③국민의 신뢰에 정당한 사유가 있어야 한다.

3. 유의사항

실권의 법리의 요건에 해당하는 경우 행정청이 갖고 있는 취소권, 철회권 등은 소멸되고, 실권의 법리에 위반한 제재처분은 위법하다. 실권의 법리는 신뢰보호의 원칙의 파생법리인 특별법리이다. 따라서 실권의 법리가 신뢰보호의 원칙보다 우선 적용된다. 실권의 법리가 성립되지 않는 경우에 신뢰보호의 원칙의 요건이 충족되면 신뢰보호의 원칙이 적용된다.

논점 007 기타 행정법의 일반원칙

1. **성실의무의 원칙**

   행정청은 법령등에 따른 의무를 성실히 수행하여야 한다. 행정기본법은 사법상 대원칙인 '신의성실의 원칙'을 행정법상 행정청의 성실의무의 원칙으로 수정하여 규정하였다. 이 원칙은 행정기본법 제11조 제1항에 근거한다.

2. **권한남용금지의 원칙**

   행정기본법 제11조 제2항은 "행정청은 행정권한을 남용하거나 그 권한의 범위를 넘어서는 아니 된다"고 규정하고 있다. 행정기본법은 행정청의 권한남용금지의 원칙을 명문화하여 권한남용금지의 원칙이 행정법 영역 전반에 공통적으로 적용되는 일반적 법 원칙임을 명시적으로 선언하였다.

논점 008 부당결부금지의 원칙

1. **의의 및 근거**

   ①부당결부금지의 원칙이란 행정청은 행정작용을 할 때 상대방에게 해당 행정작용과 실질적인 관련이 없는 의무를 부과해서는 아니 된다는 원칙을 말하며, ② 이는 법치국가의 원리와 자의금지원칙에서 나오는 헌법상 원칙으로서, 행정기본법 제13조에 근거한다.

2. **요건**

   ①행정청의 공행정작용일 것, ②그 작용은 상대방에게 부과되는 반대급부와 결부일 것, ③행정작용과 반대급부가 실질적 관련성이 없는 경우를 말한다. 원인적 관련성은 행정작용과 사인의 급부사이에 인과관계가 있어야 하며, 목적적 관련성은 주된 행정행위의 근거 법률, 당해 행정분야가 추구하는 목적에 의해서만 부과되어야 한다는 것을 의미한다.

논점 009 공법관계와 사법관계의 구별

1. 구별실익
공법관계와 사법관계인지 여부에 따라 적용될 법규나 법원칙, 분쟁 해결을 위한 쟁송수단의 결정 등이 다르므로 구별이 요구된다.

2. 구별기준
①주체설, 신주체설, 이익설, 성질설 등이 대립되며, ②판례는 종합적으로 검토한다. ③어느 한 기준에 의해서 법률관계의 완전한 구별이 어려운바, 각 학설을 상호보완적으로 적용하여 합리적으로 판단해야 한다는 복수성질설이 타당하다고 본다.

논점 010 공법관계의 사법규정 준용

1. 문제점
공법관계의 경우, 유추적용 할 공법규정조차 없는 경우에 사법규정이 유추적용 가능한지 문제된다.

2. 학설
①부정설은 공사법은 목적을 달리하는 분리된 별개의 법체계로 보아 유추적용을 부정한다. ②직접적용설은 공법규정 흠결보완을 위해 특별한 규정 없는 한 당연히 적용 가능하며, ③유추적용설(통설)은 공·사법관계 차이를 인정하되, 내용이 유사한 경우에 한하여 제한적으로 유추 적용한다는 견해이다.

3. 판례 및 검토
①대법원은 사법규정인 실권 또는 실효의 법리를 권력관계에 적용한바 있다(제한적 유추적용설). ②생각건대, 공법관계 특수성 무시할 수 없는 점, 유추적용의 지나친 확장을 제한한다는 점에서 판례가 타당하다고 본다.

논점 011 개인적 공권

1. **의의**

    개인적 공권이란 개인이 직접 자기의 이익을 위하여 행정주체에게 일정한 행위를 할 것을 요구할 수 있는 공법에 주어진 힘이다.

2. **성립요건**

    (1) 강행법규의 존재

    공권도 그에 상응하는 의무를 전제로 하는 것이므로, 개인적 공권이 성립하기 위하여는 먼저 행정법상의 강행법규에 의하여 국가 기타의 행정주체에게 일정한 의무(작위, 부작위, 급부, 수인의무)가 부과되어 있어야 한다.

    (2) 사익보호성

    강행법규에 의하여 행정주체에게 일정한 법적 행위의무가 부과되어 있고, 그러한 법규의 목적·취지가 적어도 특정된 범위의 사인의 이익도 보호하고자 하는 경우에만 당해 이익은 공권으로 인정된다. 이에 반하여 법규의 목적·취지가 전적으로 공익추구에 있는 때에는 그로부터 개인이 일정한 이익을 받더라도 그것은 법규가 공익목적을 위하여 행정주체에게 의무를 부과한 반사적 효과로서 받는 이른바 반사적 이익에 불과하다.

3. **특수한 개인적 공권 – 무하자재량행사청구권, 행정개입청구권**

논점 012 무하자재량행사청구권

1. 의의

무하자재량행사청구권이란 행정기관에 대해 재량을 행사함에 있어 하자 없는 재량행사를 청구할 수 있는 권리를 말한다.

2. 인정여부(독자성 인정여부)

(1) 학설

무하자재량행사청구권에 대해 ①부정설은 원고적격을 부당하게 넓혀 민중소송화를 우려할 수 있다는 점을 논거로 부정하나, ②긍정설은 사익보호규정이 인정되는 권리인바, 민중소송화 할 위험이 존재하지 않는다고 하여 긍정한다. ③절충설은 원고적격을 위하여는 독자성을 인정하기 어려우나, 본안판결을 위해서는 독자성 인정이 타당하다고 한다.

(2) 판례

긍정설 입장에서 "대법원이 검사임용거부처분 사건에서 임용권자에게 적법 처분을 요구할 권리가 있다고 판시한 것"을 무하자재량행사청구권으로 인정하였다고 평가하였다.

(3) 검토

상기 논의는 의무와 사익보호성이 충족되는 경우에만 인정하는바, 민중소송의 우려가 없다고 보이며, 따라서 인정함이 타당하다고 본다.

3. 성립요건

①강행법규성(하자없는 재량행사를 발동할 의무)과 ②해당 법규가 사익보호성이 있어야 한다.

4. 행사의 내용

행정행위발급청구권이나 행정개입청구권과 달리 특정처분을 요구할 수는 없고, 행정청이 재량의 일탈, 남용, 불행사 없이 어떤 처분을 할 것을 요구할 수 있을 따름이다.

논점 013 행정개입청구권

1. 의의
행정개입청구권이란 개인이 자기의 이익을 위하여 자기에 대하여 일정한 내용의 행정권을 발동하여 줄 것을 청구할 수 있는 권리를 말한다.

2. 인정여부

(1) 학설

①부정설은 행정개입청구권과 제3자와의 관계는 사인과의 관계로 행정청의 불개입으로 인한 손해는 반사적 손해에 불과하며 공권은 성립하지 않는다고 본다. 또한 행정권의 발동은 행정청의 재량이라는 점 및 쟁송수단미비 등을 이유로 부정한다. ②긍정설은 생명, 신체, 재산에 대해 급박한 위험이 존재한다면 사인에게 이러한 권리를 인정하여 실효적인 권리구제가 가능하다는 점을 논거로 인정한다.

(2) 판례

판례는 명시적으로 인정하고 있지 않지만, 환경영향평가대상 지역 안에 거주하는 주민에게는 공유수면매립면허취소의 변경을 요구할 조리상 신청권이 있다고 하여 긍정하는 입장으로 보인다.

(3) 검토

행정청의 행정권발동의 부재로 사인이 생명, 신체, 재산에 대한 중대한 침해를 받을 수 도 있는 바, 사인에게 제3자 또는 본인에 대한 행정권 발동을 요구할 권리를 인정함이 타당하다고 본다.

3. 성립요건

(1) 강행법규 존재(기속행위는 당연히 인정. 재량행위는 재량이 0(영)으로 수축)

이 공권이 성립하기 위하여는 행정기관에게 특정한 행정행위를 해야 할 법적의무가 존재하여야 한다. 이러한 의무는 기속행위인 경우에는 당해 성문법규에 의해서 인정되나, 재량행위인 경우에는 행정기관의 객관적인 개입의무의 존재, 즉 행정기관의 재량이 0으로 수축되는 경우로 나타나게 된다.

(2) 당해 법규가 공익뿐만 아니라 사익보호도 의도할 것을 요한다.

 **법규명령**

Ⅰ. 법규명령의 의의 및 근거

법규명령이란 법률의 위임에 의하여 또는 법률을 집행하기 위하여 행정권에 의하여 제정된 일반적, 추상적 규율을 말한다. 법규명령은 헌법상 근거(헌법 제75조, 제76조, 제95조 등)가 있다.

Ⅱ. 법규명령의 종류

1. 법률과의 관계에 따른 분류

헌법적 효력을 가지는 계엄조치, 법률과 같은 효력을 갖는 긴급명령 및 긴급재정·경제명령, 법률보다 하위의 효력을 갖는 종속명령이 있다. 종속명령이라 함은 법률보다 하위의 효력을 가지는 명령을 말한다. 종속명령은 새로운 법규사항(국민의 권리·의무에 관한 사항)을 정하는지 여부에 따라 위임명령과 집행명령으로 구분된다. 위임명령이라 함은 법률 또는 상위명령의 위임에 의해 제정되는 명령으로서 새로운 법규사항을 정할 수 있다. 집행명령이라 함은 상위법령의 집행을 위하여 필요한 사항(신고서양식 등)을 법령의 위임 없이 직권으로 발하는 명령을 말한다. 집행명령에서는 새로운 법규사항을 정할 수 없다.

2. 제정권자에 따른 분류

대통령이 제정하는 명령을 대통령령, 총리가 발하는 명령을 총리령, 행정각부의 장이 발하는 명령을 부령이라 한다. 입법 실제에 있어서 대통령령에는 통상 시행령이라는 이름을 붙이고 총리령과 부령에는 시행규칙이라는 이름을 붙인다.

3. 직접성 여부에 따른 분류

(1) 직접성 있는 법규명령

1) 처분적 법규명령

처분적 법규명령은 대통령령, 총리령, 부령 등의 법규명령 형식을 취하지만, 실질적으로 관련자의 개별성과 규율사건의 구체성을 가짐으로써 행정행위 성질을 갖는 법규명령으로 처분성을 가진다.

2) 집행적 법규명령

집행적 법규명령은 집행행위(처분) 매개 없이 직접 국민의 권리와 의무를 규율하지만, 일반적·추상적 성질을 가지기 때문에 항고소송 대상인 처분이 될 수 없는 법규명령이다.

(2) 일반적 법규명령

일반적 법규명령이란 법규명령 중 직접성 없는 법규명령이다.

Ⅲ. 법규명령의 한계

1. 위임명령의 근거와 한계

(1) 위임명령의 근거

헌법 제75조 및 헌법 제95조에 따라 법률이나 상위명령에 개별적인 위임규정이 있는 경우에만 제정할 수 있다.

(2) 위임명령의 한계

1) 수권의 한계

①법률의 명령에 대한 수권은 일반적이고 포괄적인 수권은 안 되며 구체적인 위임이어야 한다(헌법 제75조). 다만, 자치조례 또는 공법적 단체의 정관에 대한 위임 등 자치법적 사항의 위임에 있어서는 포괄위임금지의 원칙이 적용되지 않으며 포괄적인 위임도 가능하다. ②헌법에서 구체적이고 명시적으로 법률로 정하도록 한 사항과 본질적인 사항은 법률로 정하여야 하며 명령에 위임하여서는 안 된다. 본질적인 사항은 명령에 대한 구체적 위임도 안 되며 법률로 정하여야 한다. ③수권의 한계를 넘는 법률은 위헌인 법률이 된다. 수권법률이 헌법재판소의 위헌법률 심판에서 위헌으로 결정된 경우에 당해 수권법률에 의해 제정된 명령은 위법한 명령이 되고 법원은 그 명령의 위법을 확정하고 그 명령을 당해 사건(예:취소소송 사건)에 적용하지 않는다. 그리고, 수권의 한계를 넘는 수권에 근거하여 제정된 명령에 근거하여 내려진 처분은 통상 그 위법이 명백하지 않으므로 원칙상 취소할 수 있는 처분이다.

2) 제정상 한계

①위임명령은 수권의 범위 내에서 제정되어야 한다. 수권의 범위를 일탈한 명령은 위법한 명령이 된다. ②위임명령은 상위법령(예:헌법, 법률, 상위의 명

령)에 위반하여서는 안 된다. ③또한 전면적 재위임도 금지된다. 이는 위임된 입법 권한의 전면적 재위임은 입법권을 위임한 법률 그 자체의 내용을 임의로 변경하는 결과를 가져오므로 허용되지 않는다. 단, 세부사항을 보충하는 정도의 재위임은 가능하다. ④시행령의 내용이 모법의 입법 취지와 관련된 조항 전체를 유기적·체계적으로 살펴보아 모법의 해석상 가능한 것을 명시한 것에 지나지 아니하거나 모법 조항의 취지에 근거하여 이를 구체화하기 위한 것인 때에는 모법의 규율 범위를 벗어난 것으로 볼 수 없으므로 모법에 이에 관하여 직접 위임하는 규정을 두지 않았다고 하더라도 이를 무효라고 볼 수 없다. 그러나, 수권 규정에서 사용하고 있는 용어의 의미를 넘어 그 범위를 확장하거나 축소하여 위임 내용을 구체화하는 단계를 벗어나 새로운 입법을 한 것으로 볼 수 있다면 위임의 한계를 넘은 것이다(대판 2017두56193).

3) 형벌규정의 규율금지

헌법상 죄형법정주의 원칙으로 행정기관이 범죄와 형벌을 규정할 수 없다. 그러나 근거법이 범죄구성요건의 구체적 기준이 설정되면 그 범위 내 가능하다.

2. 집행명령의 근거와 한계

①집행명령은 위임명령과 달리 상위법령 수권 없이도 직권으로 발령될 수 있다. ②법령의 집행에 필요한 세칙을 정하는 범위 내에서만 가능하며 새로운 국민의 권리·의무를 정할 수 없다.

Ⅳ. 법규명령의 적법요건과 위법한 명령의 효력

1. 법규명령의 적법요건

①위임명령은 상위법령의 수권이 있어야 제정될 수 있으며, 수권의 범위 내에서 제정되어야 한다. 집행명령은 위임 없이 직권으로 제정될 수 있다. ②근거가 되는 상위법령이 위법할 때에는 그에 근거한 명령도 위법하다. ③상위법령에 위반되는 명령은 위법하다. ④입법예고제 등 행정입법절차를 위반하여서는 안 된다.

2. 위법한 법규명령의 효력

(1) 문제점

법규명령이 위법한 경우(특히 법규명령이 내용상 상위법령에 저촉되는 경우)에 법규명령의 효력에 관하여는 다음과 같이 견해가 대립 된다.

(2) 학설

①취소·무효 구별설은 행정입법의 흠이 중대하고 명백한 경우에는 행정행위에서와 같이 당연히 무효가 된다고 보고, 흠이 중대하고 명백하지 않은 경우에는 일단 유효하며 헌법 제107조 제2항상의 통제제도에 의해 당해 법규명령에 근거한 처분을 다투는 소송에서 선결문제로서 다툴 수 있다고 본다. ②무효설은 법규명령에 대한 취소쟁송제도의 부존재를 이유로, 위법한 법규명령은 모든 경우에 무효라고 보아야 한다고 주장한다. ③상대적 무효설은 위법한 행정입법을 '무효'라고 하면서도 위법 확인이 된 경우에도 당해 사건에 한하여 적용되지 않을 뿐 당해 행정입법은 그대로 유효하다고 본다. ④유효설은 법규명령은 법질서를 이루고 있으므로 법질서의 보호를 위하여(법의 공백을 막기 위하여) 위법한 법규명령도 폐지되거나 취소되기 전에는 특별한 규정이 없는 한 효력을 유지한다고 본다.

3. 판례

판례는 위법한 법규명령을 무효로 보고 있다.

4. 검토

(1) 무효설

일정한 법적 행위가 성립·효력요건을 충족하지 못하는 경우 법적 효력을 인정하지 않는 것이 원칙이므로 위법한 법규명령은 무효라고 보는 것이 타당하다.

(2) 유효설

법의 공백을 막기 위하여 위법한 법규명령도 폐지되거나 항고소송에 의해 무효확인(취소)되기 전에는 효력을 유지한다고 보고, 처분적 명령에 대한 항고소송은 취소소송의 형식으로 제기하도록 하는 것이 타당하다.

V. 법규명령의 통제

1. 행정 내부적 통제

(1) 절차상 통제

행정절차법상 법령 등을 제정·개정·폐지하고자 하는 경우에 입법예고제가 도입되어 있다(행정절차법 제41조 제1항). 그 외에 국무회의 심의(헌법 제89조 제3호), 법제처에 의한 심사 등의 절차상 통제장치가 있다.

(2) 감독권에 의한 통제

1) 감독청의 개폐명령

상급행정청의 감독권의 대상에는 하급행정청의 행정입법권 행사도 포함된다. 상급행정청은 하급행정청의 행정입법권의 행사의 기준과 방향을 지시할 수 있고, 위법한 법규명령의 폐지를 명할 수 있다.

2) 행정심판위원회에 의한 통제(행정심판법 제59조)

중앙행정심판위원회는 심판청구를 심리, 재결할 때에 처분 또는 부작위의 근거가 되는 명령 등이 법령에 근거가 없거나 상위법령에 위배되거나 국민에게 과도한 부담을 주는 등 크게 불합리하면 관계 행정기관에 그 명령 등의 개정, 폐지 등 적정한 시정조치를 요청할 수 있다.

2. 의회(국회)에 의한 통제

의회에 의한 행정입법의 통제방법으로는 의회에의 제출절차와 의회의 동의 또는 승인권의 유보가 있다.

3. 법원에 의한 통제

(1) 구체적 규범통제

1) 의의 및 내용

①구체적 규범통제란 다른 구체적 사건에 대하여 소송을 제기하였을 때 그 사안의 근거가 된 법규명령이 재판의 전제가 된 경우에 법규명령의 위법성을 심사하는 제도를 말한다. ②우리나라는 헌법 제107조 제1항에서 헌법재판소의 위헌법률심판, 제107조 제2항에서 법원의 명령·규칙심사권을 규정하고 있어 구체적 규범통제 제도를 취한다. ③통제의 주체로서 각급 법원이 통제하고, 대법원이 최종적인 심사권을 갖는다. ④대상은 명령, 규칙이 통제 대상이 된다.

2) 재판의 전제성

재판의 전제성이란 처분의 위법성이 법규명령 등에 기한 것일 때, 처분의 위법성 판단에 앞서 처분의 근거 법령인 법규명령의 위헌, 위법성을 먼저 결정하는 것을 말한다.

3) 효력

①개별적 효력설은 위법한 명령은 당해 사건에 한하여 적용되지 않는 것으로 보며, ②일반적 효력설은 위법한 명령의 경우 당해 명령은 효력이 상실하는 것으로 본다. ③판례는 "명령이 위법하다"라는 판결이 난 경우 당해 사건에서만 적용이 배제되는 것으로 보고 있다. ④생각건대, 법의 공백상태의 초래를 막기 위하여 개별적 효력설 및 판례 입장이 타당하다.

(2) 처분적 법규명령에 대한 항고소송(직접적 통제, 법규명령 자체에 대한 항고소송)

법규명령(법령보충적 행정규칙 포함) 중 처분적 성질을 갖는 명령(처분적 명령)은 항고소송의 대상이 된다는 것이 판례 및 일반적 견해이다.

4. 헌법재판소에 의한 통제(권리구제형 헌법소원)

(1) 법규명령에 대한 헌법소원 인정 여부

1) 문제점

현행 헌법상 법규명령에 대한 헌법소원(헌법재판소법 제68조 제1항의 헌법소원)이 가능한지에 관하여 견해가 대립한다.

2) 학설

①부정설은 헌법상의 관할권의 배분의 관점 등을 고려할 때 법규명령의 헌법소원을 부정한다. ②긍정설은 헌법소원은 기존의 구제제도에 대한 보충적인 구제제도이므로 법규명령이 국민의 기본권을 직접 침해한 경우 헌법소원을 통하여 다툴 수 있다고 본다.

3) 판례

헌법재판소는 긍정설을 취하고 있다. 헌법소원제도의 기본권보장 제도로서의 기능을 보장하기 위하여 명령·규칙에 대한 헌법소원을 인정하는 것이 타당하다.

(2) 헌법소원의 요건

법규명령이 국민의 기본권을 직접 침해한 경우 헌법소원을 통하여 다툴 수 있는 것이 원칙이다. 다만, 예외적으로 법규명령의 처분성이 인정되어 항고소송을 통해 법규명령의 효력을 직접 다툴 수 있는 경우에는 헌법소원의 보충성에 의해 헌법소원을 제기할 수 없다.

논점 015 행정규칙

Ⅰ. 행정규칙의 의의

행정규칙이라 함은 행정조직 내부에서의 행정의 사무처리기준으로서 제정된 일반적·추상적 규범을 말한다. 실무에서의 훈령·통첩·예규 등이 행정규칙에 해당한다.

Ⅱ. 행정규칙의 종류

1. 행정규칙의 규율대상 및 내용에 따른 분류

조직규칙, 영조물규칙, 법령해석규칙, 재량준칙, 법률대체적 규칙으로 분류할 수 있다.

2. 법령상의 분류

훈령, 지시, 예규, 고시 등으로 분류가 가능하다.

Ⅲ. 행정규칙의 법적 성질 및 구속력

1. 개설

행정규칙의 법적 성질의 문제라 함은 행정규칙이 법규인가 아니면 법규가 아닌가 또는 행정규칙은 준법규인가 하는 행정규칙의 법규성의 문제를 말한다. 행정규칙의 구속력이란 행정규칙이 법적 구속력을 갖는가 하는 문제이다. 행정규칙의 법적 구속력에는 행정조직 내부에서의 구속력(대내적 구속력)과 행정행위의 상대방인 국민 또는 법원에 대한 구속력(대외적 구속력)이 있다. 이하, 행정규칙 중에 재량준칙 위주로 후술하기로 한다.

2. 재량준칙

(1) 재량준칙의 의의 및 내용

재량준칙이라 함은 재량권 행사의 기준을 정하는 행정규칙을 말한다. 재량준칙의 제정에는 별도의 법적 근거를 요하지 않는다. 또한, 재량준칙은 법규명령과 달리 행정권 행사의 일반적 기준 내지 방침을 제시할 뿐이며 그 자체로서는 국민에게 직접적인 법적 효과를 미치지 않는다. 재량준칙은 기본적으로 행정내부조치이다. 그리고, 재량준칙의 경우에는 구체적 사안의 특수성 또는 공익상의 필요에 의해 재량준칙에서 정해진 행정기준과 다른 결정을 할 수 있다.

(2) 외부적 효력과 성질

1) 학설

행정규칙의 외부적 효력에 대해 ①긍정설(법규설)은 행정권 일정 한도 내에서 독자적인 입법권을 가진다고 보며, ②부정설(비법규설)은 재량준칙이 행정조직내부에서의 재량권 행사의 기준을 정한 행정규칙이므로 외부적 구속력이 없다고 본다. ③준법규설은 자기구속의 법리 및 평등의 원칙을 매개로 간접적인 대외적 구속력을 가진다고 한다.

2) 판례

대법원의 입장은 평등의 원칙을 매개로 재량준칙의 간접적인 대외적 구속력을 인정하는 다수설의 견해와 유사하다. 또한, 대법원은 재량준칙이 되풀이 시행되어 행정관행이 성립한 경우 당해 재량준칙에 자기구속력을 인정한다.

3) 검토

법치행정원리 및 국민의 권리구제 등을 종합 고려하여 일정 관행이 형성된 경우 평등원칙 등을 매개로 간접적으로 법적 효력을 가지는 것으로 보는 것이 타당하다고 본다.

(3) 재량준칙에 대한 재판적 통제

재량준칙은 그 자체로서는 국민의 법적 지위에 직접적인 영향을 미치지 않는 행정내부조치에 불과하므로 재량준칙 자체는 취소소송의 대상이 되지 않는다. 다만, 예외적으로 재량준칙이라도 국민의 권익에 직접 영향을 미치는 경우에는 행정소송법상 처분이 되며 취소소송의 대상이 된다고 보는 것이 타당하다. 재량준칙에 대한 간접적 통제(부수적 통제)를 인정하지 않는 것이 일반적인 견해이지만, 재량준칙의 간접적·대외적 구속력을 인정하는 견해에 선다면 재판의 전제문제로서 간접적으로 통제된다고 보아야 한다.

Ⅳ. 행정규칙의 통제

1. 행정적 통제

법제처의 사전심사나 법제처의 사후평가제가 실시되고 있다.

2. 사법적 통제

(1) 법원에 의한 통제

1) 항고소송의 대상

행정규칙에는 원칙상 대외적 효력이 인정되지 않으며 간접적·대외적 효력이 인정되는 경우에도 행정의 기준이 될 뿐 국민의 권리·의무에 직접 구체적인 효과를 미치지 않기 때문에 행정규칙은 원칙상 행정소송법상의 처분에 해당하지 않고 따라서 항고소송의 대상이 되지 않는다.

2) 구체적 규범통제(간접적 규범통제)

행정규칙이 대외적 구속력을 갖지 않는 경우에는 행정처분의 위법 여부를 판단함에 있어서 행정규칙의 위법 여부가 전제 문제가 되지 않으므로 법원에 의한 심판대상이 될 수 없을 것이다. 그러나, 반대견해도 있지만, 행정규칙이 대외적 구속력을 갖고 행정처분의 취소소송에서 행정규칙의 위법 여부가 전제 문제가 되었을 때에는 법원에 의한 심판대상이 된다고 볼 수 있다.

(2) 헌법재판소에 의한 통제

행정규칙은 대외적인 행위가 아니라 행정조직 내부에서의 행위이므로 원칙상 헌법소원의 대상이 되는 공권력 행사가 아니다. 그러나, 행정규칙이 사실상 구속력을 갖고 있어 국민의 기본권을 현실적으로 침해하는 경우에는 헌법소원의 대상이 된다. 그리고, 법규성 또는 대외적 구속력이 인정되는 행정규칙은 헌법소원의 대상이 되는 공권력 행사에 해당한다.

논점 016 법규명령형식의 행정규칙

1. 의의

법규명령의 형식을 취하고 있지만, 그 내용이 행정규칙의 실질을 가지는 것을 법규명령형식의 행정규칙이라 한다. 법규명령형식의 행정규칙은 재량권 행사의 기준(재량준칙, 특히 제재적 처분의 기준)을 법규명령의 형식으로 정한 경우가 보통이다.

2. 법적성질

(1) 학설

①형식설(법규명령설)은 규범 형식, 법적 안정성을 중시하여 구속력이 있다고 보는 견해로 법규명령에 위반한 처분인 경우 위법하다고 판단되어 국민의 권리구제에 유리하다는 점을 논거로 든다. ②실질설(행정규칙설)은 실질을 중시하여 구속력은 없으나 구체적으로 타당한 행정작용이 가능하다는 점을 논거로 한다. ③수권여부기준설은 상위법령의 수권이 있는 경우 구속력 인정되나 수권이 없는 경우 구속력이 인정되지 않는다고 보는 견해이다.

(2) 판례

①대법원은 부령 형식의 행정규칙에 대해서는 일관되게 행정규칙으로 보고 있으나(도로교통법 시행규칙(부령)으로 정한 운전면허행정처분기준), ②대통령령 형식의 행정규칙에 대해서는 법규성을 인정하여 형식에 따라 상이한 입장을 보이고 있다((구)주택건설촉진법 시행령(대통령령)으로 정한 영업정지처분기준). ③한편 (구)청소년보호법시행령으로 정한 과징금 처분 기준(별표)의 법적 성질을 법규명령으로 보면서도 과징금 금액을 정액이 아니라 최고 한도액으로 봄으로써 구체적 사정에 적용할 수 있는 재량이 행정청에 있다고 판시한 바 있다.

(3) 검토(판례에 대한 비판 및 소결)

상기 판례에서 모두 법규명령이라는 점에서 차이가 없음에도 법적 성질을 달리 보고 있다는 문제점이 있다. 생각건대, 국민의 예측 가능성 등의 관점에서 법규성을 인정함이 타당하다.

논점 017 법령보충적 행정규칙(행정규칙형식의 법규명령)

1. 의의

법령보충적 행정규칙이란 행정규칙의 형식으로 제정되었지만 그 내용이 실질에 있어서 법규적 성질을 갖는 경우를 말한다. 행정기본법은 법령보충적 행정규칙을 행정기본법상 '법령'의 하나로 규정하고 있다(행정기본법 제2조 제1호 가목의3). 판례는 법령보충적 행정규칙을 수권법령과 결합하여 대외적 구속력이 있는 법규명령으로서의 효력을 갖는다고 본다. 그러나 법령의 위임을 받은 것이어도 행정적 편의를 도모하기 위한 절차적 규정인 경우에는 행정규칙의 성질을 지닌다.

2. 인정 여부

행정규칙형식의 법규명령에 대해 ①부정설은 헌법 제75조 및 제95조의 형식규정 외의 형식은 헌법에 반하며 위헌·무효라고 한다. ②긍정설은 매우 전문적이거나 기술적인 사항 또는 빈번하게 개정되어야 하는 구체적인 사항에 대하여는 법규명령보다 탄력성이 있는 행정규칙의 형식으로 제정할 현실적인 필요가 있다고 한다. ③대법원 및 헌법재판소는 모두 법령보충적 행정규칙을 인정하고 있다. ④생각건대, 헌법상 법규명령형식은 예시적이며, 현실적 필요성 등 종합 고려할 때 긍정함이 타당하다고 본다.

3. 법적성질

(1) 학설

①형식설(행정규칙설)은 형식을 중시하여 행정규칙으로 보며, 법규명령은 엄격한 절차·형식으로 제정한다고 보는 견해이다. ②규범구체화 행정규칙설은 전문기술영역에서 시원적 입법권을 가진다는 논거로 통상 행정규칙과 달리 상위규범을 구체화하는 규범구체화 행정규칙으로 보자는 견해이다. ③법규명령 성질을 갖는 행정규칙설은 상위법령과 결합하여 대외적 구속력 인정하며, ④실질설(법규명령설)은 실질을 중시하여 법규명령으로 보며, 법령의 구체적 개별적 위임이 있고 그 내용도 법규적 사항이라는 점을 근거로 한다.

(2) 판례

①대법원은 토지가격비준표는 집행명령인 개별토지가격 합동조사지침과 더불어 법령보충적인 구실을 하는 법규적 성질을 가지고 있는 것으로 보아야 한다고 판시하여 법규성이 있다고 보며, ②국세청장의 국세청장 훈령인 재산제세사무처리기준도 법규성을 인정한 바 있다. ③헌법재판소도 공무원임용령에 따라 제정된 대우공무원선발에 관한 총무처 예규와 관련된 헌법소원 사건에서 대법원과 동일한 입장을 취하였다.

(3) 검토

생각건대, 상위법령과 결합하여 대외적 구속력이 인정되는 점, 행정 현실상 필요가 있다는 점에서 법규명령성질을 갖는 행정규칙설이 타당하다.

 **논점 018 강학상 행정행위와 행정소송법상 처분과의 관계**

1. 문제점

〈행정소송법 제2조 제1항 제1호〉는 취소소송의 대상인 처분을 행정청이 행하는 구체적 사실에 관한 법집행으로서 공권력의 행사 또는 그 거부와 그 밖에 이에 준하는 행정작용 및 행정심판에 대한 재결이라고 정의하고 있다. 행정소송법은 처분개념을 광의로 정의하고 있어 행정소송법상 처분개념이 학문상 개념인 행정행위와 동일한 것인지에 대해 학설이 대립된다.

2. 학설

①실체법상 처분개념설은 쟁송법적 처분개념설이 처분개념에 포함시키고 있는 비권력적 행정작용에 대한 권리구제수단은 항고소송이 아니라 당사자소송이나 법정외소송으로 해결해야 한다고 한다. 즉, 이질적 행정행위를 함께 소송의 대상으로 하면 체계적 혼란이 있다고 본다. ②쟁송법상 처분개념설은 다양한 행정작용에 대해 항고소송을 인정하여 실효적인 권리구제가 가능하다는 점을 논거로 한다.

3. 판례 및 검토

판례는 비권력적 사실행위에 대해 처분성을 부정하고 있어 기본적으로 실체법상 처분개념설의 입장으로 보인다. 다만, 교도소 수감자 재이송 조치, 시정조치 권고 판결 등에서 처분개념이 확대될 여지를 인정한 바 있다. 생각건대, 국민의 권리구제를 위하여 쟁송법상 처분개념설이 타당하다고 보인다.

논점 019 행정행위의 종류

I. 법률행위적 행정행위

1. 명령적 행위

(1) 하명

하명이란 행정청이 국민에게 작위, 부작위, 급부 또는 수인의무를 명하는 행위를 말한다. 이 중 부작위의무를 명하는 행위를 금지라 한다.

(2) 허가

1) 허가의 개념

허가라 함은 법령에 의한 자연적 자유에 대한 일반적인 상대적 금지(허가조건부 금지)를 일정한 요건을 갖춘 경우에 해제하여 일정한 행위를 적법하게 할 수 있게 하는 행정행위를 말한다. 허가는 학문상의 개념이다. 허가라는 개념은 실정법상으로도 사용되나 허가 이외에 면허, 인가, 승인 등의 용어가 실무상 사용되고 있다. 또한 실정법상 사용되는 허가라는 용어 중에는 학문상의 특허(예:광업허가) 또는 인가(예:토지거래허가)에 해당하는 것도 있다.

2) 구별 개념 (예외적 승인)

예외적 승인이란 사회적으로 바람직하지 않은 일정 행위를 법령상 원칙적으로 금지하고, 예외적인 경우에 이러한 금지를 해제하여 당해 행위를 적법하게 할 수 있게 하여 주는 행위를 말한다.

(3) 면제

면제라 함은 법령에 의해 정해진 작위의무, 급부의무 또는 수인의무를 해제해 주는 행정행위를 말한다.

2. 형성적 행위

(1) 특허

특허라 함은 상대방에게 직접 권리, 능력, 법적 지위, 포괄적 법률관계를 설정하는 행위를 말한다. 이 중에서 권리를 설정하는 행위를 협의의 특허라 한다. 특허란 학문상의 개념이다. 실정법에서는 허가(예:광업허가) 또는 면허(예:어업면허)라는 용어를 사용한다.

(2) 인가

인가라 함은 타인의 법률적 행위를 보충하여 그 법률적 효력을 완성시켜 주는 행정행위를 말한다. 이론상 인가는 법률적 행위의 효력을 인가라는 행정청의 결정에 의해 발생시킬 공익상 필요가 있는 경우에 인정된다. 인가도 허가나 특허처럼 학문상의 개념이다. 실무상 인가라는 개념이 사용되기도 하나 승인, 허가나 인허라는 개념도 사용된다.

(3) 공법상 대리행위

공법상 대리라 함은 제3자가 하여야 할 행위를 행정기관이 대신하여 행함으로써 제3자가 스스로 행한 것과 같은 효과를 발생시키는 행정행위를 말한다.

II. 준법률행위적 행정행위

1. 공증행위

공증행위라 함은 특정의 사실 또는 법률관계의 존재를 공적으로 증명하는 행정행위를 말한다.

2. 통지행위

통지행위라 함은 특정인 또는 불특정 다수인에게 특정한 사실을 알리는 행정행위를 말한다. 통지행위는 그 자체가 일정한 법률효과를 발생시키는 행정행위이다. 통지행위는 행정행위의 효력발생요건인 통지 또는 고지와 구별되어야 한다. 단순한 사실의 통지도 통지행위가 아니다.

3. 수리행위

수리행위라 함은 법상 행정청에게 수리의무가 있는 경우에 신고, 신청 등 타인의 행위를 행정청이 적법한 행위로서 받아들이는 행위를 말한다.

4. 확인행위

확인행위라 함은 특정한 사실 또는 법률관계의 존부 또는 정부에 관하여 의문이 있거나 다툼이 있는 경우에 행정청이 이를 공권적으로 확인하는 행위를 말한다.

> **참고** 신고

Ⅰ. 개설

현행법상 300여개의 신고는 수리를 요하지 않는 신고와 수리를 요하는 신고로 나뉘어져 있어 국민이나 일선공무원이 이를 명확하게 구별하는 것은 쉽지 않아 혼란이 발생하고 있다. 이에 따라 행정기본법 제34조는 법률에 신고의 수리를 필요하다고 명시되어 있는 경우 그 신고의 효력에 관한 사항을 밝힘으로써 수리가 필요한 신고의 효력에 대한 혼란을 해소하고자 하였다. 결국 수리를 요하지 않는 신고는 행정절차법 제40조, 수리를 요하는 신고는 행정기본법 제34조가 규율하게 되었다.

Ⅱ. 신고의 개념 및 구별

①신고란 사인이 행정기관에게 일정한 사항을 알려야 할 의무가 있는 경우에 알리는 행위를 말한다. ②신청이라 함은 사인이 행정청에 대하여 일정한 조치를 취하여 줄 것을 요구하는 의사표시를 말한다. 신청은 공법상 의사표시이다. ③등록(전형적 등록)은 등록사항을 공적 장부인 등록부에 등재하여 공시하는 행정행위(공증 행위)의 성질을 갖는다. 전형적 등록은 신청을 전제로 하는 점에서 신고와 구별된다.

Ⅲ. 신고의 종류

1. 자기완결적 신고(수리를 요하지 않는 신고)

(1) 의의

자기완결적 신고란 행정청에게 일정한 사실을 알리고, 요건을 갖춘 신고서가 도달하기만 하면 바로 공법상 효과가 발생하는 신고를 말한다. 적법한 신고만 있으면 행정청의 수리가 없더라도 신고의 대상이 되는 행위를 적법하게 할 수 있고, 과태료나 벌금의 부과 등 어떠한 불이익도 받지 않는다. 자기완결적신고에는 정보제공적 신고와 금지해제적 신고가 있다.

(2) 성질과 권리구제

자기완결적 신고의 수리는 단순한 접수행위로서 법적 효과를 발생시키지 않는 사실행위이다. 따라서, 자기완결적 신고의 수리행위나 수리거부행위는 원칙상 항고소송의 대상이 되는 처분이 아니다. 다만, 자기완결적 신고 중 건축신고와 같은 금지해제적 신고의 경우에 신고가 반려될 경우 당해 신고의 대상이 되는 행위를 하면 시정명령, 이행강제금, 벌금의 대상이 되는 등 신고인이 법적 불이익을 받을 위험이 있는 경우에는 그 위험을 제거할 수 있도록 하기 위하여 신고거부(반려)행위의 처분성을 인정할 필요가 있다. 판례도 이러한 입장을 취하고 있다.

2. 수리를 요하는 신고

   (1) 의의

   수리를 요하는 신고란 사인이 행정청에게 일정한 사항을 알리고, 신고가 수리되어야 공법상 효과가 발생하는 신고를 말한다. 행정기본법 제34조는 "법률에 신고의 수리가 필요하다고 명시되어 있는 경우에는 행정청이 수리하여야 효력이 발생한다"고 규정하고 있다.

   (2) 성질과 권리구제

   신고의 요건을 갖춘 신고가 있었다 하더라도 수리되지 않으면, 신고가 되지 않은 것으로 보는 것이 다수설 및 판례의 입장이다. 수리를 요하는 신고의 경우에 수리는 행정행위인 수리행위이고, 수리거부는 거부처분에 해당하며 항고소송의 대상이 될 수 있다는 것이 일반적 견해이다.

3. 양자의 구별기준

   (1) 법령규정

   자기완결적 신고와 수리를 요하는 신고의 구별기준은 일차적으로 관련법령에 의해 추론되는 입법자의 객관적 의사이다. '법률에서 신고를 수리해야 한다고 명시하고 있는 경우'에는 그 신고는 수리를 요하는 신고라는 것이 행정기본법의 입장이다. 즉 행정기본법은 법령등으로 정하는 바에 따라 행정청에 일정한 사항을 통지하여야 하는 신고로서 법률에 신고의 수리가 필요하다고 명시되어 있는 경우(행정기관의 내부 업무 처리 절차로서 수리를 규정한 경우는 제외한다)에는 행정청이 수리하여야 효력이 발생한다고 규정하고 있다(행정기본법 제34조). 신고로서 법률에 신고의 수리가 필요하다고 명시되어 있는 경우 해당 신고는 수리를 요하는 신고이고 신고의 수리가 필요하다는 규정이 없는 경우 자기완결적 신고라는 것이 행정기본법 제 34조의 취지이다. '법률에서 신고를 수리해야 한다고 명시하고 있는 경우'의 예로는 '신고에 대해 수리 여부를 통지하도록 규정하고 있는 경우', '신고수리 간주규정이 있는 경우' 등을 들 수 있다. 그러나 입법자가 수리를 요하는 신고인지 자기완결적 신고인지를 판단하는 것은 쉽지 않고 입법상 오류가 있을 수 있다. 그러므로 수리를 요하는 신고인지 자기완결적 신고인지는 실체적 요건에 대한 실질적 심사가 인정되는지 여부로 판단하는 것이 타당하고, 입법자의 판단에 오류가 있을 수 있으므로 수리 여부 통보규정이 있는 경우나 신고 수리 간주규정이 있는 경우는 수리를 요하는 신고로 추정된다고 보는 것이 타당하다. 법령상 자기완결적 신고와 수리를 요하는 신고의 구별이 명확하지 않은 경우에 양자의 구별기준에 대하여는 견해가 대립하고 있다.

(2) 학설

①법령해석기준설은 당해 법령 목적과 법령에서 나타나는 조문에 합리적, 유기적 해석을 통해 신고만으로 공법적 효과가 발생하면 자기완결적 신고로 보고, 행정청이 수리함으로써 공법적 효과가 발생하는 것이면 수리를 요하는 신고로 본다. ②신고요건기준설은 입법자의 의사가 분명하지 않는 한 신고요건을 기준으로 신고요건이 형식적 요건만인 경우에는 자기완결적 신고이고, 신고의 요건이 형식적 요건 외에 실질적 요건(실체적 요건)을 포함하고 있으면 원칙상 수리를 요하는 신고로 보는 견해이다. 즉, 신고 내용을 구별기준으로 하여 형식적 요건만인 경우 자기완결적 신고이고, 신고요건이 형식적 요건 이외에 실질적 요건도 포함하는 경우 수리를 요하는 신고이다. ③심사방식기준설은 신고요건에 대한 심사방식을 기준으로 형식적 심사만 하는 신고를 자기완결적 신고, 실질적 심사를 할 수 있는 신고를 수리를 요하는 신고로 보는 견해이다. ④입법자의사설은 입법자의 객관적 의사를 통해 개별적으로 양자를 구별해야한다는 견해이고, ⑤복수기준설은 일반적인 구별기준은 관련 법규정에 의해 추론되는 입법자의 객관적 의사라고 보면서도 복수의 구체적인 구별기준을 유형화하여 제시하는 견해이다.

(3) 판례

판례의 입장에 대한 학설의 해설도 다양하지만 판례는 관련법규정에 따르되 기본적으로 신고요건 및 심사방식을 기준으로 자기완결적 신고와 수리를 요하는 신고를 구별하고 있다고 보는 것이 타당하다.

(4) 검토

생각건대 일차적으로 법령의 규정 등을 기준으로 하되, 명확하지 않은 경우에는 신고 요건에 실질적 요건 포함여부 등을 판단기준으로 삼는 것이 타당하다.

Ⅳ. 정보제공적 신고와 금지해제적 신고

①정보제공적 신고(사실파악형 신고)는 행정청에게 행정의 대상이 되는 사실에 관한 정보를 제공하는 기능을 갖는 신고를 말한다. 이 경우에는 신고 없이 행위를 하여도 과태료의 처벌을 받지만, 신고 없이 한 행위 자체는 위법하지 않다. 사실파악형 신고는 항상 자기완결적 신고이다. ②금지해제적 신고(규제적 신고)는 정보제공적 기능 이외에 영업활동 또는 건축활동 등 사적 활동을 규제하는 기능을 갖는 신고를 말한다. 이 경우에는 신고 없이 한 행위는 법상 금지된 행위로서 위법한 행위가 되며 행정벌의 대상이 될 뿐만 아니라 시정조치의 대상이 된다. 건축법상의 신고가 이에 해당한다. 금지해제적 신고는 자기완결적 신고인 경우도 있고 수리를 요하는 신고인 경우도 있다.

논점 020 기속행위와 재량행위

Ⅰ. 개념

기속행위란 법령상 요건이 충족되면 행정기관이 반드시 어떠한 행정행위를 하여야 하는(또는 하지 말아야 하는) 행정행위를 말한다. 재량행위란 법령상 요건이 충족되더라도 행정기관이 효과를 선택할 수 있는 행정행위를 말한다.

Ⅱ. 구별실익

1. 개설

①행정소송에 있어서 기속행위의 경우 전면적 심사가 가능하나, 재량행위의 경우 일탈·남용이 아닌 한 법원이 판단할 수 없다. 또한, ②기속행위의 경우 법령의 근거가 없는 한 효과를 제한하는 부관의 부착이 불가하다. 그러나 재량행위의 경우는 재량권 범위 내 부관의 부착이 가능하다. 그 외에 법원의 통제 등에서 구별의 실익이 있다.

2. 요건충족에 따른 효과의 부여 (*법령 외의 사유로 인한 거부처분의 적법성)

(1) 개설

행정청은 기속행위에 있어서는 요건이 충족되면 반드시 법에 정해진 효과를 부여하여야 하지만, 재량행위에 있어서는 요건이 충족되어도 공익과의 이익형량을 통하여 법에 정해진 효과를 부여하지 않을 수도 있다.

(2) 판례 및 검토

①건축허가와 같은 기속행위인 거부인 경우 법령 외의 사유인 주민의 동의가 없다는 이유로 거부할 수 없다고 하였으나, ②주택사업계획승인과 같은 재량행위 거부는 자연환경보전 등 중대한 공익은 재량권 행사로서 법령에 근거 없어도 거부가 가능하다고 판시하였다. 생각건대, 재량행위 경우 법령 외의 사유로 거부가 가능하나, 그러한 경우에도 재량행위의 일탈·남용·해태가 없어야 한다.

Ⅲ. 기속행위와 재량행위 구별기준

1. 개설

재량행위와 기속행위의 구별에 있어 법률규정이 일차적 기준이 된다. 왜냐하면 재량권은 입법권에 의해 행정기관에 부여되는 것이기 때문이다. 다만, 법률규정의 문리적 표현뿐만 아니라 관련 규정, 입법취지 및 입법목적을 아울러 고려하여야 한다. 법령의 규정이 명확하지 않은 경우 당해 법령의 규정과 함께 문제가 되는 행위의 성질, 기본권 관련성 및 공익관련성을 종합적으로 고려하여야 한다.

2. 구별기준

(1) 학설

①요건재량설은 재량이 요건사실의 존부의 인정에 있어서만 인정한다고 보며, ②효과재량설은 재량이 효과선택에 있어서 인정된다고 한다. ③기본권기준설은 상기 학설이 재량이 인정되는 영역 중 일면만을 강조한 것으로 타당하지 않으며, 양자 구별을 위해 기본권의 최대한 보장과 공익성 등을 고려해야 한다고 본다. ④종합설은 1차적으로 법문표현·관련규정·입법취지 고려 법문표현이 불분명한 경우 종합적 고려해야 한다고 한다.

(2) 판례 및 검토

판례는 관련 법령에 대한 종합적인 판단을 전제로 하면서 효과재량설을 기준으로 활용하거나 공익성을 구별기준으로 들기도 한다. 생각건대, 상기 구별에 대해 단일기준보다는 법령 검토를 일차적으로 하되, 기본권 및 공익성 등 모두 종합적으로 고려하여 검토함이 타당하다고 본다.

Ⅳ. 재량권의 한계

행정청은 재량이 있는 처분을 할 때에는 관련 이익을 정당하게 형량하여야 하며, 그 재량권의 범위를 넘어서는 아니 된다(행정기본법 제21조).

행정청에 재량권이 부여된 경우에도 재량권은 무한정한 것은 아니며 일정한 법적 한계가 있다. 재량권이 이 법적 한계를 넘은 경우에는 그 재량권의 행사는 위법한 것이 된다. 재량권의 한계는 재량권의 일탈 또는 남용을 말한다.

논점 021 판단여지

1. 의의

판단여지란 법률요건에 불확정개념의 해석에 있어 사법심사가 배제되는 행정청의 전문적인 판단영역을 말한다.

2. 인정여부(재량과의 구분)

(1) 학설

①긍정설은 "판단여지는 법원에 의한 법률요건 인식문제, 재량은 입법자에 의한 법률효과 선택문제"로 구분된다고 한다. ②부정설은 재량과 판단여지 모두 사법심사 배제가 가능하며, 구별실익이 없다고 한다.

(2) 판례

①판례는 감정평가시험의 합격기준, 공무원임용면접전형, 사법시험출제, 교과서 검정처분등을 재량의 문제로 보고 있어 구별하지 않는 것으로 보인다. ②감정평가시험을 실시함에 있어 어떠한 합격기준을 선택할 것인가는 시험실시기관인 행정청의 고유한 정책적 판단에 맡겨진 것으로서 자유재량에 속한다.

(3) 검토

재량과 판단여지는 그 개념, 필요성, 인정 근거, 내용, 인정기준 및 범위 등에서 차이가 있으므로 양자를 구별하는 것이 타당하다.

3. 인정영역

비대체적 결정의 영역, 구속적 가치평가 영역, 고도의 예측 결정, 정책적 결정 등이 있다.

4. 판단여지의 한계

판단여지는 판단기관의 적법 구성, 절차규정 준수, 정당한 사실관계 판단 여부, 일반원칙 위반 여부 등에 있어서 한계를 지닌다.

논점 022 부관

1. 부관의 개념

①부관이란 행정기관에 의하여 주된 행정행위에 부가된 종된 규율로서, ②이는 행정의 유연성, 탄력성 보장 등에 기능이 있다.

2. 부관의 종류

(1) 조건

조건이라 함은 행정행위의 효력의 발생 또는 소멸을 장래의 불확실한 사실에 의존시키는 부관을 말한다. 조건이 성취되어야 행정행위가 비로소 효력을 발생하는 조건을 정지조건이라 하고, 행정행위가 일단 효력을 발생하고 조건이 성취되면 행정행위가 효력을 상실하는 조건을 해제조건이라 한다.

(2) 기한

기한이란 행정행위의 효력발생·소멸여부를 장래의 확실한 사실에 의존시키는 부관을 말하며 시기와 종기가 있다.

(3) 부담

부담이라 함은 행정행위의 주된 내용에 부가하여 그 행정행위의 상대방에게 작위, 부작위, 급부, 수인 등의 의무를 부과하는 부관을 말한다.

(4) 철회권 유보

철회권(변경권)의 유보라 함은 행정행위를 행함에 있어 일정한 경우에는 행정행위를 철회(변경)할 수 있음을 정한 부관을 말한다.

3. 부관의 한계(부관의 위법 여부)

(1) 부관의 가능성

행정기본법 제17조 제1항에서 "행정청은 처분에 재량이 있는 경우에는 부관을 붙일 수 있다"고 규정하여, 재량행위의 경우 부관 부착이 가능하다. 종래에 기속행위는 부관의 부착이 불가하다고 보았으나, 최근 판례는 기속행위여도 요건충족적 부관에는 부착이 가능하다고 판시한 바 있다. 또한 동법 제17조 제2항에서는 "행정청은 처분에 재량이 없는 경우에는 법률에 근거가 있는 경우에 부관을 붙일 수 있다"고 규정하여 기속행위의 경우에도 근거가 있다면 부관을 붙일 수 있다.

(2) 부관의 내용상 한계

부관은 행정기본법 제17조 제4항에 따라 ①해당 처분의 목적에 위배되지 아니할 것, ②해당 처분과 실질적인 관련이 있을 것, ③해당 처분의 목적을 달성하기 위하여 필요한 최소한의 범위일 것이라는 요건에 적합하여야 한다.

(3) 시적한계(사후부관의 가능성)

행정기본법 제17조 제3항에 따라 법률에 근거가 있는 경우, 당사자의 동의가 있는 경우, 사정이 변경되어 부관을 새로 붙이거나 종전의 부관을 변경하지 아니하면 해당 처분의 목적을 달성할 수 없다고 인정되는 경우에는 사후부관 부착이 가능하다고 봄이 타당하다.

4. 독립쟁송가능성과 쟁송형식

(1) 문제점

부관이 위법한 경우 주된 행정행위와 분리하여 위법한 부관만을 행정쟁송의 대상으로 할 수 있는지와 소송유형의 형태가 어떠한지 문제된다.

(2) 학설

①부담만 가능성설의 경우에는 부담만은 독립하여 행정쟁송의 대상이 될 수 있으며(진정일부취소소송 또는 부진정일부취소소송), ②분리가능성 기준설은 부관이 주된 행정행위로부터 분리 가능한 경우 독립쟁송이 가능하다고 보며, 분리가능한 부담의 경우에는 진정일부취소소송과 부진정일부취소소송이 가능하고, 부담 이외의 부관에 대하여는 부진정일부취소소송만이 가능하다고 본다. ③전면긍정설은 소의 이익이 있는 한 모든 부관에 대하여 독립쟁송이 가능하고, 부담의 경우에는 진정일부취소소송과 부진정일부취소소송이 가능하고, 부담 이외의 부관에 대하여는 부진정일부취소소송만이 가능하다고 본다.

(3) 판례

〈대법원〉은 부담만이 독립하여 행정소송의 대상이 될 수 있다고 하였으며, 기타 부관의 경우 전체의 취소를 구하는 것만 인정하고 있다. 〈어업면허시 부속선 사용을 금지하는 부관 사건〉에서 위법한 부관을 삭제하여 달라는 내용의 변경신청을 거부한 처분에 대한 취소소송을 인정하여 권리구제의 길을 열어 놓고 있다. 즉, 부관이 위법한 경우 신청인이 부관부행정행위의 변경을 청구하고, 행정청이 이를 거부한 경우 동 거부처분의 취소를 구하는 소송을 제기할 수 있는 것으로 본다.

(4) 검토

위법한 행정작용의 통제를 위하여 가능한 한 쟁송가능성을 넓혀야 하는 바, 전면긍정설이 타당하다고 여겨진다.

5. 독립취소가능성

(1) 문제점

부관만 독립하여 쟁송이 가능하다면, 부관만이 위법한 경우에 독립하여 취소판결이 가능한지 견해가 대립한다.

(2) 학설

〈기속행위의 경우〉 ①법률이 허용하는 경우가 아니면 원칙적으로 부관을 붙일 수 없는바, 기속행위에 부가된 부관은 당연히 취소가 가능하다. 〈재량행위의 경우〉 ②모든 부관에 있어 부관이 위법한 경우에는 부관만의 취소가 가능하다고 보는 견해(긍정설), ③행정청의 재량권행사를 제한하게 되는바 독립취소가 불가하다는 견해(부정설), ④부관이 주된 행정행위의 본질적 부분인지(행정청이 부관 없이는 당해 행정행위를 하지 않았을 것이라고 해석되는지) 여부에 따라 판단하는 견해가 대립된다(제한적 긍정설).

(3) 판례

판례에 의하면 독립쟁송가능성이 인정되는 경우(부담의 경우) 독립취소가 가능하다.

(4) 검토

생각건대, 국민의 권익구제와 행정목적의 실현을 적절히 조절하는 제한적 긍정설이 타당하다.

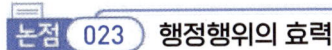 **행정행위의 효력**

Ⅰ. 공정력과 구성요건적 효력

1. 공정력과 구성요건적 효력의 의의

공정력이란 행정행위에 하자가 있다고 하더라도 권한을 가진 기관에 의해 취소될 때까지 그 효력을 부정할 수 없는 구속력을 말한다. 구성요건적 효력이란 유효한 행정행위의 존재가 다른 행정청이나 법원의 결정에 영향을 미치는 효력을 말한다.

2. 공정력과 구성요건적 효력과의 구별여부

①비구별설은 공정력을 행정행위의 상대방 및 이해관계인 뿐만 아니라 타 국가기관에도 미치는 효력이라고 이해하는 견해로서 종래의 통설의 입장이다. ②구별설은 공정력은 상대방 또는 이해관계인에 대한 구속력이나(행정의 안정성과 실효성을 확보), 구성요건적 효력은 제3의 국가기관에 대한 구속력으로 구분한다(국가기관 상호간의 권한존중). ③생각건대, 양자는 근거와 내용을 달리하므로 구별하는 것이 타당하다.

3. 공정력의 근거

(1) 이론적 근거

이론적 근거에 관해 견해의 대립이 있으나, 그 행위의 신뢰에 모든 사람이 법적 안정성의 이익을 갖는다는 점으로 법적안정설이 타당하다(통설). 공정력은 행정의 원활한 수행, 행정법관계의 안정성(행정의 안정성과 행정행위의 상대방이나 제3자의 신뢰보호)을 보장하기 위하여 필요하다.

(2) 실정법적 근거

행정기본법 제15조에서 "처분은 권한이 있는 기관이 취소 또는 철회하거나 기간의 경과 등으로 소멸되기 전까지는 유효한 것으로 통용된다. 다만, 무효인 처분은 처음부터 그 효력이 발생하지 아니한다."고 규정하고 있다.

Ⅱ. 존속력

①형식적 존속력(불가쟁력)이란 행정행위에 대한 쟁송제기기간이 경과한 경우에는 더 이상 그에 대하여 다툴 수 없게 하는 행정행위의 효력을 말한다, ②실질적 존속력(불가변력)은 행정행위를 한 행정청이 당해 행정행위를 직권으로 취소 또는 변경할 수 없게 하는 힘을 말한다.

Ⅲ. 집행력

집행력이란 행정행위에 의하여 부과된 행정상 의무를 상대방이 이행하지 않은 경우에 행정청이 스스로의 강제력을 발동하여 그 의무를 실현시키는 힘을 말한다.

논점 024 선결문제

1. 문제점

구성요건적 효력이란 유효한 행정행위의 존재가 다른 행정청이나 법원의 결정에 영향을 미치는 효력을 말한다. 구성요건적 효력이 민사소송이나 형사소송에서의 선결문제에 미치는지 여부가 문제된다. 즉, 행정행위의 위법 여부나 효력 유무 또는 효력 부인이 민사소송이나 형사소송에서 선결문제로 되는 경우에 구성요건적 효력 때문에 민사소송이나 형사소송의 수소법원이 당해 선결문제를 심리 판단할 수 없게 되는가 하는 문제이다.

2. 선결문제의 의의

선결문제란 행정행위의 위법 여부 또는 효력 유무를 다른 특정 사건의 재판에 있어서 먼저 해결해야 하는 경우를 말한다. 그리고 '효력 유무'란 유효·무효·실효를 말하고, '존재 여부'란 존재·부존재를 말한다. 그런데, 선결문제를 규정하는 행정소송법 제11조 제1항은 선결문제의 일부에 관해서만 규정하고 있는 바 나머지 사항은 학설과 판례에서 해결하여야 한다.

3. 민사소송과 선결문제

(1) 행정행위의 위법 여부가 쟁점인 경우

1) 문제점

행정행위의 효력을 상실시키는 것이 아니라 행정행위의 위법성을 확인하는 것이 민사소송에서 선결문제가 된 경우에 민사법원은 행정행위의 위법을 확인할 수 있는지에 관하여 견해가 대립되고 있다.

2) 학설

①부정설은 구성요건적 효력이 적법성의 추정이므로 행정행위가 취소되지 않는 한 구성요건적 효력으로 인해 다른 국가기관은 위법성을 판단하지 못한다고 보며, 행정소송법 제11조 제1항을 제한적으로 해석한다. ②긍정설은 구성요건적 효력이 행정행위의 적법성을 추정하는 효력은 아니며, 행정행위의 적법 또는 위법을 묻지 않고 잠정적으로 행정행위를 유효한 것으로 보는 힘이므로 행정행위의 효력 자체를 상실시키는 것이 아니라 행정행위의 위법성을 확인하는데 그치는 것은 구성요건적 효력에 반하는 것이 아니라고 한다. 또한

행정소송법 제11조 제1항을 예시적으로 해석한다.

3) 판례

판례는 위법한 대집행처분에 의한 국가배상청구소송에서 "계고처분이 위법임을 이유로 손해배상을 청구한 사안에서 미리 행정처분의 취소판결이 있어야만 손해배상청구를 할 수 있는 것은 아니다." 라고 하여 긍정설의 입장이다.

4) 검토

생각건대, 구성요건효력의 본질은 적법성 추정이 아니라 절차적·잠정적 통용력에 불과한 것으로 봄이 타당한바, 위법성을 판단할 수 있다는 긍정설이 타당하다고 본다.

(2) 행정행위의 효력 유무가 쟁점인 경우

①부정설(통설 및 판례)은 구성요건적 효력이 미치므로 민사법원이 행정행위의 효력을 부인할 수 없다고 하며, 이러한 입장이 타당하다. ②대법원은 위법한 조세처분에 의한 과오납조세 부당이득반환청구소송에서 "과세처분의 하자가 취소할 수 있는 정도에 불과할 때에는 과세관청이 이를 스스로 취소하거나 항고소송 절차에 의하여 취소되지 않는 한 그로 인한 조세의 납부가 부당이득이 된다고 할 수 없다(대판 70다1439)"고 하여 부정설의 입장을 취하였다.

4. 형사사건과 선결문제

(1) 행정행위의 위법 여부가 쟁점인 경우

1) 학설

①부정설은 적법성의 추정설의 입장으로, 행정행위가 취소되지 않는 한 구성요건적 효력으로 인해 다른 국가기관은 구속되며, 행정소송법 제11조 제1항을 제한적으로 해석하여 형사법원은 행정행위의 위법성에 대한 판단권이 없다고 본다. ②긍정설은 행정소송법 제11조 제1항 예시적 해석하며, 쟁송기간을 놓쳐 취소소송의 기회를 상실한 국민에게도 형사소송 단계에서 다시 이를 다툴 수 있는 기회를 부여함으로써 방어권 보장에 만전을 기할 수 있음을 논거로 한다.

2) 판례

대법원은 〈토지의 형질변경한 자도 아닌자에 대한 원상복구의 시정명령에 관한 사건〉에서 그 시정명령이 위법하다고 할 것이고, 그 처분이 당연무효가 아니라 하더라도 그것이 위법한 처분으로 인정되는 한 구)도시계획법상 위반죄가 성립될 수 없다고 판시한 바 있다.

3) 검토

생각건대, 국민의 권리구제 측면에서 행정행위의 위법성을 확인하는 것은 행정행위의 효력을 부인하는 것은 아니므로, 구성요건적 효력에 반하지 않는다고 보는 것이 타당하다고 본다.

(2) 행정행위의 효력 유무가 쟁점인 경우

1) 학설

①형사법원에도 구성요건적 효력이 미치므로 형사법원은 행정행위의 효력을 부인할 수 없다는 〈부정설〉과 ②인권보장을 위하여 형사법원은 행정행위의 효력을 부인할 수 있어야 한다는 〈긍정설〉이 대립한다.

2) 판례

판례는 미성년자에 대한 운전면허 처분에 대한 무면허 운전죄사건에서 형사법원이 행정행위의 효력을 부인할 수 없다고 하여 부정설 입장이다.

3) 검토

-긍정설을 취하는 경우

생각건대, 인권보장을 위하여 형사법원이 위법한 행정행위의 효력을 부인하고 범죄의 성립을 부인할 수 있는 것으로 보는 것이 타당하므로 긍정설이 타당시 된다.

-부정설을 취하는 경우

형사법원이 처분의 효력을 부인할 수 있으므로 특별한 법적 근거가 필요하므로, 그런 법적 근거가 없는 현행법의 해석상으로는 부정설을 취할 수 밖에 없다.

 **025** 행정행위의 성립요건·효력요건·적법요건

Ⅰ. 개설

행정행위의 요건을 성립요건, 효력발생요건, 적법요건 및 유효요건으로 구분할 수 있다. 이러한 요건을 불비한 행정행위를 흠 있는 행정행위라고 한다. 행정행위에 흠이 있는 경우에 행정행위는 완전한 법적 효력을 발생할 수 없게 된다.

Ⅱ. 행정행위의 성립요건

행정행위의 성립요건이라 함은 행정행위가 성립하여 존재하기 위한 최소한의 요건을 말한다. 행정행위가 성립하기 위하여는 어떤 행정기관에 의해 행정의사가 내부적으로 결정되고(내부적 성립), 외부적으로 표시되어야 한다(외부적 성립). 이러한 행정행위의 성립요건을 결여하면 행정행위는 부존재하는 것이 되며 부존재확인청구소송의 대상이 된다.

Ⅲ. 행정행위의 효력발생요건

행정행위의 효력발생요건이라 함은 행정행위가 상대방에 대하여 효력을 발생하기 위한 요건을 말한다. 행정행위는 상대방에게 통지되어 도달되어야 효력을 발생한다. 제3자에 대한 통지는 효력발생요건은 아니다. 통지의 방식으로는 송달과 공고 또는 고시가 있다. 도달이라 함은 상대방이 알 수 있는 상태에 주어진 것을 말하고, 상대방이 현실적으로 수령하여 알았을 것을 의미하지 않는다. 효력발생요건이 충족되지 않으면, 해당 행정행위는 상대방에 대하여 효력을 발생하지 못한다.

Ⅳ. 적법요건

1. 의의

행정행위가 행해짐에 있어 법에 의해 요구되는 요건을 적법요건이라 한다.

2. 요건

(1) 주체에 의한 요건

행정행위는 당해 행정행위를 발할 수 있는 권한을 가진 자에 의해 행해져야 한다. ①정당한 권한을 가진 자가 ②권한의 범위안에서 ③정상적인 의사에 기하여 행한 행위여야 한다.

(2) 내용에 관한 요건

행정행위는 그 내용에 있어 적법하고, 공익에 적합(타당)하여야 한다. 또한 법률상이나 사실상으로 실현가능하고 관계인이 인식할 수 있을 정도로 명확하여야 한다.

(3) 절차에 관한 요건

행정행위를 행함에 있어 일정한 절차가 요구되는 경우에는 그 절차를 거쳐야 한다. 절차상 하자의 유형으로는 법령상 요구되는 상대방의 협력이나 관계 행정청의 협력의 결여, 필요적인 처분의 사전통지나, 의견청취 절차의 결여, 이유제시의 결여, 송달방법 등의 하자 등을 볼 수 있다. 말하자면 개별법률 또는 행정절차법에서 행정절차상 요구되는 각종 절차의 결여가 절차상 하자에 해당한다.

(4) 형식에 관한 요건

행정청이 처분을 하는 때에는 다른 법령 등에 특별한 규정이 있는 경우를 제외하고는 문서로 하여야 하며, 전자문서로 하는 경우에는 당사자 등의 동의가 있어야 한다. 다만, 신속을 요하거나 사안이 경미한 경우에는 구술 기타 방법으로 할 수 있으며 이 경우 당사자의 요청이 있는 때에는 지체없이 처분에 관한 문서를 주어야 한다(행정절차법 제24조 제1항).

3. 적법요건을 결여한 행정행위의 효력

행정행위가 적법요건을 충족시키지 못한 경우에는 위법하다. 적법요건을 충족하지 못한 행정행위는 흠 있는 행정행위가 되며 흠 있는 행정행위의 효력은 후술하는 바와 같이 부존재, 무효 및 취소할 수 있지만 취소되기 전까지는 유효한 것으로 나누어진다.

V. 유효요건

유효요건이라 함은 위법한 행정행위가 무효가 되지 않고 효력을 갖기 위한 요건을 말한다. 행정행위의 유효요건은 행정행위의 무효요건에 대립되는 것으로 행정행위의 위법이 중대하고 명백하지 않을 것이다. 행정행위는 위법하더라도 그 위법이 중대하고 명백하여 무효가 되지 않는 한 공정력에 의해 권한 있는 기관에 의해 취소되지 않는 한 유효하다.

논점 026 행정행위 하자의 예

Ⅰ. 주체의 하자

1. 정당한 권한을 가진 행정기관이 아닌자의 행위

①대리권이 없는 자가 대리자로서 행한 행위는 원칙상 무효이며, ②합의제기관의 행위에 적법한 소집이 없거나, 의사 또는 의결정족수가 미달되었거나, 결격자가 참가한 경우 등 구성에 중대한 흠이 있는 합의제기관의 행위는 원칙상 무효가 된다. ③법령상 다른 기관의 협력이 필요한 경우에 다른 기관의 협력을 결한 행위는 어떠한 효력을 갖는지 문제된다. 다른 기관의 협력에는 다른 기관의 의결, 승인, 동의, 협의, 심의, 자문 등이 있다. 다른 기관의 협력 중 다른 기관의 의결이나 승인 또는 동의 등과 같이 행정청의 행정 결정이 다른 기관의 의사결정에 기속되는 경우와 그렇지 않은 경우를 구별하여 하자의 효과를 논하여야 할 것이다. 전자의 경우에 있어서는 주체의 하자에 해당하며 원칙상 무효원인이 되지만, 후자의 경우에는 절차의 하자로 보아야 하고 법률에 의해 관계인의 권리 이익을 보호하기 위하여 인정되는 때에 그 협력의 결여는 무효원인이 되지만, 이 경우를 제외하고는 원칙상 취소원인에 불과하다고 보아야 할 것이다.

2. 행정기관의 권한 외의 행위 -내부위임과 연결

Ⅱ. 내용의 하자

1. 행정행위의 내용의 법 위반

행정행위의 내용은 법의 일반원칙 및 헌법을 포함하여 모든 법에 위반하여서는 안되며, 법에 위반하면 위법한 행정행위가 된다. 법에 위반한 행정행위는 무효와 취소의 구별기준에 따라 무효 또는 취소할 수 있는 행정행위가 된다. 법률유보의 원칙에 따라 행정행위에는 법적 근거가 있어야 한다. 법적 근거 없이 행해진 행정행위는 원칙상 무효이다. 또한 법률우위의 원칙에 따라 헌법, 법률, 법규명령, 불문법인 일반원칙 등에 반하여서는 안 된다. 그리고 기속행위와 재량행위로 구분할 경우 재량행위는 일탈, 남용, 해태가 없어야 할 것이다.

2. 위헌인 법령에 근거한 처분(이하 후술)

3. 행정행위의 내용의 공익 위반

4. 행정행위 내용의 사실상 또는 법률상 실현 불가능, 내용의 불명확 등

Ⅲ. 절차의 하자

일반적 기준으로서, 절차에 정한 취지·목적이 상호 대립하는 당사자 사이의 이해를 조정함을 목적으로 하는 경우 또는 이해관계인의 권리·이익의 보호를 목적으로 하는 경우, 그 절차를 결하는 때에는 그 절차에 중대·명백한 하자가 있는 것이 되어 무효의 원인이 되며, 절차의 취지·목적이 단순히 행정의 적정·원활한 운영을 위하는 경우 등 행정상의 편의에 있을 때에는 그 절차를 결하는 행위는 반드시 무효가 되지 않는다고 보는 것이 일반적 추세라 할 수 있다.

1. 상대방의 신청 또는 동의를 결한 행위

법령에 일정한 행정행위에 대하여 상대방의 신청 또는 동의를 필요적 절차로 규정하고 있는 경우에 상대방의 신청 또는 동의를 결하는 행위는 무효라고 볼 것이다.

2. 필요한 공고 또는 통지를 결하는 행위

공고 없이 행한 행정행위, 수용할 토지세목의 공고 또는 통지없이 행한 토지수용재결 등 자기이익의 보호를 위한 의견제출의 기회를 주지 않고 행한 행정행위는 무효이다. 다만, 공고 또는 통지 그 자체를 결여한 것이 아니라 그 내용에 단순한 하자가 있을뿐인 때에는 당연무효는 아니다.

3. 필요한 이해관계인의 입회 또는 협의를 결한 행위

이해관계인의 이익의 보호 또는 조정을 목적으로 한 이해관계인의 입회 또는 협의 등을 결한 행정행위는 원칙적으로 무효라고 보아야 할 것이다. 예컨대, 사전에 토지소유자 또는 관계인과 협의를 거치지 않고 행한 토지수용위원회의 재결이 그에 해당한다.

4. 필요한 청문 또는 의견진술의 기회를 주지 아니한 행위

행정절차법은 권리를 제한하거나 의무를 부과하는 처분을 행함에 있어서는 상대방의 의견진술을 듣도록 하고 있고, 그 이외에 개별법에서 행정처분을 행하기 전에 청문 또는 의견진술의 기회를 주도록 하고 있는 경우가 있다. 법에 의해 요구되는 청문 또는 의견진술의 기회를 주지 않고 한 행정행위는 원칙적으로 무효라고 보는 것이 일반적인 견해이다. 이에 대하여 일부 견해는 행정절차는 실체

법상의 목적을 합리적으로 달성하고자 하는 수단에 지나지 않으므로 취소할 수 있는데 불과하다고 하고, 또 다른 견해는 청문절차의 결여는 무효 또는 취소원인이 될 수 있다고 본다. 청문절차의 하자가 행정행위의 취소사유인지 무효사유인지 여부는 중대명백설에 따라 청문절차 하자의 정도, 행정행위의 성질 내용 등에 따라 개별적·구체적으로 판단하여야 할 것이다. 즉, 그 하자가 당사자등의 방어권행사의 기회를 부당하게 박탈하고 충분한 권리행사를 방해한 경우 그 정도가 중대하고 명백한 경우에는 행정행위의 하자의 일반론에 따라 당해 행정행위는 무효로 될 것이나, 그 정도에 이르지 않은 경우는 취소할 수 있다고 할 것이다.

5. 판례의 입장

판례는 원칙상 절차의 하자를 중요한 하자로 보지 않으면서 취소할 수 있는 하자로 보지만, 환경영향평가절차나 과세전적부심사절차를 거치지 않은 하자는 원칙상 중대명백한 하자로 보고 당연무효로 본다.

Ⅳ. 형식에 관한 하자 -원칙적으로 무효

논점 027 행정행위의 하자(무효와 취소의 구별)

Ⅰ. 개설

행정행위가 적법하게 성립하고 효력을 발생하기 위해서는 주체, 절차, 형식, 내용 등에 관한 요건을 갖추어야 한다. 행정행위가 그들 법적 요건을 충족하지 못할 때 그 행정행위는 위법한 것이 된다. 그리고 그러한 위법한 행위를 하자 있는 행위로 부를 수 있다. 위법 또는 부당과 같이 행정행위의 효력의 발생을 방해하는 사정을 행정행위의 하자(흠)라 한다. 위법이라 함은 법의 위반을 의미한다. 부당이라 함은 법을 위반함이 없이 공익 또는 합목적성의 판단을 잘못한 것을 말한다. 행정기관이 재량권의 한계를 넘지 않는 한도 내에서 재량권의 행사를 그르친 행정행위가 부당한 행정행위가 된다(행정기관이 재량을 그르치게 행사하였으나 법이 정한 한계를 벗어나지 않은 경우).

Ⅱ. 행정행위의 부존재

행정행위라고 볼 수 있는 외관이 존재하지 않는 경우를 말한다. 행정행위가 성립요건을 충족하지 못한 경우 등에 있어서 행정행위의 부존재를 인정할 수 있다.

Ⅲ. 행정행위의 무효와 취소

1. 무효 및 취소의 의의

행정행위의 무효라 함은 행정행위가 외관상 성립은 하였으나 그 하자의 흠으로 인하여, 행정행위가 애초부터 아무런 효력을 발생하지 않는 경우를 말한다. 즉, 무효란 외관상 행정행위로서 존재하나 하자가 중대하고 명백하여 처음부터 전혀 법적 효과를 발생하지 않는 것을 말한다. 행정행위가 무효인 경우에는 누구든지 그 효력을 부인할 수 있다. 취소란 행정행위의 성립상의 하자가 있음에도 불구하고, 권한 있는 행정기관이 취소하기 전까지 유효한 행정행위로 통용되는 행위이다.

2. 무효와 취소의 구별

(1) 구별 실익
무효와 취소는 쟁송의 형태, 효력, 제소기간 등에 있어서 구별 실익이 있다.

(2) 구별기준

1) 학설

①중대한 하자만 있으면 무효라는 중대설, ②하자의 중대성은 항상 무효의 요소로 하되 하자의 명백성은 구체적인 사안에 있어서 이익형량에 따라 보충적으로 적용하자는 명백성 보충성설(명백성 보충요건설), ③하자가 내용상 중대하고 일반인을 기준으로 외관상 일견 명백한 경우에만 무효라는 중대명백설, ④중대명백설 중 명백성의 요건을 완화하여 공무원의 조사에 의해 명백성을 판단하는 조사의무설, ⑤행정행위의 성질과 법적 안정성 및 제3자의 이해관계 등을 고려하여 구체적인 사안마다 판단하여야 한다는 구체적가치형량설이 대립한다.

2) 판례

①〈대법원〉은 행정처분이 당연무효이기 위해서는 그 하자가 적법요건의 중요한 부분을 위반한 중대한 것이고 일반인의 관점에서 외관상 명백한 것이라 판시한 바 있다. 대법원 소수견해는 난지도펜스공사와 관련된 건설영업정지처분무효확인사건에서 명백성보충요건설을 취한 바 있다. ②〈헌법재판소〉는 원칙적으로 중대명백설을, 예외적으로 무효로 하더라도 법적 안정성을 크게 해치지 않는 반면 권리구제 필요성이 큰 경우 무효라 판시한 바 있다.

3) 검토

생각건대, 무효와 취소의 구별은 행정 목적의 실현 내지 행정법 관계의 안정 요청과 개인의 권리구제요청을 어떻게 조화할 것인가의 문제라고 볼 때 양자를 조화하는 중대명백설이 타당하다. 결국 법적 안정성과 개인의 권리구제 측면에서 중대명백설이 타당하다고 본다.

 **논점 028** 위헌·위법인 법령에 근거한 처분의 효력 등

1. 위헌·위법인 법령에 근거한 처분의 효력

대법원은 무효와 취소의 구별에 관한 학설 중 중대명백설에 입각하여 위헌·위법이 있기 전에 위헌·위법인 법령에 근거하여 발하여진 행정처분은 특별한 사정이 없는 한 취소할 수 있는 행위에 불과하다고 보고 있다.

2. 위헌법률에 근거한 행정행위의 집행력

위헌인 법률에 근거한 처분에 불가쟁력이 발생한 경우 집행력을 부여할 수 있는지 문제된다. 〈대법원〉은 위헌법률에 기한 행정처분의 집행(예:강제징수)이나 집행력을 유지하기 위한 행위(예:압류해제거부)는 위헌결정의 기속력에 위반되어 허용되지 않는다고 판시한 바 있다. 처분(예:과세처분)의 근거가 되었던 법률규정에 대하여 위헌결정이 내려진 후 행한 처분의 집행행위(예:체납처분)는 당연무효이다(대판 2010두10907). 생각건대, 위헌인 법률에 근거한 행정행위의 집행을 인정하는 것은 헌법재판소법 제47조 제1항의 기속력에 위반되므로 부정하는 것이 타당하다고 본다.

> **참고** 심화 논점 : 위헌결정의 소급효 인정 여부

1. 문제점

헌법재판소법 제47조 제2항은 위헌으로 결정된 법률은 결정이 있는 날부터 효력을 상실하며 형벌에 관한 법률만 소급하여 효력을 상실한다고 규정한다. 따라서 형벌 외에는 원칙상 장래를 향하여 효력이 발생하므로 위헌결정 전의 법률은 합헌적 법률이다. 이에 위헌 결정 전은 문제 되지 않고 처분 후에 근거 법률이 위헌으로 결정된 경우의 처분의 위법여부는 위헌결정의 소급효가 인정됨을 전제로 한 논의이다.

2. 판례

당해사건, 동종사건, 병행사건의 경우 구체적타당성이 요청되는 경우에 불가쟁력이 발생하지 않는 한 소급효를 인정한다. 그러나 일반사건과 관련하여 대법원과 헌법재판소가 다른 입장을 취하고 있다. 〈대법원〉은 일반사건의 경우 원칙적으로 소급효가 미치나, 법적 안정성과 신뢰보호 요청이 현저한 경우 예외적으로 소급효를 인정하지 않는 입장이다. 또한 이미 취소소송의 제소기간을 경과하여 확정력이 발생한 행정처분에는 위헌결정의 소급효가 미치지 않는다고 본다. 〈헌법재판소〉는 일반사건의 경우 불소급효가 원칙이나, 예외적으로 소급효를 인정한다. 당사자 간의 권리구제를 위한 구체적 타당성의 요청이 법적 안정성의 요청보다 현저한 반면에 소급효를 인정하여도 법적 안정성을 해할 우려가 없고, 나아가 구법에 의하여 형성된 신뢰이익을 크게 해칠 사안이 아닌 경우로서, 소급효의 부인이 오히려 정의와 형평 등 헌법적 이념에 심히 배치될 경우에는 예외적으로 소급효를 인정한다고 판시하였다.

3. 검토

〈생각건대〉 상기 논의는 법적안정성과 구체적 타당성의 충돌 문제로서, 구체적 사안에 따라 양자를 비교형량하여 결정하여야 한다.

논점 029 하자승계

1. 의의 및 인정 필요성

하자승계는 행정이 여러 단계의 행정행위를 거쳐 행해지는 경우에 선행 행정행위의 위법을 이유로 적법한 후행 행정행위의 위법을 주장할 수 있는 것을 말한다. 행정관계의 안정성과 행정의 실효성을 위하여 선행행위의 위법을 후행행위에서 다툴 수 없음이 원칙이나 국민의 재판을 받을 권리를 보장하기 위하여 하자승계를 인정할 필요가 있다.

2. 전제 요건

하자승계가 논의되기 위해서는 ①선행행위와 후행행위 모두 처분일 것, ②선행행위는 취소 사유에 해당하는 하자가 존재할 것(취소사유의 위법성), ③후행행위는 고유한 하자가 없을 것(적법성), ④선행행위는 불가쟁력이 발생하여야 한다.

3. 하자승계 해결논의

(1) 학설

①전통적 견해(하자승계론)는 일련의 절차에서 하나의 법률효과를 목적으로 하는 경우에 하자승계를 긍정하나, ②새로운 견해(구속력론)는 구속력이 미치는 범위를 대인적(동일한 수범자), 사물적(동일한 목적), 시간적 한계(동일한 사실 상태, 법적 상태)와 추가적으로 예측 가능성 및 수인 가능성을 고려하고 있다.

(2) 판례

판례는 기본적으로 선·후 행정행위가 결합하여 하나의 법적효과를 달성 시키는지 여부를 기준으로 결정한다. 다만, 예외적으로 예측 가능성 및 수인 가능성 등을 고려하여 판시한 경우도 있다.

(3) 검토

생각건대, 행정법 관계 안정성, 행정의 실효성 보장과 국민의 재판청구권의 갈등 관계를 어떻게 조화시킬 것인가에 대한 논의이니만큼 구체적 사안에서 양자 요청을 적절히 조화시킬 수 있는지에 따라 결정하는 것이 타당하다. 단순히 선·후행행위의 법률효과의 목적으로만 판단하면 개별사안에서 구체적 타당성을 기하기 어려운바, 추가적으로 예측 가능성과 수인 가능성 등을 고려하여야 한다.

논점 030 하자의 치유

1. 의의 및 취지

하자의 치유란 행정행위가 행하여진 후 일정한 사유로 그 처분시 흠결이 되었던 요건이 사후에 보완된 경우 적법한 행위로 취급되는 것을 의미하며, 이는 행정경제를 도모할 수 있다는 점에 취지가 인정된다.

2. 인정 여부

(1) 학설

①긍정설은 행정 능률성 관점에서 하자의 치유를 인정하나, ②부정설은 사인의 신뢰보호를 논거로 하자의 치유를 부정한다. ③제한적 긍정설은 원고의 공격 방어권을 침해하지 않는 범위 내 하자의 치유를 인정한다.

(2) 판례

판례는 원칙적으로 하자의 치유를 인정하지 않으나, 예외적으로 국민의 권익을 침해하지 않는 범위 내 구체적 사정에 따라 합목적적으로 인정하고 있다.

(3) 검토

생각건대, 법치주의 관점에서 하자가 있는 행정행위의 치유는 부정함이 타당하나, 행정의 능률성을 고려할 때 제한적 긍정설이 타당하다고 본다.

3. 인정시기(시간적 한계)

(1) 학설

①쟁송제기이전설은 행정절차의 중요성과 국민권리구제 고려하여 쟁송제기 전까지는 하자 치유가 가능하다고 본다. ②행정소송제기전설은 심판단계에서는 아직 행정청(행정심판 내부통제)인바, 행정심판에 대한 불복 시까지 하자 치유가 가능하다는 견해이다. ③소송종결시설은 분쟁의 일회적 해결이라는 소송경제적 관점에서 소송절차종결 전 까지 하자의 치유가 가능하다는 견해이다.

(2) 판례

판례는 "하자 치유를 허용하려면 과세처분에 대한 불복여부 결정 및 불복신청의 편의를 줄 수 있는 상당한 기간 내에 하여야 할 것"이라고 판시하여 행정쟁송제기전설의 입장으로 보인다(대판 1984.4.10. 83누393).

(3) 검토

생각건대, 하자의 치유 시기를 쟁송이후까지 연장한다면 상대방의 권리보호에 문제가 되는 바, 권익보호를 위해 쟁송제기이전설이 타당하고 본다.

4. 인정범위

(1) 무효사유인 경우에도 하자의 치유가 인정되는지 여부

무효와 취소의 구별이 상대적이라는 것을 논거로 무효인 행정행위에도 하자의 치유를 인정하는 견해도 있지만, 통설 및 판례는 취소할 수 있는 행정행위에 대해서만 하자의 치유를 인정한다.

(2) 내용상 하자 치유 여부

치유의 대상이 되는 하자와 관련하여 절차와 형식상 하자에만 한정하는 견해와 내용상 하자까지 포함하는 견해가 대립하나, 판례는 내용에 관한 하자는 치유가 인정되지 않는다고 본다. 내용상의 하자까지 포함하는 견해는 법률적합성과의 조화를 깨뜨린다는 점에서 문제가 있다. 따라서 절차상의 하자만 하자의 치유를 인정하는 것이 타당하다(다수설 및 판례).

5. 하자의 치유 효과

행정행위의 하자가 치유되면 당해 행정행위는 처분시부터 하자가 없는 적법한 행정행위로 효력을 발생하게 된다.

논점 031 행정행위의 직권취소

1. 개설(의의 등)

현재까지 위법 또는 부당한 처분의 직권취소에 관한 명문의 규정이 없었기 때문에 직권취소의 가능성에 대해 실무상 혼란이 있었다. 이에 따라 「행정기본법」에서 직권취소의 가능성을 명확하게 규정하였다. 행정행위의 직권취소란 일단 유효하게 성립한 행정행위에 대해서 성립상의 하자가 있음을 이유로 권한 있는 행정기관이 소급하여 효력을 상실시키는 행위를 말한다.

2. 취소권자

(1) 처분청

행정처분을 취소할 수 있는 권한은 당해 행정처분을 한 처분청에게 속한다.

(2) 감독청의 취소권 인정 여부

견해의 대립은 있으나, 감독청은 당해 처분에 대한 대외적인 권한이 없는 행정청이므로, 기관 내부에서의 취소명령은 가능하나, 국민의 권리·의무 변동에 직접적인 영향을 미치는 취소처분은 할 수 없다고 보는 것이 타당하다.

3. 법적 근거

행정기본법 제18조 제1항은 행정청은 위법 또는 부당한 처분의 전부나 일부를 취소할 수 있는 것으로 규정하고 있다.

4. 취소원인(사유)

행정행위의 흠, 즉 위법 또는 부당이 취소사유가 된다.

5. 행정행위의 취소제한의 법리(취소의 제한)

(1) 부담적 행정행위(침익적 행정행위)

부담적 행정행위의 직권취소는 상대방에게 수익적이기 때문에 원칙적으로 행정청이 자유롭게 할 수 있다고 본다. 단, 제3자효적 행정행위에 있어서는 처분의 상대방뿐만 아니라 제3자의 이익도 형량하여야 한다.

(2) 수익적 행정행위

1) 직권취소가 제한되는 경우

행정기본법 제18조 제2항은 "행정청은 당사자에게 권리나 이익을 부여하는 처분을 취소하려는 경우에는 취소로 인하여 당사자가 입게 될 불이익을 취소로 달성되는 공익과 비교·형량(衡量)하여야 한다"고 규정하고 있다. 또한 수익적 행정행위의 직권취소에 있어서는 적법상태의 실현에 대한 공익과 개인의 기득권에 대한 신뢰보호를 비교형량하여 취소여부를 결정하여야 한다는 것이 판례의 확립된 견해이다. 즉, 수익적 행정행위는 상대방에게나 권리나 이익을 부여하는 행정행위여서, 하자 있는 행정행위라도 취소되기 전까지는 일단 유효하여 이를 기초로 법률관계가 형성되므로 수익적 행정행위의 취소는 일정한 제한을 받는다. 이러한 제한의 판단 기준으로 실권의 법리, 신뢰보호의 원칙, 비례의 원칙(이익형량의 원칙)이 적용된다.

2) 직권취소가 제한되지 않는 경우

행정기본법 제18조 제2항 단서에 따라 거짓이나 그 밖의 부정한 방법으로 처분을 받은 경우, 당사자가 처분의 위법성을 알고 있었거나 중대한 과실로 알지 못한 경우에는 수익자의 귀책사유이므로 취소가 제한되지 않는다.

6. 취소절차(절차)

직권취소는 법령에 규정이 없는 한 특별한 절차를 요하지 않으며, 행정절차법의 적용을 받는다. 수익적 행정행위의 취소는 권리를 제한하는 처분이므로 취소의 상대방에 대하여 사전에 통지하고(행정절차법 제21조), 의견제출의 기회 등을 주어야 한다. 다만, 개별법에서 청문이나 공청회를 개최하도록 하고 있는 경우에는 청문이나 공청회의 개최만 하면 된다(행정절차법 제22조 제3항).

논점 032 취소의 취소(재취소)

1. 문제점

행정행위를 취소하면 취소의 대상이 된 행정행위는 효력을 상실하게 되는데, 취소처분이 위법할 경우에 당해 취소처분을 취소함으로써 본래의 행정행위를 원상회복시킬 수 있는가 하는 것이 문제된다.

2. 학설

①긍정설은 일반 이론에 따라 재취소가 가능하며, 원행정행위의 원상회복을 긍정하나, ②부정설은 이미 한번 취소한 경우, 원행정행위는 확정적으로 효력 상실한다고 본다. ③절충설은 수익적 행정행위의 취소의 취소는 가능하나 부담적 행정행위는 부정하는 입장이다.

3. 판례(절충설)

판례는 수익적 행정행위의 경우 새로운 이해관계인이 생기기 전까지 재취소를 인정했으나, 부담적 행정행위의 취소는 상대방의 신뢰보호를 위해 재취소를 부정한 바 있다.

4. 검토

생각건대, 직권취소 역시 하나의 행정행위라는 점에서 하자가 있다면 이를 다시 직권취소하는 것도 가능하다고 본다.

논점 033 행정행위의 직권철회

1. 개설(의의 등)

적법하게 성립된 처분이라도 법령 등 또는 사정변경이 있거나 중대한 공익을 위하여 필요한 경우 등에는 철회할 수 있다는 것이 확립된 이론과 판례의 입장이므로 이를 명확하게 규정하여 행정실무상의 혼란을 해소하고 공법관계의 안정성을 제고하고자 행정기본법에서 철회에 관한 규정을 두었다. 철회란 적법하게 성립한 행정행위를 행정청이 후발적인 사유에 기해 장래를 향하여 그 효력을 상실시키는 독립적인 행정행위를 말한다. 원시적 사유에 의한 개별적 효과 결정의 직권취소와 차이가 있다.

2. 철회권자(주체)

철회는 그의 성질상 원래의 행정행위처럼 새로운 처분을 하는 것과 같기 때문에 처분청만이 이를 행할 수 있다고 보아야 한다. 상급청이라도 감독권에 의해 하급청의 권한을 대신 행사하는 것은 인정될 수 없다.

3. 법적 근거

행정기본법은 철회의 일반적 근거규정을 두고 있다. 따라서, 철회는 개별법률의 근거가 없어도 가능하다(행정 기본법 제19조).

4. 철회원인(사유)

철회는 행정행위의 효력을 더 이상 존속시킬 수 없는 새로운 사유가 발생한 경우에 가능하다. 행정기본법 제19조 제1항에서는 ①법률에서 정한 철회 사유에 해당하게 된 경우, ②법령등의 변경이나 사정변경으로 처분을 더 이상 존속시킬 필요가 없게 된 경우, ③중대한 공익을 위하여 필요한 경우로 규정하고 있다. 이는 학설과 판례에서 인정된 철회사유를 명문화한 것이다. 이외에도 상대방의 동의, 상대방의 의무위반, 철회권 유보 등도 철회 사유에 해당할 것이다.

5. 행정행위의 철회제한 법리(제한)

(1) 부담적 행정행위(침익적 행정행위)

부담적 행정행위의 철회는 상대방에게 수익적이기 때문에 원칙적으로 행정청이 자유롭게 할 수 있다고 본다.

(2) 수익적 행정행위

행정기본법 제19조 제2항은 "행정청은 제1항에 따라 처분을 철회하려는 경우에는 철회로 인하여 당사자가 입게 될 불이익을 철회로 달성되는 공익과 비교·형량하여야 한다"고 규정하고 있다. 수익적 행정행위의 직권 철회에 있어서는 적법 상태의 실현에 대한 공익과 개인의 기득권에 대한 신뢰보호를 비교형량하여 철회여부를 결정하여야 한다는 것이 판례의 확립된 견해이다. 즉, 수익적 행정행위는 상대방에게나 권리나 이익을 부여하는 행정행위여서, 하자 있는 행정행위라도 철회되기 전까지는 일단 유효하여 이를 기초로 법률관계가 형성되므로 수익적 행정행위의 철회는 일정한 제한을 받는다. 이러한 제한의 판단 기준으로 실권의 법리, 신뢰보호의 원칙, 비례의 원칙(이익형량의 원칙) 등이 적용된다.

6. 철회 절차(절차)

철회는 특별한 규정이 없는 한 일반행정행위와 같은 절차에 따른다. 수익적 행정행위의 철회는 '권리를 제한하는 처분'이므로 사전통지절차, 의견제출절차 등 행정절차법상의 절차에 따라 행해져야한다. 개별법에 다른 절차가 있는 경우 그에 따른다.

논점 034 철회의 취소

1. 견해의 대립

①긍정설은 행정행위의 철회의 취소가 가능하며, 원행정행위가 원상회복된다고 본다. ②부정설은 확정적으로 효력을 상실하므로, 법률이 명문으로 인정하지 않는 한 행정행위의 철회의 취소는 인정될 수 없다는 견해이다. ③절충설은 부담적 행정행위는 부정하나, 수익적 행정행위의 철회의 경우에는 위법한 철회처분을 취소하여 원상을 회복할 필요가 있으므로 철회의 취소를 인정하여야 한다고 본다.

2. 판례 및 검토

〈판례〉는 절충설을 취하고 있다. 즉, 판례는 침익적 행정행위의 철회의 취소는 인정하지 않지만, 수익적 행정행위의 철회에 대하여는 취소가 가능한 것으로 본다. 생각건대, 철회는 그 자체가 독립된 행정행위이고, 철회의 취소를 부정할 이유가 없으므로 철회의 취소가 가능하다는 적극설이 타당하다.

논점 035 단계적 행정결정

Ⅰ. 개설

단계적 행정결정이란 행정청의 결정이 여러 단계의 행정결정을 통하여 연계적으로 이루어지는 것을 말한다. 단계적 행정결정의 예로는 확약, 가행정행위, 사전결정 및 부분허가가 있다.

Ⅱ. 확약

1. 의의 및 근거(행정절차법 제40조의 2)

확약은 장래 일정한 행정행위를 하거나 하지 아니할 것을 약속하는 의사표시를 말한다. 즉, 확약이란 권한있는 행정기관이 국민에 대한 관계에 있어 자기구속을 할 의도로써 장래에 향하여 일정한 행정행위를 하거나 하지 않을 것을 약속하는 단독적 의사표시를 말한다.

2. 법적 성질(처분성 여부)

①긍정설은 확약이 장래 이행·불이행 의무를 발생시키는 효력이 있다는 점에서 처분성을 긍정한다. ②부정설은 확약은 사정변경에 의해 변경될 수 있는 바, 종국적인 규율성을 가지지 못하는 점을 논거로 부정한다. ③판례는 어업면허에 선행하는 어업권 우선순위 결정은 강학상 확약에 불과하고 행정처분은 아니라고 보아 처분성을 부정하였다. ④생각건대, 확약으로 행정청에게 확약을 준수할 의무가 발생하는 점, 조기의 권리구제 도모 할 수 있다는 점을 고려하여 확약의 처분성을 인정하는 것이 타당하다.

3. 효과

(1) 구속력

확약이 위법하여 무효이거나 실효되지 않는 한 행정기관은 확약의 내용에 따라 본처분을 발령할 의무를 진다. 이를 확약의 구속력이라 한다. 즉, 요건충족으로 적법한 확약성립시 행정청은 상대방에 대해 확약의 내용대로 이행할 의무를 부담한다.

(2) 구속력의 배제

①확약 또는 공적인 의사표명이 있은 후에 사실적·법률적 상태가 변경되었다면 그와 같은 확약 또는 공적인 의사표명은 행정청의 다른 의사표시를 기다리지 않고 실효된다고 본다. ②위법한 확약에 대해 취소가 가능하며 적법한 확약은 상대방의 의무불이행 등 철회사유가 발생한 경우 철회의 대상이 된다. 확약의 취소 및 철회에 있어서는 취소 및 철회권의 제한의 법리가 적용된다.

Ⅲ. 가행정행위(잠정적 행정행위)

가행정행위는 사실관계와 법률관계의 계속적인 심사를 유보한 상태에서 당해 행정법관계의 권리와 의무의 전부 또는 일부에 대해 잠정적으로 확정하는 행위를 의미한다. 즉, 사실관계와 법률관계의 심사를 유보한 상태에서 당해 행정법관계의 권리와 의무의 전부 또는 일부에 대해 잠정적으로 확정하는 행위를 의미한다.

Ⅳ. 사전결정(예비결정)

1. 의의

사전결정이란 최종적 행정 결정을 내리기 전 사전단계에서 최종의 행정결정의 요건 중 일부 요건을 사전에 내리는 결정을 말한다.

2. 소송 요건 판단

(1) 법적 성질

사전결정은 그 자체가 하나의 행정행위이다. 최종처분이 기속행위인 경우 사전결정도 기속행위이다. 최종처분이 재량행위인 경우에 사전결정이 재량행위인지 여부는 최종처분의 재량판단부분이 사전결정의 대상이 되는지에 의해 결정된다.

(2) 최종 결정시 소의 이익 유무

견해의 대립은 있으나, 판례는 부지사전승인에 대한 취소소송의 계속 중에 원자로 건설허가가 행해진 경우 부지사전승인은 최종결정인 건설허가에 흡수되어 소멸되므로 부지사전승인 취소소송은 소의 이익을 잃는다고 판시하였다.

3. 본안판단-사전결정의 구속력과 배제

(1) 구속력

견해의 대립은 있으나, 판례는 사전결정의 구속력을 인정하지 않고 사전결정에서 재량권을 행사했더라도 최종 결정시 다시 재량판단을 하여 사전결정에 배치되는 최종결정을 할 수 있다고 판시하였다. 다만, 판례도 사전결정에서 판단한 부분에 대하여 배치되는 최종결정을 하는 경우 신뢰보호원칙 위반으로 위법하다고 판시하고 있다. 생각건대, 사전결정을 인정한 제도적 취지에 비추어 사전결정의 구속력을 긍정하는 견해가 타당하다.

(2) 구속력 배제(사정변경)

사전결정시에 불가피하게 파악되지 못하였던 사실관계나 법적 관계의 변경이 초래되었을 경우에는 그 구속력이 배제되거나 감경될 수 있다. 이 경우에 사전결정과 배치되는 최종행정행위를 하고자 하는 경우에는 신뢰보호이익과 사정변경으로 사전결정과 다른 결정을 하여야 할 공익 사이에 이익형량을 하여야 한다.

V. 부분허가(부분승인)

부분허가란 원자력발전소와 같이 그 건설에 비교적 장기간의 시간을 요하고 영향력이 큰 시설물의 건설에 있어서 단계적으로 시설의 일부분에 대하여 부여하는 허가를 의미한다.

논점 036 공법상 계약

1. 의의

공법상 계약이란 공법적 효과를 발생시키는 대등한 복수당사자의 반대방향의 의사의 합치를 말한다. 공법상 계약은 비권력적 행정분야에서뿐만 아니라 권력적 행정분야에서도 인정된다.

2. 공법상계약의 성립요건과 적법요건

(1) 성립요건

공법상 계약은 사법상 계약과 마찬가지로 양 당사자의 반대방향의 의사의 합치에 의해 성립된다. 공법상 계약에서 계약당사자의 일방은 행정주체이어야 한다. 행정주체에는 공무를 수탁받은 사인도 포함된다.

(2) 적법요건

주체(정당한 권한이 있는 자), 내용(법우위의 원칙), 절차(계약에 관한 일반원칙, 행정절차법 적용배제), 형식(구두도 가능하나 문서가 바람직함).

3. 공법적 규율과 사법의 적용

공법상 계약은 공법적 규율의 대상이 된다. 공법상 계약에 관하여 개별법에 특별한 규정이 없는 경우에는 국가계약법을 적용하고, 동 법률에서도 정하지 않는 사항에 대하여는 계약에 관한 민법의 규정을 직접적용 또는 유추적용 할 수 있다.

4. 공법상 계약의 하자의 효과

공법상 계약에는 공정력이 인정되지 않으므로 위법한 공법상 계약은 원칙상 무효라는 것이 다수견해이다. 공법상 계약이 무효인 경우 계약이 목적으로 하는 권리나 의무는 발생하지 않는다. 공법상 계약의 위법이 계약의 일부에만 존재하는 경우에 위법인 부분이 위법이 아닌 부분과 분리될 수 없는 경우에는 당해 계약은 전부 무효가 된다. 위법인 부분이 위법이 아닌 부분과 분리될 수 있는 경우에는 계약당사자가 위법인 부분이 없었더라면 당해 계약을 체결하지 않았을 것이라고 판단되는 경우에 한하여 계약 전체가 무효가 된다.

논점 037 행정상의 사실행위

Ⅰ. 의의 및 종류

1. 의의

행정상 사실행위라 함은 행정목적을 달성하기 위하여 행해지는 물리력의 행사를 말한다. 행정기관의 행위는 직접적인 법적 효과를 발생시키는가를 기준으로 하여 법적 행위와 사실행위로 구분되고 있다. 사실행위는 직접적으로는 법적 효과를 발생시키지 않는 행위이다. 달리 말하면 법질서에 직접적인 변경을 가져오지 않는 행위이다. 그러나, 사실행위도 간접적으로는 법적 효과를 발생시키는 경우가 있다.

2. 종류

(1) 권력적 사실행위

이는 일정한 법령 또는 행정행위를 집행하기 위한 공권력의 행사로서 하는 사실행위를 말하며, 무허가건물의 철거, 대집행의 실행 등 행정법상의 의무이행을 확보하기 위한 강제적 집행행위(대집행실행, 직접강제)등이 있다.

(2) 비권력적 사실행위

이는 공권력의 행사와 관계없는 사실행위인데, 이에는 금전출납, 쓰레기 수거 등 비권력적 집행행위와 고지, 행정지도 등 지식표시행위 등이 이에 속한다.

Ⅱ. 사실행위의 처분성 여부

1. 문제점

행정상 사실행위에 대한 항고쟁송이 인정되기 위하여는 행정상 사실행위가 행정심판법과 행정소송법상의 '처분'개념에 포함되어야 한다. 사실행위의 처분성에 관하여는 견해가 대립하고 있다.

2. 학설

①수인하명설은 권력적 사실행위가 아니라 권력적 사실행위 결합되어 있는 행정행위인 수인하명이 항고쟁송의 대상이 된다고 하는 견해이다. ②긍정설은 쟁송법적 개념설 입장에서 실효적인 권익구제를 위해 권력적 사실행위 및 사실상

강제력을 미치는 비권력적 사실행위는 사실행위 자체가 처분에 해당한다고 보는 견해이다. ③부정설은 실체법상 개념설 입장으로, 사실행위는 항고소송의 대상이 되지 않으며, 사실행위에 대한 권익구제는 당사자소송인 이행소송, 금지소송 또는 공법상 결과제거청구소송으로 도모하여야 한다고 한다.

3. 판례

판례는 권력적 사실행위의 성질을 갖고 있는 교도소 수감자 재이송 조치, 시정조치 권고 판결 등에서 처분성을 인정하였다.

4. 검토

생각건대, 현행법하에서 실효적인 권리구제를 위해서는 사실행위를 처분으로 보아 항고쟁송의 대상으로 하는 것이 타당하므로 긍정설이 타당하다.

논점 038 행정지도

Ⅰ. 개설

1. 의의 및 필요성

행정지도는 행정기관이 일정한 행정목적을 달성하기 위해 상대방에게 임의적 협력을 요청하는 비권력적 사실행위를 말한다. 법령의 불비를 보완하거나 최신의 정보 등을 제공함에 필요성이 인정된다.

2. 법적 성질

행정지도는 행정청이 행정목적의 달성을 위하여 직접 활동을 하는 것이 아니라 상대방인 국민의 임의적인 협력을 구하는데 그 개념적 특징이 있다. 법상으로 행정지도의 상대방은 행정지도에 따르지 않을 수 있다. 따라서 비권력적 행위이다. 행정지도는 그 자체만으로는 직접 법적 효과를 가져오지 않는다. 그리하여 행정지도를 사실행위로 본다.

Ⅱ. 법적 근거와 한계

1. 법적 근거(법률유보측면)

①근거불요설은 국민의 임의적 결정에 달려있어 법률에 근거가 없어도 된다고 하나, ②제한적 법적 근거필요설은 규제적 행정지도는 임의성이 제한되므로 법적 근거가 필요하다는 견해이다. ③판례는 행정지도에는 법률의 근거가 필요하지 않는다는 견해를 취하고 있다. ④생각건대, 행정지도는 임의적인 협력을 전제하는바, 근거가 불요하다고 봄이 타당하다.

2. 한계

①행정지도는 법의 일반원칙을 포함하여 법에 위반하여서는 안 된다(실체적 한계). ②그 외에 절차적 한계 및 일반원칙에 따른 한계를 지닌다.

3. 권리구제

(1) 항고소송-행정지도의 처분성

견해의 대립은 있으나, 판례는 원칙상 행정지도의 처분성을 부인한다. 생각건대, 행정지도가 국민의 권리·의무에 사실상 강제력을 미치고 있는 경우에는 처분성을 인정하는 입장이 타당하다.

(2) 기타-국가배상, 손실보상, 헌법소원제도

논점 039 행정조사

1. 행정조사의 의의
행정조사란 행정기관이 행정작용을 수행하기 위해 정보수집 등을 위해 행하는 행정작용을 말한다.

2. 법적 근거 및 한계

(1) 법적 근거(법률유보측면)

권력적인 강제조사는 국민의 자유와 재산을 제한하는 것이므로 법적 근거가 있어야 한다.

(2) 한계

행정조사의 경우 실체적 한계(법령 및 일반원칙에 반하여서는 안 된다) 및 절차적 한계(적법절차의 원칙)를 지닌다.

3. 위법한 행정조사와 행정행위의 효력

(1) 문제점

행정조사를 통하여 획득한 정보가 정확하지 않은 경우에 그 정보에 기초하여 내려진 행정행위는 사실의 기초에 흠(사실오인의 흠)이 있는 행정행위이므로, 행정조사의 위법 여부를 묻지 않고 당연히 위법하다. 결국, 행정조사가 실체법적, 절차법적 한계를 넘은 경우 후속행정결정이 위법한지에 대해 견해의 대립이 있다.

(2) 학설

①소극설은 행정조사를 법령에서 행정행위의 전제조건으로 규정한 경우를 제외하고 별개의 제도로 본다. ②적극설은 적법절차 원칙에 따라 긍정하나, ③절충설은 행정조사에 중대한 위법사유가 있는 경우만 위법하다고 본다.

(3) 판례

판례는 원칙상 적극설을 취하고 있다. 대법원은 "위법한 중복세무조사에 기초하여 이루어진 부가가치세부과처분은 위법하다"고 판시하였다. 다만, 행정조사절차의 하자의 정도가 중대하지 않고 경미한 경우에는 위법사유가 되지 않는 것으로 본다(대판 2006두9498).

(4) 검토

생각건대, 수집된 정보가 행정결정의 기초가 된 경우, 행정조사는 행정결정을 위한 절차로 볼 수 있어, 헌법상 적법절차 원칙상 적극설이 타당하다고 보인다.

4. 위법한 행정조사에 대한 권리구제

(1) 항고쟁송

위법한 행정조사에 대하여 항고쟁송이 가능하기 위해서는 행정조사의 처분성이 인정되어야하며, 소의 이익이 인정될 수 있도록 행정조사의 상태가 계속되어야 한다.

(2) 손해배상

위법한 행정조사로 손해를 입은 국민은 국가배상을 청구할 수 있다.

논점 040 행정계획의 개관

Ⅰ. 행정계획의 의의

행정계획이란 행정활동을 행함에 있어 일정한 목표를 설정하고 그 목표를 달성하기 위해 필요한 수단을 종합·조정하는 것을 말한다.

Ⅱ. 법적성질

1. 학설

①입법행위설은 행정계획을 일반적·추상적 규율로 보며, ②행정행위설은 권리행사가 직접적·개별적·구체적으로 영향을 미치는 행정행위라는 견해이다. ③독자성설은 행정계획은 독자적 행위형식으로 구속력을 갖는다고 보며 ④복수성질설은 행정계획의 성질을 여러 측면에서 파악하려는 견해이다.

2. 판례

①도시관리계획이 결정 고시되면 토지형질변경, 건축물의 신축 등 권리행사가 제한받게 되어 개인의 권리 내지 법률상 이익을 개별적·구체적으로 규제하는 행정처분으로 봤으나, ②도시기본계획은 처분성을 부정하였다. ③도시 및 주거환경정비법에 따라 수립하는 관리처분계획은 처분성을 긍정한 바 있다.

3. 검토

행정계획은 종류, 내용이 매우 다양하고 상이한바 일률적으로 법적 성질을 부여하는 것은 타당치 않으며 개별적으로 검토되어야 할 것이다.

Ⅲ. 행정계획의 절차

행정계획의 절차상 통제에 관한 일반법은 없으나, 개별법에 규정이 있는 경우 개별법의 절차 규정이 적용된다. 절차의 유형으로는 관계행정기관 간의 조정, 주민·이해관계인의 참여 등이 있다.

> **참고** 심화 논점 : 행정계획의 효과

1. 구속효의 내용

행정계획의 효과는 계획마다 상이하다. 일반적으로 검토를 요하는 것은 구속효의 문제이다. 모든 계획은 강도에 차이가 있을 것이나 사실상 구속효를 갖는다.

2. 집중효

(1) 개념

계획확정이 일반법규에 규정되어 있는 승인 또는 허가 등을 대체시키는 효과를 집중효라 부른다.

(2) 집중효의 정도

1) 학설

①관할집중설은 집중효는 계획을 확정하는 행정청에 의해 대체되는 행정청의 관할만이 병합된다는 것이다. 즉, 대체행정청의 인·허가 등의 심사권한을 계획확정기관에 이관하는 것을 의미하는 데 그친다고 한다. 따라서 계획확정기관은 대체행정청이 준수해야 하는 절차적·실체적 요건을 모두 준수해야 한다는 견해이다. ②절차집중설은 계획확정기관은 대체행정청이 준수해야 하는 절차적 요건을 준수하지 않아도 되지만, 실체적 요건에 대해서는 기속된다는 견해이다. ③제한적 절차집중설은 법치행정에 비추어 계획확정기관도 실체적 요건은 존중해야 하지만, 절차요건은 생략될 수 있다고 본다. 다만, 이해관계 있는 제3자의 보호를 위한 절차규정은 적용 내지는 존중되어야 한다는 견해이다. ④제한적 실체집중설은 집중효는 절차의 집중 및 실체의 집중 모두를 의미하지만, 대체행정청이 준수해야 하는 실체적 요건들 중 일부가 계획확정기관에게는 완화된다는 견해이다. ⑤실체집중설은 실체적 요건과 절차적 요건을 모두 고려함 없이 독자적으로 판단할 수 있다는 견해이다.

2) 판례 및 검토

대법원은 "건설부장관이 관계기관의 장과의 협의를 거쳐 주택건설사업계획 승인을 한 경우 별도로 도시계획법 소정의 중앙도시계획위원회의 의결이나 주민의 의견청취 등 절차를 거칠 필요가 없다"고 하여 절차집중설을 취하고 있다. 즉, 의제되는 법률에 규정된 이해관계인의 의견청취절차를 생략할 수 있다고 하여 절차집중을 인정하고 있으나, 의제되는 법률에 규정된 인허가요건 불비로 주된 인허가신청을 거부할 수 있다고 하여 실체집중은 부정하는 것으로 보인다. 행정의 효율성 등을 위하여 절차집중설이 타당하다고 보인다.

논점 041 행정계획의 통제

I. 행정 내부적 통제
행정 내부적으로 절차상 통제, 감독권에 의한 통제 등이 있다.

II. 국회에 의한 통제
국회가 행정부에 대하여 가지는 국정감시권의 발동 등으로 행정계획에 통제를 가할 수 있다.

III. 법원에 의한 통제

1. 사법심사 가능성(처분성)
모든 행정계획이 사법심사의 대상일 수는 없지만, 처분성을 갖는 행정계획은 개인의 법률상 이익을 침해하는 경우에 사법심사의 대상이 될 수 있다. 행정계획이 공권력 행사이지만 처분이 아닌 경우 헌법소원의 대상이 된다.

2. 형성의 자유(계획재량과 형량명령)

(1) 계획재량의 개념

계획재량이란 행정계획을 수립, 변경 과정에서의 광범위한 형성의 자유를 말한다.

(2) 계획재량과 일반 행정재량의 구별여부(재량행위의 독자성 인정여부)

1) 견해의 대립

①질적차이부정설은 양자 모두 질적 차이를 인정하지 않으며, 계획재량에 있어 재량권이 폭넓게 인정된다는 양적 차이만 있을 뿐, 형량명령이론은 협의의 비례원칙을 계획재량에 구체화 시킨 것이라 한다. ②질적차이긍정설은 일반 행정재량은 조건프로그램으로 보며, 계획재량의 수권규범은 목표설정과 달성수단을 규정하는 목적프로그램, 형량명령이라는 특유한 하자이론이 존재한다고 본다.

2) 판례 및 검토

판례는 행정계획에 있어 계획재량이라는 광범위한 형성의 자유가 인정된다고 하고 이러한 형성의 자유에 관한 한계로서 형량명령원칙을 반영하여 형량하자가 있으면 당해 행정계획결정은 위법하다고 판시하고 있다. 생각건대, 양자는 통제수단 등 질적으로 다른 바 질적차이긍정설이 타당하다.

(3) 계획재량의 사법적 통제 : 형량명령위반 여부

1) 개설

계획재량도 성문법과 형량명령원칙에 합치되어야 하며, 위반 시 위법이 인정된다. 형량명령의 원칙이란 형성의 자유는 무제한이 아니며, 행정계획 관련자들의 이익을 이익형량을 하는 것을 말한다.

2) 형량명령원칙의 내용

①행정계획결정에 있어서는 관련된 이익의 형량을 하여야 한다. ②계획청은 이익형량에 관련된 이익을 모두 포함시켜야 한다. 공익과 사익이 모두 포함되어야 한다. 이익형량은 공익 상호간, 공익과 사익상호간, 사익상호간에 행하여진다. ③관련된 공익 및 사익의 가치를 제대로 파악하여야 한다. ④관련되는 이익의 조정은 개개의 이익의 객관적인 가치에 비례하여 행하여져야 한다.

3) 형량의 하자

①형량의 해태란 이익형량을 전혀 하지 않은 것을, ②형량의 흠결은 이익형량을 누락한 것을, ③형량의 과오는 형량에 있어 공익과 사익의 가치를 잘못 평가한 경우를 말한다. ④오형량은 형량을 했으나 공익과 사익의 조정이 객관적으로 보아 비례원칙을 위반한 것으로 판단되는 경우를 말한다.

4) 관련 판례

대법원은 행정주체가 행정계획을 입안, 결정함에 있어서 이익형량을 전혀 행하지 아니하거나 이익형량의 고려대상에 마땅히 포함시켜야 할 사항을 누락한 경우 등에는 그 행정계획 결정은 형량에 하자가 있어 위법하다고 판시하였다.

3. 손실보상(적법한 행정계획과 손실보상 등 권리구제)

적법한 행정계획의 수립·변경 또는 폐지로 인하여 손실을 받은 경우에는 손실보상의 요건을 갖춘 경우에 손실보상을 청구할 수 있다.

4. 위법한 행정계획과 국가배상

이론상 위법한 행정계획의 수립·변경 또는 폐지로 인하여 손해를 받은 자는 국가배상을 청구 할 수 있다.

Ⅳ. 국민에 의한 통제

1. 계획과정에 국민의 참여

현재로서 공청회나 예고제도 등을 통한 간접적인 참여제도는 있으나 직접적인 제도는 없다.

2. 계획의 보장

(1) 계획청구권

사인이 행정주체에 대하여 일정영역에서 계획과정으로 나아갈 것을 요구할 수 있는 권리를 말한다. 하지만 계획화의 과정은 공익의 실현을 위한 것이지 특정인의 이익을 보호하기 위한것이 아니므로 계획청구권이 인정되기는 어렵다.

(2) 계획존속청구권

계획존속청구권이란 행정계획의 변경이나 폐지시에 계획의 존속을 청구할 수 있는 사인의 권리를 말한다. 공권의 성립요건 중 강행규범성을 충족하지 못하여 인정이 어렵다. 왜냐하면 사인의 신뢰보호도 중요하지만 행정계획의 변경 내지 폐지가 갖는 공익적 측면이 개인의 사익보다 일반적으로 더욱 중요하며, 사인에게 계획의 존속청구를 인정한다는 것은 계획의 본질인 가변성과 합치되지 않기 때문이다.

(3) (광의의) 계획준수청구권

기존계획과 상이한 방향으로 계획이 집행되는 경우에 기존의 계획을 준수할 것을 요구할 수 있는 권리를 계획준수청구권이라 하고, 책정만 하고 집행하지 않는 계획을 집행할 것을 요구할 수 있는 권리를 계획집행청구권이라 한다. 계획준수청구권과 계획집행청구권을 합하여 광의의 계획준수청구권이라 부른다. 이러한 청구권도 행정청의 집행의무와 사익보호성이 긍정되는 경우에만 인정될 수 있기에 일반적인 형태로 인정되지는 않는다.

(4) 계획변경청구권

기존계획의 변경을 청구할 수 있는 권리를 말한다. 즉, 계획변경청구권이란 계획 확정 후 사정변경 및 관련 개인의 권익침해 등을 이유로 하여 그 계획의 변경이나 폐지를 청구할 수 있는 권리를 말한다. 공권의 성립요건 중 강행규범성을 충족하지 못하여 인정이 어렵다. 판례는 계획변경청구권에 대해 부정하는 입장이다. 다만, 폐기물처리사업계획과 관련하여 실질적으로 당해 행정처분 자체를 거부하는 결과가 되는 경우에는 예외적으로 인정한 바 있다.

(5) 경과조치청구권

경과조치청구권은 계획 존속을 신뢰하여 일정조치 취한자가 행정계획 변경, 폐지로 입게 될 불이익을 방지하기 위해 경과조치를 청구할 수 있는 권리이다. 공권의 성립요건 중 강행규범성을 충족하지 못하여 인정이 어렵다.

(6) 손해전보청구권

손해전보청구권이란 계획 변경, 폐지로 특별한 희생을 받은 사인이 손실보상을 청구할 권리이다. 특별한 희생에 해당하면 손실보상 청구가 가능하다.

논점 042 행정의 실효성 확보수단(행정의 의무이행 확보수단)

I. 개설

행정의 실효성을 확보하기 위하여 인정되는 법적 수단을 행정의 실효성 확보수단이라 한다. 행정의 실효성이라 함은 행정 목적의 달성을 말한다. 행정의 실효성을 확보하기 위한 전통적 수단으로 행정상 강제와 행정벌이, 새로운 실효성 확보수단으로는 명단공표, 과징금 등이 있다.

II. 행정상 강제

행정청은 행정목적을 달성하기 위하여 필요한 경우에는 법률로 정하는 바에 따라 필요한 최소한의 범위에서 다음 각 호의 어느 하나에 해당하는 조치를 할 수 있다(행정기본법 제30조 제1항).

1. 행정대집행

의무자가 행정상 의무(법령등에서 직접 부과하거나 행정청이 법령등에 따라 부과한 의무를 말한다. 이하 이 절에서 같다)로서 타인이 대신하여 행할 수 있는 의무를 이행하지 아니하는 경우 법률로 정하는 다른 수단으로는 그 이행을 확보하기 곤란하고 그 불이행을 방치하면 공익을 크게 해칠 것으로 인정될 때에 행정청이 의무자가 하여야 할 행위를 스스로 하거나 제3자에게 하게 하고 그 비용을 의무자로부터 징수하는 것

2. 이행강제금의 부과

의무자가 행정상 의무를 이행하지 아니하는 경우 행정청이 적절한 이행기간을 부여하고, 그 기한까지 행정상 의무를 이행하지 아니하면 금전급부의무를 부과하는 것

3. 직접강제

의무자가 행정상 의무를 이행하지 아니하는 경우 행정청이 의무자의 신체나 재산에 실력을 행사하여 그 행정상 의무의 이행이 있었던 것과 같은 상태를 실현하는 것

4. 강제징수

의무자가 행정상 의무 중 금전급부의무를 이행하지 아니하는 경우 행정청이 의무자의 재산에 실력을 행사하여 그 행정상 의무가 실현된 것과 같은 상태를 실현하는 것

5. 즉시강제

현재의 급박한 행정상의 장해를 제거하기 위한 경우로서 다음 각 목의 어느 하나에 해당하는 경우에 행정청이 곧바로 국민의 신체 또는 재산에 실력을 행사하여 행정목적을 달성하는 것

가. 행정청이 미리 행정상 의무 이행을 명할 시간적 여유가 없는 경우
나. 그 성질상 행정상 의무의 이행을 명하는 것만으로는 행정목적 달성이 곤란한 경우

III. 행정벌

1. 의의 및 종류

행정벌이란 행정법상 의무를 위반한 자에게 가하는 처벌을 말한다. 행정형벌이란 행정목적을 직접적 침해하는 행위이다. 행정형벌은 형법상의 형벌을 과하는 행정벌로서, 원칙적으로 형법총칙이 적용되고 처벌은 형사소송법이 정하는 절차에 따른다. 예를 들면, 징역·벌금 등이 있다. 행정질서벌이란 정보제공적 신고의무 위반과 같이 행정목적을 간접적으로 침해하는 행위이다. 일반법으로 질서위반행위규제법이 있다. 예를 들면 과태료가 있다.

2. 내용

행정형벌은 원칙적으로 형사소송법의 절차에 따라 과해진다. 행정질서벌이라 함은 행정법규 위반에 대하여 과태료가 과하여지는 행정벌이다. 행정질서벌에 대한 일반법인 질서행위규제법에서는 질서위반행위를 의무를 위반하는 경우 과태료를 부과하는 규정을 두고 있다.

Ⅳ. 새로운 실효성 확보수단

과징금, 명단공표(행정법상의 의무위반 또는 의무불이행이 있는 경우 그 위반자의 성명, 위반사실등을 일반에게 공개하여 명예 또는 신용에 침해를 가함으로써 심리적 압박을 가하여 행정법상 의무이행을 확보하는 간접강제수단), 공급의 거부, 관허사업의 제한이 있다.

> **참고** 대체적 작위의무 불이행시 이행강제금 부과 가부
>
> 1. 문제점
>   이행강제금의 부과가능성을 명시적으로 규정하고 있어도, 대체적 작위의무 위반시는 일반적으로 대집행이 실효성 확보수단이므로 이행강제금을 부과할 수 있는지 문제된다.
>
> 2. 학설
>   ①부정설은 대체적 작위위반은 대집행이 실효적인 강제집행수단이므로 부정하나, ②긍정설은 경우에 따라 이행강제금이 더 실효적인 수단이 될 수 있으므로 긍정한다.
>
> 3. 판례
>   헌법재판소는 전통적으로 대집행은 대체적 작위의무의 강제집행수단으로 이행강제금은 부작위의무나 비대체적 작위의무의 강제집행수단으로 이해되어왔으나, 대체적 작위의무위반시에도 이행강제금이 부과될 수 있다고 하여 긍정하였다.
>
> 4. 검토
>   생각건대, 대집행의 실행이 어려운 경우에는 이행강제금이 실효적인 수단으로 될 수 있어 긍정함이 타당하다.

 **대집행**

Ⅰ. 의의

대집행은 대체적 작위의무의 불이행의 경우, 당해 행정기관이 의무자가 행할 의무를 스스로 이행하거나 제3자로 하여금 이행하게 하고, 그 비용을 의무자로부터 징수하는 것을 말한다.

Ⅱ. 대집행의 요건(행정대집행법 제2조)

1. 공법상 대체적 작위의무의 불이행이 있을 것

대체적 작위의무라 함은 그 의무의 이행을 타인이 대신할 수 있는 작위의무이다. 대체적 작위의무의 예로는 건물의 철거, 물건의 파기를 들 수 있다. 또한 여기서 말하는 대체적 작위의무란 공법상 의무를 말한다. 따라서 사법상의 의무불이행을 이유로 대집행을 할 수 없다. 그리고 대집행의 대상이 되는 의무는 구체적·특정적 의무이어야 한다. 의무자만 이행가능한 전문·기술적 의무는 대체성이 없다. 또한 부작위의무와 수인의무는 성질상 대체적 작위의무가 아니다.

2. 다른 수단으로는 그 이행확보가 곤란할 것

의이행확보를 위한 침익성이 적은 다른 수단이 있는 경우에는 그에 의하여야 하고, 대집행은 그러한 수단이 없는 경우 부득이한 수단으로서만 발동되어야 한다(보충성의 원칙). 다른 수단이란, 대집행보다 더 경미한 수단인 행정지도 등을 말한다.

3. 의무불이행을 방치함이 심히 공익을 해하는 경우일 것

행정대집행법은 "다른 수단으로써 이행을 확보하기 곤란하고 또한 그 이행을 방치함이 심히 공익을 해할 것으로 인정될 때"에 한하여 대집행이 가능한 것으로 규정하고 있다. 그 불이행을 방치함이 심히 공익을 해할 것으로 인정될 때에 한하여 대집행이 인정되는 것으로 규정한 것은 협의의 비례원칙을 규정한 것인데, 대집행에 있어서 상대방의 권익보호를 위해 비례의 원칙을 다소 강화한 것이다.

III. 대집행의 절차(행정대집행법 제3조)

1. 계고

(1) 의의 및 법적성질

①계고란 상당한 이행기간을 정하여 그 기간까지 이행하지 않는 경우, 대집행을 한다는 뜻을 문서로 통지하는 것을 말한다. ②판례는 계고처분 후 제2, 제3의 계고가 있다고 하더라도 제2, 제3의 계고는 독립된 처분이 아니라 대집행 기한의 연기통지에 불과하다고 하였다. ③이는 준법률행위적 행정행위 중 통지행위이다.

(2) 적법 요건(계고의 요건)

계고처분은 ①의무를 발생시키는 적법한 행정처분이 전제되어야 하며(대집행 요건이 계고시에 이미 충족되었을 것), ②이는 문서로서 이루어져야 한다. ③또한 대집행 의무 내용이 구체적으로 특정되어야 한다. ④그리고 계고시 상당한 이행기간이 있어야 한다. 상당한 이행기간이란 사회통념상 이행에 소요되는 통상적인 기간을 말한다.

(3) 생략가능성

대집행을 위해서는 미리 계고함이 원칙이나, 대집행법 제3조 제3항에 따라 비상시 또는 위험이 절박한 경우와 영장 통지를 취할 여유가 없을 때에는 계고를 거치지 아니하고 대집행이 가능하다고 본다.

(4) 의무이행을 명하는 행위와 계고처분의 결합가능성

1) 문제점

대집행의 요건 중 하나인 공법상 의무의 불이행의 전제가 되는 의무의 이행을 명하는 행위와 대집행의 사전절차로서의 계고가 한 장의 문서로 가능한지가 문제된다.

2) 학설

①의무를 명하는 행위와 계고처분을 한 장의 문서로 발령하는 경우 당사자에게 기한의 이익이 상실된다는 이유로 결합이 불가능하다는 견해와 ②상당한 기간만 부여된다면 한 장의 문서로 의무이행을 명하는 행위와 계고처분의 발령이 가능하다는 견해가 있다.

3) 판례

판례는 계고서라는 명칭의 1장의 문서로 자진철거를 명함과 동시에 대집행할 뜻을 미리 계고한 경우라도 각 처분은 독립하여 있는 것으로서 각 요건은 충족되었다고 볼 것이라고 하여 긍정하고 있다.

4) 검토

생각건대 의무이행에 필요한 상당한 기간만 주어진다면 의무이행을 명하는 행위와 계고처분을 한 장의 문서로 동시에 발령될 수 있다고 보아야 한다.

2. 대집행영장에 의한 통지

(1) 의의 및 법적성질

①대집행영장에 의한 통지는 계고에 의해 지정된 기한까지 의무가 이행되지 않은 경우에 행정청에 의해 대집행의 시기, 대집행책임자의 이름, 대집행비용의 개산액을 의무자에게 통지하는 절차를 말하며, ②준법률행위적 행정행위인 통지에 해당한다.

(2) 생략 가능성

법률에 다른 규정이 있는 경우와 비상시 또는 위험이 절박한때에는 예외적으로 대집행영장에 의한 통지를 생략할 수 있다.

3. 대집행의 실행

(1) 의의 및 법적성질

①대집행 실행이란 의무자가 지정된 기한까지 의무를 이행하지 않으면, 당해 행정청은 스스로 의무자가 해야할 행위를 하거나 또는 제3자로 하여금 그 행위를 하게 하는 것을 말한다. ②이는 권력적 사실행위에 해당한다.

(2) 절차

대집행 책임자는 그가 집행책임자라는 것을 표시한 증표를 휴대하여 대집행시 이해관계인에게 제시하여야 한다.

(3) 실력 행사의 인정여부

1) 학설

①긍정설은 대집행 실행을 위하여 필요한 한도 내에서 실력으로 저항을 배제하는 것은 명문의 근거가 없는 경우에도 대집행에 수반하는 기능으로 인정되

어야 한다고 하나, ②부정설은 저항을 실력으로 배제하는 것은 신체에 대하여 물리력을 행사하는 것이므로 대집행에 포함된다고 볼 수 없으므로 별도의 법률상 근거가 있어야 한다는 견해이다.

2) 판례 및 검토

판례는 건물철거의무에 퇴거의무도 포함되어 있다고 보아 건물철거 대집행 과정에서 부수적으로 철거물의 점유자들에 대한 퇴거 조치를 할 수 있고, 점유자들이 적법한 행정대집행을 위력을 행사하여 방해하는 경우 필요한 경우에는 '경찰관 직무집행법'에 근거한 위험 발생 방지조치 또는 형법상 공무집행방해죄의 범행 방지 내지 현행범 체포의 차원에서 경찰의 도움을 받을 수도 있다고 본다. 생각건대, 신체에 대한 물리력 행사에는 명문의 근거가 있어야 하므로 부정설이 타당하다고 본다.

4. 비용징수

대집행의 비용은 원칙상 의무자가 부담해야 한다. 비용납부명령은 급부하명으로 행정행위이며, 항고소송의 대상이 된다.

 **사전통지**

1. 의의 및 취지(행정절차법 제21조)

행정청은 당사자에게 의무를 부과하거나 권익을 제한하는 처분을 하는 경우에는 미리 일정한 사항을 당사자 등에게 통지하여야 한다. 사전통지는 의견진술의 전치 절차이다.

2. 필수적 절차 여부(생략 가능성)

①공공의 안전 또는 복리를 위하여 긴급한 처분을 할 필요가 있는 경우, ②법령 등에서 요구된 자격이 없거나 없어지게 되면 반드시 일정한 처분을 하여야 하는 경우에 그 자격이 없거나 없어지게 된 사실이 법원의 재판 등에 의하여 객관적으로 증명 된 때, ③해당 처분의 성질상 의견청취가 현저히 곤란하거나 명백히 불필요하다고 인정될 만한 상당한 이유가 있는 경우에는 사전통지를 아니 할 수 있다.

> **참고** 거부처분시 사전통지 및 의견제출절차 준용여부
>
> ### 1. 문제점
> 수익적 행정행위의 신청에 대한 행정청의 거부처분이 "권익을 제한하는 처분"에 해당하여 사전통지 및 의견제출절차의 대상이 되는지 여부에 관하여 견해의 대립이 있다.
>
> ### 2. 학설
>
> #### (1) 긍정설
> 신청의 거부는 신청의 기대이익 제한인 바, 거부처분의 경우에도 이러한 절차가 필요하다고 한다. 당사자가 신청을 한 경우, 신청에 따라 긍정적인 처분이 이루어질 것을 기대하며, 거부처분을 기대하지는 아니하고 있으므로, 거부처분의 경우에도 사전통지 및 의견진술의 기회가 필요하다고 한다.
>
> #### (2) 부정설
> 신청을 하였어도 아직 당사자에게 권익이 부여되지 아니하였으므로 신청을 거부하여도 직접 당사자의 권익을 제한하는 처분에 해당한다고 볼 수 없다.
>
> #### (3) 제한적 긍정설
> 인허가에 부가된 갱신의 경우, 권익에 제한이 있다고 본다.

3. 판례

판례는 신청에 따른 처분이 이루어지지 아니한 경우에는 아직 당사자에게 권익이 부여되지 않았으므로 거부처분을 권익을 제한하는 처분에 해당한다고 할 수 없어 사전통지의 대상이 되지 않는다고 본다.

4. 검토

(1) 긍정설을 취하는 경우

생각건대, 거부처분도 기대이익의 제한으로 볼 수 있어 사전통지의 대상이 된다고 보인다.

(2) 부정설을 취하는 경우

거부처분은 상대방에게 새로운 의무부과를 한 것도 아니고 기존의 권익을 제한하지 않으며, 신청시 이미 의견제출을 한 것으로 볼 수 있으므로 행정절차법상 불이익처분에 포함되지 않는다고 보는 다수설과 판례가 타당하다.

논점 045 의견청취절차(의견진술절차)

Ⅰ. 청문

1. 청문의 의의 및 취지

청문이란 행정청이 어떤 처분을 하기에 앞서 처분의 상대방 등의 의견을 직접 듣고 조사하는 절차를 말하며, 사전적 권리구제에 취지가 있다. 청문이라 함은 당사자등의 의견을 들을 뿐만 아니라 증거를 조사하는 등 재판에 준하는 절차를 거쳐 행하는 의견진술절차를 말한다.

2. 필수적 절차 여부(청문 사유)

행정절차법 제22조 제1항에서는 행정청이 처분을 할 때 ①다른 법령 등에서 청문을 하도록 규정하고 있는 경우, ②행정청이 필요하다고 인정하는 경우, ③인허가 등의 취소, 신분자격의 박탈, 법인이나 조합 등의 설립허가의 취소의 처분 시 의견제출 기한 내에 당사자 등의 신청이 있는 경우에는 청문을 실시한다.

3. 청문 절차의 예외적 사유

행정절차법 제22조 제4항에서는 청문을 필수적으로 실시 해야하는 경우에도 불구하고, 〈①공공의 안전 또는 복리를 위하여 긴급히 처분을 할 필요가 있는 경우, ②법령등에서 요구된 자격이 없거나 없어지게 되면 반드시 일정한 처분을 하여야 하는 경우에 그 자격이 없거나 없어지게 된 사실이 법원의 재판 등에 의하여 객관적으로 증명된 경우, ③해당 처분의 성질상 의견청취가 현저히 곤란하거나 명백히 불필요하다고 인정될 만한 상당한 이유가 있는 경우〉 중 어느 하나에 해당하는 경우와 당사자가 의견진술의 기회를 포기한다는 뜻을 명백히 표시한 경우에는 의견청취를 하지 아니할 수 있다.

4. 청문의 결여

판례는 청문절차의 결여를 취소사유에 해당한다고 보고, 행정청과 당사자 사이의 합의에 의해 청문의 실시 등 의견청취절차를 배제하여도 청문의 실시에 관한 규정의 적용이 배제되지 않으며, 청문을 실시하지 않아도 되는 예외적인 경우에 해당하지 않는다고 본다.

Ⅱ. 공청회

공청회라 함은 행정청이 공개적인 토론을 통하여 어떠한 행정작용에 대하여 당사자 등, 전문지식과 경험을 가진 자, 기타 일반행정인으로부터 의견을 널리 수렴하는 절차를 말한다.

Ⅲ. 의견제출

의견제출이란 행정청이 어떠한 행정작용을 하기 전에 당사자등이 의견을 제시하는 절차로서 청문이나 공청회에 해당하지 아니하는 절차를 말한다(행정절차법 제2조 제7호). 즉, 의견제출이라 함은 행정청이 어떠한 행정작용을 하기에 앞서 당사자등이 단순하게 의견을 제시하는 절차를 말한다. 청문에 비하여 절차가 간단한 절차이다. 사전통지는 의견제출의 전치절차이다. 의견제출절차가 의무적인 경우에 사전통지는 그 전제로서 당연히 행해진다.

논점 046 이유제시

1. 의의 및 필요성(행정절차법 제23조)

①처분의 이유제시란 행정청이 처분을 하는 경우, 당사자에게 그 근거와 이유를 제시하여야 하는 것을 말한다. ②쟁송준비의 편의제공 등에 필요성이 인정된다.

2. 필수적 절차인지 여부(대상)

행정절차법은 원칙적으로 모든 처분에 대해 이유를 제시하도록 하고 있다. 즉 이유제시는 침익적 행정처분의 경우뿐만 아니라 수익적 행정처분의 경우에도 요구된다. 다만, ①신청내용을 모두 그대로 인정하는 처분인 경우, ②단순·반복적인 처분 또는 경미한 처분으로서 당사자가 그 이유를 명백히 알 수 있는 경우, ③긴급을 요하는 경우에는 이유제시가 요구되지 않는다.

3. 이유제시의 정도

사실상·법률상 근거를 상대방이 이해할 수 있도록 구체적으로 알려야 한다. 행정청은 처분의 주된 법적 근거 및 사실상의 사유를 어떠한 근거와 이유로 처분이 이루어진 것인지를 충분히 알 수 있을 정도로 명확하고 구체적으로 제시하여야 한다. 처분의 사실상의 사유가 추상적으로만 제시된 경우와 같이 처분의 이유제시가 불충분한 경우에는 이유제시 의무를 이행한 것이 되지 않는다. 판례도 처분시 근거법령을 명시하고 위반사실에 대해 처분이 있었음을 알 수 있을 정도로 사실을 적시할 것을 요한다고 한다.

4. 이유제시의 시기

이유제시의 방식에 관해서는 행정절차법에 명시하고 있진 않으므로 서면이나 구술 모두 가능할 것이다. 그러나 처분의 방식에 따르는 것이 보통일 것이므로 처분이 서면으로 행해지는 경우에는 이유제시도 그 서면에 의할 것이다. 이유제시의 시기에 대하여 행정절차법 제23조의 규정한 바와 같이 처분을 하는 때에 처분과 함께 제시되어야 한다.

5. 이유제시의 하자

이유제시의 하자란 행정청이 처분이유를 제시하여야 함에도 처분이유를 전혀 제시하지 않거나, 불충분하게 제시한 경우를 말한다. 이유제시의 하자는 무효사유와 취소사유의 구별기준에 따라 무효인 하자나 취소할 수 있는 하자가 된다. 판례는 이유제시의 하자를 통상 취소사유로 보고 있다.

 절차적 하자의 독자적 위법성 인정여부

1. 문제점

법원은 처분이 절차상 위법한 경우 당해 처분의 실체법상의 위법 여부를 따지지 않고 또는 실체법상 적법함에도 불구하고, 절차상의 위법만을 이유로 취소 또는 무효 확인할 수 있는가의 문제이다. 즉, 실체적 하자가 없음에도 절차적 하자만으로 처분의 독자적인 위법성 인정되는지 문제 된다.

2. 학설

① 긍정설(적극설)은 적법절차 보장관점을 논거로 절차상 하자만으로 행정처분의 무효를 확인하거나 행정처분을 취소할 수 있다는 견해로서, ② 부정설(소극설)은 행정경제상 불합리점을 논거로, 절차상 하자만을 이유로 하여서는 행정처분의 무효를 확인하거나 또는 행정처분을 취소할 수 없다고 보는 견해이다. ③ 절충설은 기속행위와 재량행위를 나누어 구별한다.

3. 판례

판례는 재량행위뿐만 아니라 기속행위에 있어서도 적극설을 취하고 있다. 즉, 기속행위인 과세처분에서 이유부기 하자를, 재량행위인 영업정지처분의 청문절차 결여의 하자를 이유로 취소한 바 있다. 따라서, 절차적 하자의 독자적 위법성으로 인정하고 있는 것으로 보인다.

4. 검토

①적법절차 관점과 ②행정소송법 제30조 제3항의 기속력이 인정되는바(=현행 행정소송법이 절차의 위법을 이유로 한 취소판결을 인정하고 있으므로) 긍정함이 타당하고 생각된다.

논점 048 국가배상책임의 개관

I. 개설

행정상 손해전보라 함은 통상 국가작용에 의해 개인에게 가해진 손해의 전보를 의미한다. 행정상 손해전보라는 개념 대신에 행정상 손해보전, 국가보상이라는 개념을 사용하는 경우도 있다. 행정상 손해배상과 행정상 손실보상이 이에 해당한다. 행정상 손해배상은 행정권의 행사에 의해 우연히 발생한 손해에 대한 국가 등의 배상책임을 말한다. 이는 국가배상이라고도 한다.

II. 국가배상책임의 근거

1. 헌법상 근거

헌법 제29조는 "공무원의 직무상 불법행위로 손해를 받은 국민은 법률이 정하는 바에 의하여 국가 또는 공공단체에 정당한 배상을 청구할 수 있다"고 규정하고 있다.

2. 실정법률의 근거(국가배상법의 지위)

국가배상책임은 특별법, 국가배상법, 민법 순으로 적용된다.

III. 국가배상책임(국가배상법)의 성격

1. 학설

(1) 사권설

헌법상 주권면책특권의 포기·행정소송법상 관련청구병합(행정소송법 제10조)의 취지 등을 논거로 국가배상법을 민법의 특별법인 사법이라고 본다. 이에 따르면 국가배상청구권은 사권이고, 국가배상소송은 민사소송절차에 의한다.

(2) 공권설

공권설은 실정법상 공·사법의 2원적 체계가 있다는 점, 국가배상법은 공법적 원인으로 야기되는 배상문제를 규율하는 법이라는 점등을 이유로 국가배상법을 공법으로 보는 견해이다. 이에 따르면 국가배상청구권은 공권이고, 국가배상소송은 공법상 당사자소송에 의한다.

2. 판례

판례는 국가배상책임을 민사상 손해배상책임의 일종으로 보고, 국가배상법을 민법의 특별법으로 보고 있다.

3. 검토

국가배상책임의 원인이 되는 행위가 공행정작용이라는 것과 국가배상책임의 문제가 공익과 관련이 있다는 것을 논거로, 국가배상책임을 공법상 책임으로 봄이 타당하다.

 **049 공무원의 위법행위로 인한 국가배상책임**(국가배상책임의 요건)

Ⅰ. 개설

국가배상법 제2조는 "국가나 지방자치단체는 공무원 또는 공무를 위탁받은 사인(이하 "공무원"이라 한다)이 직무를 집행하면서 고의 또는 과실로 법령을 위반하여 타인에게 손해를 입히거나, 「자동차손해배상 보장법」에 따라 손해배상의 책임이 있을 때에는 이 법에 따라 그 손해를 배상하여야 한다"고 규정하고 있다. 이하, 국가배상책임 요건의 구체적인 의미에 대하여 후술하기로 한다.

Ⅱ. 공무원 – 최광의의 공무원

국가배상법 제2조는 "공무원 또는 공무를 위탁받은 사인"을 공무원으로 규정하고 있는데, 여기서 공무원이라 함은 기능상 개념을 의미하므로, 국가공무원법 및 지방공무원법 등에 의하여 공무원의 신분을 가진 자 뿐만 아니라 실질적으로 공무에 종사하는 모든 자를 포함하는 것으로 보는 것이 통설과 판례의 입장이다.

Ⅲ. 직무행위

1. 직무행위의 의미

국가배상법 제2조가 적용되는 직무행위에 관하여 판례 및 다수설은 공권력 행사 외에 비권력적 공행정작용을 포함하는 모든 공행정작용을 의미 한다고 본다.

2. 직무행위의 범위(내용)

(1) **입법작용으로 인한 국가배상책임**

국회의 입법작용도 직무행위에 해당한다. 판례에 의하면 국회가 지는 국민에 대한 직무상 의무의 위반으로서, 그 입법 내용이 헌법의 문언에 명백히 위배된 경우 또는 헌법에 의하여 부과되는 구체적인 입법의무를 이행하지 않은 경우 불법행위가 성립한다.

(2) **사법작용으로 인한 국가배상책임**(법관의 재판)

법관의 재판 등 사법작용도 직무행위에 해당한다. 즉, 사법작용으로 인한 손해의 배상에 대하여도 원칙상 국가배상법이 적용된다. 사법작용 중 재판이 아닌

행위에 대하여 국가배상법이 적용되는 데에는 큰 문제가 없지만 재판행위에 있어서는 재판 행위의 특성에 비추어 특별한 고찰을 요한다. 판결이 상소심이나 재심에서 취소되었다는 것만으로 국가배상법상 위법이 인정되지는 않는다. 판례는 재판행위의 국가배상법상의 위법을 법관이 위법 또는 부당한 목적을 가지고 재판을 하였다거나 법이 법관의 직무수행상 준수할 것을 요구하고 있는 기준을 현저하게 위반하는 등 법관이 그에게 부여된 권한의 취지에 명백히 어긋나게 이를 행사하였다고 인정할 만한 특별한 사정이 있는 경우에 한하여 제한적으로 인정하고 있다(대판 99다24218).

(3) 행정작용으로 인한 국가배상책임

행정행위 (법률행위적 행정행위와 준법률행위적 행정행위, 기속행위 및 재량행위 등), 권력적 사실행위, 행정지도 등의 비권력적 사실행위, 작위 및 부작위 모두 포함한다.

3. 소결

직무행위에는 행정작용, 입법작용, 사법작용, 법적 행위, 사실행위, 작위·부작위, 재량행위를 불문하고 모두 포함된다는 것이 일반적 견해이다.

Ⅳ. 직무를 집행하면서(직무집행관련성, 직무관련성)

공무원의 불법행위에 의한 국가의 배상책임은 공무원의 가해행위가 직무집행행위인 경우뿐만 아니라 그 자체는 직무집행행위가 아니더라도 직무와 일정한 관련이 있는 경우, 즉 '직무를 집행하면서' 행하여진 경우에 인정된다. 직무집행에 해당하는 여부는 견해의 대립은 있으나, 당해 행위가 현실적으로 정당한 권한 내의 것인지 또는 행위자인 공무원이 주관적으로 직무집행의 의사를 가지고 있는지 여부와 관계없이 객관적으로 직무행위의 외관을 갖추고 있는지 여부에 따라 판단하여야 한다는 외형설이 통설 및 판례 입장이다.

Ⅴ. 고의 또는 과실로 인한 행위

①고의란 위법한 결과의 발생을 인식하는 것을 말하며, ②과실이란 위법한 결과의 발생을 부주의로 인식하지 못하는 것을 말한다. 그런데 과실의 의미에 대해선 견해의 대립이 있으나, ③다수설 및 판례는 과실을 공무원 개인의 주관적 능력과 관계 없이 표준적·평균적인 공무원을 기준한다.

VI. 법령에 위반할 것(법령 위반, 위법)

1. 법령의 의미

국가배상법은 법령 위반을 요구하고 있는데, 여기에서 "법령"이 무엇을 의미하는지에 관하여 학설의 일반적 견해는 법 일반을 의미한다고 본다. 성문법령뿐만 아니라 관습법, 법의 일반원칙, 조리 등 불문법도 포함한다. 행정규칙은 법규성을 갖지 않는 한 법령에 포함되지 않는다는 견해가 일반적 견해이다.

2. 국가배상법상 위법의 개념(위법의 일반적 판단기준)

(1) 문제점

국가배상의 본질을 어떻게 볼 것인가에 따라 국가배상법상의 법령위반의 판단의 대상 및 판단기준, 즉 국가배상법상의 위법개념(법령위반의 의미)과 관련하여 견해대립이 있다.

(2) 학설

①결과불법설은 국민이 받은 손해를 결과적으로 수인할 수 있는 가를 기준으로 판단하며, ②상대적 위법성설은 행위자체의 위법, 적법 뿐만 아니라 피침해이익의 성격과 침해정도, 가해행위의 태양을 종합고려한다. ③행위위법설은 국가배상법상의 위법은 행위의 법규범에의 위반을 의미한다고 보는 견해이다. 협의의 행위위법설은 위법의 개념을 다원화하는 것은 혼동을 가져올 수 있는 바, 항고소송의 위법과 동일한 것으로 파악하여 행위가 법규범에 위반되는 것을 의미한다고 한다. 광의의 행위위법설은 손해배상제도와 취소소송은 성질이 다르다는 점에서 다르게 보아, 협의의 행위위법 뿐만 아니라 헌법상 인정된 국가의 기본권 보장의무로부터 도출되는 공무원의 손해방지의무위반도 법령위반으로 보는 견해이다. ④직무의무위반설은 국가배상법상의 위법을 대국민 관계에서의 공무원의 직무의무 위반으로 보는 견해이다.

(3) 판례

판례는 "그 행정처분이 객관적 정당성을 상실하였다고 인정될 정도(위법성)에 이른 경우에 국가배상법 제2조 소정의 국가배상책임의 요건을 충족하였다고 봄이 상당할 것이며"라고 판시하여 상대적 위법성설을 취한 듯한 판례도 보이나, 시위자들의 화염병으로 인한 약국화재에 대한 국가배상책임이 문제된 사건에서 원칙상 행위의 법 위반을 법령위반으로 본 바 있으며, 공무원의 직무상 의무위반을 법령위반으로 직무상 의무위반설을 취한 듯한 판례도 보인다.

(4) 검토

1) 협의의 행위위법설을 취하는 경우

생각건대, 위법의 개념을 다양화하는 것은 법질서의 일체성에 반할 뿐 아니라 분쟁의 일회적 해결에도 도움이 되지 않는다. 취소소송의 본안판단에서의 위법의 본질이 법규위반임을 고려할 때 국가배상법상 위법도 법질서위반이라는 단일한 가치판단으로 보아야 할 것인바 협의의 행위위법설이 타당시 된다.

2) 상대적 위법성설을 취하는 경우

생각건대, 국가배상제도는 구체적 사건에 있어서 결국 손해를 보충하는 것이므로 사안에 따라 공평하고 탄력적인 결론을 이끌어 낼 수 있고 위법성을 완화하여 해석함이 피해자에게 유리하다는 점에서 상대적 위법성설이 타당하다고 보인다.

V. 타인에게 손해발생

공무원의 불법행위가 있더라도 손해가 발생하지 않으면 국가배상책임이 인정되지 않는다. 손해란 피해자가 입은 모든 불이익을 가리키는바, 재산적 손해, 정신적 손해, 적극적 손해, 소극적 손해를 가리지 아니한다.

VI. 인과관계(상당인과관계)

공무원의 가해행위와 직무집행행위에서 발생한 손해사이에 상당한 인과관계가 있어야 한다. 상당인과관계의 유·무의 판단은 개연성은 물론 법령 기타 행동규범의 목적이나 가해행위 태양 및 피해의 정도 등을 종합적으로 고려해야 한다는 것이 판례의 입장이다.

참고 **국가배상법상 위법의 유형**

판례에 따르면 국가배상법상 위법의 유형을 가해행위의 유형 또는 위법의 기준 및 내용에 따라 고찰할 필요가 있다.

Ⅰ. **행위 자체의 법 위반**

행정처분의 위법과 같이 공권력 행사 자체가 가해행위인 경우에는 공권력행사 자체의 법에의 위반 여부가 위법의 판단기준이 된다.

Ⅱ. **행위의 집행방법상 위법**

행위 자체는 적법하나 그 집행방법상 위법이 인정되는 경우이다. 이 경우에는 집행방법에 관한 명문의 규정이 있는 경우 그 위반이 위법이고, 집행방법에 관하여 명문의 규정이 없는 경우에도 손해방지의무 위반이 있으면 위법이 인정된다.

Ⅲ. **직무의무 위반으로서의 위법**

공무원의 직무상 의무가 문제되는 경우가 있는데, 이 경우에는 공무원의 직무상 의무위반이 위법이 된다. 직무상 의무위반이 국가배상법상 위법으로 판단되는 대표적인 경우는 입법행위 또는 사법행위의 위법과 직무상 손해방지의무 위반으로서의 위법의 경우이다. 직무상 의무는 법령에서 명시적으로 규정하고 있는 경우도 있고, 법령에 명시적인 규정이 없는 경우에도 법질서 및 조리로부터 도출되는 경우도 있다. 공무원의 일반적인 직무상 손해방지 의무는 법령에 명시적인 규정이 없이 인정되는 직무상 의무의 대표적인 예이다.

Ⅳ. **사익보호성의 필요여부**(국가배상책임의 성립요건과 관련하여 직무의 사익보호성 필요여부)

직무상 의무 위반이 국가배상법상 위법이 되기 위해 직무상 의무의 사익보호성이 요구되는지에 관하여 견해의 대립이 있다. 직무의무 위반설에서는 직무상 의무의 사익보호성을 요구하고 있다. 그러나, 법치행정의 원칙에 비추어 공권력 행사가 법을 위반하면 위법으로 보는 것이 타당하므로 직무상 의무의 사익보호성을 위법의 조건으로 요구하는 것은 타당하지 않고, 직무상 의무가 법적 의무인 한 그 위반은 위법으로 보아야 할 것이다. 판례도 직무상 의무의 사익보호성을 위법의 요소로 보지 않는다. 과거 판례 중에는 직무상 의무의 사익보호성을 위법성의 요소로 요구한 판례가 있었지만 현재의 판례는 직무상 의무의 사익보호성을 위법성의 요소로 보지 않고, 상당인과관계의 요소로 보고 있다.

V. 부작위에 의한 손해배상 책임

(1) 개설

부작위에 의한 국가배상에서의 부작위는 신청을 전제로 하지 않는다. 따라서, 국가배상법상 부작위는 행정권의 불행사를 의미한다. 또한 작위의무는 직무상 의무를 의미하므로 부작위의 위법은 직무상 의무위반을 의미한다.

부작위는 작위의무를 전제로 하는데, 조리상 작위의무를 인정할 수 있는가의 문제, 부작위에 의한 손해배상책임에 있어서 작위의무의 사익(개인적 이익) 보호성이 요구되는가 하는 문제와 부작위(행정권 불행사)의 위법성의 문제가 논의의 대상이 되고 있다.

(2) 조리에 의한 작위의무 인정 여부

1) 문제점

작위의무가 법령에서 명문으로 규정되어 있지 않은 경우에도 조리에 의해 법적 작위의무를 인정할 수 있는가 하는 문제에 대하여 학설은 대립하고 있다.

2) 학설

①긍정설은 법치행정의 목적은 인권보장과 생명과 재산보호라는 점을 논거로 작위의무를 인정할 수 있다고 본다. 이 견해는 국가배상책임을 민법상 불법행위책임과 성질을 같이 하는 것으로 보면서 공서양속, 조리 내지 건전한 사회통념에 근거하여 법적 작위의무를 인정할 수 있다는 견해이다. ②부정설은 법률에 의한 행정의 원칙에 비추어 법률상의 근거를 결하는 작위의무를 인정할 수 없다고 본다.

3) 판례

판례는 국가가 초법규적, 일차적으로 그 위험배제에 나서지 아니하면 국민의 생명, 신체, 재산 등을 보호할 수 없는 경우에는 형식적 의미의 법령에 근거가 없더라도 국가나 관련 공무원에 대하여 그러한 위험을 배제할 작위의무를 인정할 수 있다고 하여 긍정설의 입장이다.

4) 검토

생각건대, 법치행정의 목적도 인권보장이라는 점과 헌법에 의하여 당연히 도출되는 생명, 신체, 재산을 보호하여야 한다는 국가의 임무에 비추어 볼 때 조리에 의한 위험방지의무를 인정하는 긍정설이 타당하다고 본다.

(3) 직무상 작위의무의 사익 보호성 -전술 참조

(4) 부작위의 위법성: 직무상 작위의무 위반

1) 행정권 불행사의 위법

행정권의 행사 또는 불행사는 재량행위인 경우가 많다. 이 경우에는 이론상 재량권이 영으로 수축하는 경우 및 비례원칙에 반하는 경우 등 재량권의 일탈·남용의 경우에 행정기관의 부작위가 위법하게 된다. 판례는 재량행위인 행정권의 불행사(부작위 또는 거부)가 현저하게 불합리하다고 인정되는 경우에는 직무상의 의무를 위반한 것이 되어 위법하게 된다고 한다. 판례가 재량행위인 행정권한의 불행사의 위법을 현저한 합리성의 결여라는 추상적인 기준에 의해 판단하는 것은 문제가 있다. 재량행위인 행정권한의 불행사의 위법은 재량권의 영으로의 수축이론 등에 의해 판단하여야 한다. 행정권의 발동이 기속행위인 경우에는 부작위가 곧 위법이 된다.

2) 직무상 의무 위반의 위법

법정의 직무상 의무 위반은 이론상 그것만으로 위법인 것으로 보아야 한다. 그런데 판례는 직무상 의무 위반이 위법이 되기 위하여는 직무상 의무를 게을리한 것이 의무 위반이 직무에 충실한 보통 일반의 공무원을 표준으로 객관적 정당성을 상실하였다고 인정될 정도에 이른 때에 해당하여야 한다고 본다. 판례는 조리상 인정되는 직무상 의무 위반의 경우 위법과 과실을 동시에 판단하는 경향이 있다.

논점 050 공무원의 배상책임
(가해공무원의 책임, 가해공무원 개인의 피해자에 대한 손해배상 책임 인정 여부)

I. 배상책임의 성질

1. 문제점 및 학설

국가 또는 지방자치단체가 가지는 배상책임의 성질에 대하여는 견해가 대립된다. ①〈자기책임설〉은 국가 또는 지방자치단체의 기관(공무원)의 행위라는 형식을 통하여 국가 또는 지방자치단체가 직접 부담하는 자기책임이며 민사상 법인의 불법행위책임에 해당한다고 한다. ②〈대위책임설〉은 배상책임은 원래 가해공무원 자신이 부담하여야 할 책임이나 국가 또는 지방자치단체가 이를 대신하여 지는데 불과하며, 선임·감독자로서의 책임으로 인정되고 있는 민법상의 사용자 책임과 다르다고 한다. ③〈절충설〉은 공무원의 행위가 경과실에 기한 경우에는 국가기관의 행위로 볼 수 있어 국가의 자기책임이지만, 고의·중과실에 따른 행위는 국가기관의 행위로 볼 수 없어 공무원만이 배상책임을 지고 국가는 책임이 없지만 그 행위가 직무로서 외형을 갖춘 경우에는 피해자와의 관계에서 국가도 일종의 자기책임으로서 배상책임을 진다는 견해이다. ④〈중간설〉은 공무원의 고의 또는 중과실에 기인하는 경우에는 기관행위로서의 성질을 가지지 못하므로 대위책임이지만, 경과실에 의한 행위는 기관행위로 볼 수 있으므로 자기책임이라는 견해이다.

2. 판례 및 검토

〈판례〉는 경과실의 경우에는 공무원은 국가 등의 기관으로서 그 책임은 전적으로 국가 등에만 귀속되고 공무원 개인에게는 대내적·대외적 책임을 부담하지 않는데 반해, 고의·중과실의 경우에는 공무원 개인과 국가 등이 중첩적으로 대외적 책임을 부담하고 궁극적으로 공무원 개인이 대내적 책임도 부담한다고 본다. 이러한 판례의 입장에 대해서 다수설은 판례가 절충설을 취하고 있는 것으로 평가한다. 〈검토〉 대위책임설은 재정적 이유로 국가가 대신 책임을 진다는 국가무책임사상에 기초한다는 점에서 타당하지않다. 공무원의 행위는 국가기관의 행위에서 한 것이므로 기관의 행위는 위법·적법을 불문하고 국가 등 법인격주체에게 그 효과가 귀속된다고 보아야 한다는 점에서 자기책임설이 타당하다.

II. 선택적 청구의 가능성

1. 문제점

피해자는 국가·지방자치단체와 가해공무원 중 어느 쪽에나 선택적으로 배상을 청구할 수 있는지에 대해 견해가 대립한다(피해자는 공무원에 대해서도 손해배상을 청구할 수 있는지 문제된다).

2. 학설

①자기책임설(긍정설)은 공무원의 위법행위 방지기능과 피해자의 권리구제 기능을 강조한다. 국가배상책임을 국가의 자기책임으로 본다면, 국가의 책임과 공무원 개인의 책임은 독립하여 성립되는 것이므로 국가의 책임과 별도로 공무원의 책임을 인정하는 것이 논리적이라고 본다. ②대위책임설(부정설)은 공무원에 대한 위법방지기능은 구상권과 징계책임을 통해 충분히 담보할 수 있다고 본다. 국가배상책임을 대위책임으로 보는 견해에 의하면 공무원의 책임을 국가가 갈음하여 지는 것이므로 공무원의 피해자에 대한 직접책임을 인정하지 않는 것이 논리적이라고 본다. ③절충설은 손해발생이 공무원의 경과실로 인한 경우 선택적 청구권을 부인하되, 고의·중과실에 해당하는 경우 공무원 개인과 국가 등에 대하여 선택적 청구권을 인정한다. ④중간설은 논리적 연관성을 부정하여, 공무원의 고의·중과실·경과실을 구별하지 않고 국가 등이 배상책임을 지고 있기에 공무원은 대외적으로 배상책임을 지지 않는다고 한다.

3. 판례

판례는 종래 공무원 개인도 배상책임을 진다고 하여 선택적 청구를 인정한 경우와 부인한 경우가 있었으나, 그 후 대법원 전원합의체 판결을 통해 공무원에게 고의·중과실이 있는 경우 공무원의 개인의 손해 배상책임을 인정하고, 경과실의 경우 손해배상 책임을 부담하지 아니한다고 판시한 바 있다.

4. 검토

생각건대, 국가는 공무원을 통해서 행위를 하는 것인바, 국가의 책임과 별개로 공무원의 개인 책임이 존재하는 자기책임설〈긍정설〉이 타당하다고 본다.

논점 051 공법상 결과제거청구권

1. 의의 및 필요성

①공법상 결과제거청구권이란 공행정작용으로 인해 야기된 위법한 상태로 인하여 자기의 권익을 침해받고 있는자가 행정주체에 대해 그 위법한 상태를 제거하여 이전의 원래 상태를 회복시켜줄 것을 청구하는 권리를 말한다. ②이는 기존의 행정구제제도를 보완하는데 필요성이 인정된다.

2. 법적 성질

①사권으로 보는 견해는 민법상 물권적 청구권에 근거하며, ②공권으로 보는 견해는 공행정작용에 야기된 위법성 제거를 내용으로 한다고 본다. ③생각건대, 물권적 권리보다 포괄적인 권리이며 공행정작용에 적용되는 바, 공권으로 보는 것이 타당하다. ④다만, 판례는 사권으로 본다.

3. 법적 근거

학설은 일반적으로 헌법상의 법치행정의 원리, 기본권 규정, 민법상의 소유권 방해배제청구권 등의 관계규정의 유추적용에서 그 법적 근거를 찾는다. 취소판결의 기속력에 관한 행정소송법 제30조를 근거로 보는 견해도 있다.

4. 요건

①공행정작용으로 인한 침해이어야 하며, 이는 사실행위, 관리작용까지 포함한다. 다만, 행정주체의 사법적 활동으로 인한 침해의 경우 사법상 규율일 뿐 결과제거청구권 성립하지 않는다. ②타인의 법률상 이익의 침해로서 재산적 가치, 명예, 신용 등 비재산적 가치도 포함한다. ③위법한 상태가 존재해야 하며, 침해상태의 계속은 사실심 변론종결시를 기준한다. ④원상회복의 기대가능성이 있어야 한다.

5. 내용과 한계

행정작용으로 인하여 야기된 결과적인 위법상태를 제거하는 것이다. 그러나, 이 청구권 행사를 통해서 원상회복을 통해서도 남게 되는 손해의 배상은 주장이 될 수 없다. 피해자의 과실도 위법상태의 발생이 원인이 되는 때에는 민법상 과실상계가 적용 가능하다.

> **참고** **손실보상**

Ⅰ. 손실보상의 의의

손실보상이란 적법한 공권력 행사에 의해 국민에게 가해진 특별한 손실을 공적 부담 앞의 평등의 원칙에 근거하여 국가나 지방자치단체 또는 공익사업의 주체가 그 손실을 보상하여 주는 것을 의미한다.

Ⅱ. 손실보상의 근거

헌법 제23조 제3항에서는 '공공필요에 의한 재산권의 수용·사용 또는 제한 및 그에 대한 보상은 법률로써 하되, 정당한 보상을 지급하여야 한다'고 규정하고 있다. 또한 개별법인 토지보상법, 하천법 등에도 명문의 근거가 마련되어 있다.

Ⅲ. 손실보상청구권의 법적성질

(1) 학설

①공권설은 공권력 작용을 원인으로 하며 토지보상법 등에서 이의신청, 행정소송과 같은 공법규정을 두고 있는 점을 근거로 하여 공법상 권리라 본다. ②사권설은 사익을 위한 법률관계로 보고 손실보상청구권은 기본적으로 금전청구권(채권·채무관계)으로 보아 사법상의 권리라 한다.

(2) 판례

①종전 판례는 손실보상청구권의 성질에 대해 사권으로 보았으나, ②최근 〈하천법〉과 관련된 판결에서 공권이라고 보아 당사자소송의 대상이 된다고 하였다. ③또한, 〈세입자 주거이전비〉는 사업추진을 원활하게 하려는 정책적 목적과 사회보장적인 차원에서 지급되는 금원의 성격을 가지게 되므로 세입자의 주거이전비 보상청구권은 공법상 권리라 보았다. ④토지보상법상 〈농업손실보상청구권〉 역시 공법상 권리라 하였다.

(3) 검토

생각건대, 손실보상청구권은 공권력 행사로 인하여 발생한 권리이고 공익 관련성이 있으므로 공권으로 보는 것이 타당하다.

Ⅳ. 손실보상의 요건

손실보상 요건으로는 ①공공필요, ②재산권의 공용침해(재산권에 대한 공권적 침해), ③재산권 침해의 적법성, ④특별한 희생, ⑤보상규정의 존재가 있다. (이하 "개별법 파트"에서 후술)

논점 052 행정심판의 개관

I. 행정심판의 개관

1. 개념

실질적 의미의 행정심판이란 널리 행정법상의 분쟁에 대하여 행정기관이 심리·판정하는 행정쟁송절차를 말한다. 실정법상 이의신청, 심사청구, 심판청구 등의 다양한 용어가 사용되고 있다.

2. 행정심판과 유사한 제도와의 구별: 이의신청과의 구별

(1) 개설

행정심판은 헌법 제107조 제3항에 따라 사법절차가 준용되는 구제절차이다. 그에 비하여 이의신청은 처분청에 대하여 위법·부당한 처분의 시정을 구하는 절차이다. 그런데 실정법상 이의신청이 특별행정심판으로 인정되는 경우도 있어 그 구별이 문제된다.

(2) 구별기준

심판기관기준설과 불복절차기준설(=쟁송절차기준설)이 대립하며, 판례는 〈개별공시지가결정처분취소〉 사건에서 부동산가격공시법의 이의신청에 대하여 절차 및 담당기관을 기준으로 구분하고 있다(대판 2008두19987). 생각건대, 헌법 제107조 제3항이 행정심판절차는 사법절차가 준용되어야 한다고 규정하고 있는 점에 비추어 불복절차를 기준으로 행정심판과 행정심판이 아닌 이의신청을 구분하는 견해가 타당하다.

II. 행정심판법상의 행정심판의 종류·대상

1. 의의

현행 행정심판법은 행정심판의 종류로서 취소심판, 무효등확인심판, 의무이행심판의 3가지를 명시하고 있는데(행정심판법 제5조), 이들은 모두 항고쟁송의 성격을 갖는다. 따라서 행정심판법상 당사자심판이나 객관적심판은 인정되고 있지 않다.

2. 취소심판

행정청의 위법 또는 부당한 처분의 취소 또는 변경을 구하는 심판을 말한다. 변경이란 취소소송에서와 달리 적극적 변경을 의미한다. 행정청의 위법 또는 부당한 처분으로 인하여 권익을 침해당한 자가 그 재심사를 청구하는 복심적 쟁송이자 항고쟁송으로서 행정심판의 중심을 이룬다.

3. 무효등확인심판

무효등확인심판이란 행정청의 처분의 효력 유무 또는 존재 여부를 확인하는 심판을 말한다. 무효등확인심판은 그 내용에 따라 유효확인심판, 무효확인심판, 실효확인심판, 존재확인심판, 부존재확인심판으로 구분된다.

4. 의무이행심판

행정심판법 제5조 제3호는 당사자의 신청에 대해 행정청의 위법 또는 부당한 거부처분이나 부작위가 있으면 일정한 처분을 하도록 의무이행심판을 제기할 수 있음을 규정하고 있다.

논점 053 행정심판의 청구요건

Ⅰ. 당사자

행정심판법은 심판절차를 대립하는 이해관계를 가진 청구인과 피청구인이라는 두 당사자 사이에 대심구조로 편성하고, 서면심리와 함께 구술심리의 기회를 부여하여, 헌법 제107조 제3항의 취지에 따라 사법절차에 준하도록 하고 있다.

1. 청구인 적격

(1) 의의

청구인 적격이란 행정심판의 청구인이 될 수 있는 자격을 말한다. 그런데 행정심판법 제13조는 법률상 이익이 있는 자가 청구인 적격이 있다고 한다.

(2) 행정심판 청구인 적격상의 문제점(행정심판법 제13조의 입법상 과오여부)

1) 문제점

행정소송법은 위법한 처분에 대해서만 소송제기를 규정하나, 행정심판법은 위법한 처분뿐만 아니라 부당한 처분에 대해서도 행정심판을 제기할 수 있도록 규정하고 있다. 이에 대해 부당한 행위로는 법률상이익이 침해될 수 없어 행정심판법 제13조가 입법상 과오인지 문제된다.

2) 학설

①과오설은 독일이나 일본은 청구인적격으로 법률상 이익을 요구하고 있지 않다는 점 등을 논거로 하며, 부당한 처분으로 법률상 이익이 침해될 수 없는 바 동법 제13조는 과오라는 견해이다. ②비과오설은 반사적 이익을 향수하기 위한 경우까지 행정심판의 청구인적격을 인정하게 되면 행정심판의 남용이 있을 수 있다는 점, 부당한 처분에 의해서도 법률상 이익이 침해될 수 있음을 근거로 문제 없다는 견해이다.

3) 검토

생각건대, 침해에는 적법한 침해도 있고, 위법한 침해도 있고, 부당한 침해도 있을 수 있으므로 입법상 과오로 볼 수는 없다. 따라서, 비과오설이 타당하다.

2. 피청구인적격

(1) 의의

피청구인이란 행정심판에 있어서 심판청구인의 상대편인 당사자를 말한다. 행정심판법 제17조 제1항은 처분을 할 행정청을 피청구인으로 하여 청구하여야 한다고 명시하고 있다. 다만, 심판청구의 대상과 관계되는 권한이 다른 행정청에 승계된 경우에는 권한을 승계한 행정청이 피청구인이 된다.

(2) 피청구인의 경정

청구인이 심판청구를 제기함에 있어서 피청구인을 잘못 지정한 때에는, 행정심판위원회는 당사자의 신청 또는 직권에 의한 결정으로 피청구인을 경정할 수 있는데, 피청구인의 경정이 있으면 종전의 피청구인에 대한 심판청구는 취하되고 새로운 피청구인에 대한 심판청구가 처음에 심판청구를 한 때에 소급하여 제기된 것으로 본다(동법 제17조 제2항).

(3) 권한승계에 따른 경정

심판청구가 제기된 후에 처분이나 부작위에 관계되는 권한이 다른 행정청에게 승계된 때에는 위원회는 위의 경정절차에 준하여 피청구인을 경정한다(동법 제17조 제5항).

II. 대상적격

행정심판법 제3조 제1항에 의한 경우 행정심판의 대상은 행정청의 처분 또는 부작위이다. 취소심판과 무효등확인심판의 대상은 행정청의 처분이며, 의무이행심판의 대상은 당사자의 신청에 대한 행정청의 거부처분과 부작위를 대상으로 한다.

III. 심판청구기간

심판청구기간은 원칙적으로 처분이 있음을 알게 된 날로부터 90일, 처분이 있었던 날로부터 180일 이내에 제기하여야 한다. 이 중 90일은 불변기간이다. 두 기간 중 어느 기간이 먼저 도래하면 행정심판을 제기할 수 없다. 거부처분에 대한 의무이행심판은 심판제기기간의 제한이 있으나, 부작위에 대한 의무이행심판은 행정심판법 제27조 제7항에 의해 기간의 제한이 없다. 거부처분은 거부처분이 있음을 알게 된 날부터 90일이내, 있었던 날부터 180일이내 청구해야 한다.

논점 054 행정심판의 가구제

Ⅰ. 집행정지

1. 원칙(집행부정지 원칙)

행정심판이 제기되어도, 그것은 원칙적으로 처분의 효력이나 집행 또는 절차의 속행에 영향을 주지 않는다(동법 제30조 제1항). 집행부정지 원칙의 근거에 관하여 종래는 행정행위의 공정력에 기인한다고 보았으나, 오늘날은 행정심판의 남용방지와 행정목적의 원활한 수행이라는 입법정책에 따른 것으로 보고 있다.

2. 예외(집행정지)

행정심판위원회는 일정한 요건 하에서 당사자의 신청 또는 직권으로 처분의 효력이나 그 집행 또는 속행의 전부 또는 일부의 정지를 결정할 수 있다. 행정소송법 제23조 제2항의 집행정지의 요건보다 완화하여 '중대한 손해'를 요건으로 규정하였다.

Ⅱ. 임시처분

1. 의의 및 취지

임시처분이란 처분이나 부작위 때문에 발생할 수 있는 당사자의 불이익이나 급박한 위험을 막기 위해 당사자에게 임시지위를 부여하는 행정심판위원회의 결정을 말한다. 이는 본질적, 임시적 권익보호 위함에 취지가 인정된다.

2. 요건

(1) **적극적 요건**(심판법 제31조 제1항)

①심판청구가 계속되고 있는 상황, ②처분 또는 부작위가 위법부당하다고 상당히 의심될 것, ③중대한 불이익이나 급박한 위험이 존재할 것을 요한다.

(2) **소극적 요건**

①공공복리에 중대한 영향을 미칠 우려가 있는 때(동법 제31조 제2항), ②집행정지로 목적을 달성할 수 있는 경우일 때(동조 제3항)는 임시처분이 허용되지 아니한다.

3. 임시처분의 절차

①위원회는 직권 또는 당사자의 신청에 의하여 임시처분의 결정이 가능하다. ②결정 후 공공복리에 중대한 영향을 미치는 사유가 있는 경우에는 직권 또는 당사자의 신청에 의하여 이 결정을 취소할 수 있다. ③위원회의 심리·결정을 기다릴 경우 공공복리에 중대한 영향을 미칠 우려가 있다고 인정되면 위원장은 직권으로 위원회의 심리·결정을 갈음하는 결정을 할 수 있다. ④위원회는 심리·결정시 지체없이 당사자에게 결정서 정본을 송달하여야 한다.

논점 055 행정심판의 심리

Ⅰ. 심리의 내용 및 범위

1. 심리의 내용

(1) **요건심리**(형식적 심리, 본안전 심리)

요건심리는 당해 심판청구가 적법한 심판청구요건을 갖추었는지를 형식적으로 심리하는 것을 말한다. 요건심리의 결과 심판청구가 제기요건을 갖추지 못한 부적합한 것인 때에는 각하하지만, 그 요건 불비가 보정될 수 있는 것인 때에는 위원회가 상당한 기간을 정하여 그 보정을 명하거나, 경미한 것은 직권으로 보정할 수도 있다(행정심판법 제32조).

(2) **본안심리**(실질적 심리)

본안심리를 요건심리의 결과 심판청구를 적법한 것으로 받아들인 경우에, 당해 심판청구의 내용에 관하여 실질적으로 심사하는 것을 말한다. 본안심리의 결과 심판청구가 이유 있으면 인용하고 그렇지 않으면 기각한다.

2. 심리의 범위: 불고불리 및 불이익변경금지의 원칙

행정심판법은, 행정심판의 권리구제기능을 중시하여 '재결'의 범위에 관하여 불고불리 및 불이익변경금지의 원칙을 명문화하였다(동법 제47조). 즉, 행정심판위원회는 심판청구의 대상인 처분 또는 부작위 외의 사항에 대해서는 재결을 하지 못하며(동법 제47조 제1항), 심판청구의 대상인 처분보다 청구인에게 불이익한 재결을 하지 못한다.

Ⅱ. 심리 절차

대심주의, 직권심리주의와 가미(동법 제39조 및 제36조), 구술심리주의와 서면심리(동법 제40조)

논점 056 행정심판의 재결

I. 재결의 의의

행정심판의 재결이란 행정심판의 청구에 대하여 행정심판위원회가 행하는 판단을 말한다. 재결은 준법률행위적 행정행위인 일종인 확인행위로서 성질을 지닌다. 재결은 판결과 성질이 유사한 점에서 준사법행위로서 불가변력이 발생하며 재결 자체에 고유한 하자가 있는 경우에는 취소소송의 대상이 될 수 있다.

II. 재결의 종류

1. 각하재결

각하재결이란 요건심리의 결과, 심판청구의 제기요건을 충족하지 않는 부적법한 심판청구에 대하여 본안에 대한 심리를 거절하는 재결을 말한다.

2. 기각재결

보통의 기각재결이란 심판청구가 이유없다고 인정하여 청구를 배척하고 원처분을 지지하는 재결을 말한다. 기각재결은 청구인의 심판청구를 배척하여 원처분을 시인하는데 그칠 뿐, 처분청에 대하여 원처분을 유지하여야 할 의무를 지우는 것이 아니므로 기각재결이 있은 후에도 처분청은 당해 처분을 직권으로 취소·변경할 수 있다. 사정재결이란 행정심판위원회는 심리의 결과 그 심판청구가 이유 있다고 인정하는 경우에도 이를 인용하는 것이 현저히 공공복리에 적합하지 않다고 인정할 때에는 그 심판청구를 기각하는 재결을 할 수 있는 바, 이를 사정재결이라 한다. 이러한 사정재결은 취소심판과 의무이행심판에서만 인정될 뿐 무효등확인심판에서는 인정되지 않는다.

3. 인용재결

인용재결이란 본안심리의 결과 심판청구가 이유있다고 인정하여 심판청구의 취지를 받아들이는 재결이다.

(1) **취소심판의 경우**

취소심판의 청구가 이유 있다고 인정할 때에는 행정심판위원회 스스로 처분을 취소 또는 변경하거나 처분청에 대하여 당해 처분의 변경을 명할 수 있다. 처분취소재결에는 전부취소 및 일부취소 재결이 포함된다. 행정심판에서도 일부취소는 취소의 대상이 되는 부분이 가분적인 것인 경우에 가능하다. 변경재결 및 변경명령재결에 있어 변경은 원처분을 갈음하는 다른 처분으로의 변경, 즉 적극적 변경을 의미한다. 다만 이 때의 변경은 청구인에게 유리한 변경이어야 한다.

(2) 무효등확인심판의 경우
무효등확인심판의 청구가 이유 있다고 인정할 때에는 행정심판위원회는 처분의 효력 유무 또는 존재 여부를 확인하는 재결을 한다.

(3) 의무이행심판의 경우 처분재결과 처분명령재결의 선택

1) 문제점

의무이행심판청구가 이유가 있다고 인정시, 지체 없이 신청에 따른 처분을 하거나 이를 할 것을 명한다. 행정심판위원회가 의무이행재결을 함에 있어 처분재결과 처분명령재결을 선택할 재량이 인정되는지 문제된다.

2) 학설

①재량설은 행정심판위원회가 전적으로 선택에 재량을 갖는다는 견해이나, ②처분명령재결우선설은 처분청의 권한존중을 논거로 처분명령재결을 우선적으로 해야 한다고 본다.

3) 검토

생각건대, 행정심판법 제43조 제5항은 처분을 하거나 처분을 할 것을 피청구인에게 명한다고 규정하는바, 재량설이 타당하다고 본다.

III. 재결의 효력

1. 형성력

인용재결이 있는 경우 재결의 내용에 따라 법률관계의 발생·변경·소멸을 가져오는 효력을 말한다. 재결의 형성력은 당사자 뿐만 아니라 제3자에게도 미친다.

2. 기속력

(1) 의의

기속력이란 해당 심판청구의 피청구인인 행정청과 그 밖의 관계행정청이 그 재결의 취지에 따르도록 구속하는 힘을 말한다.

(2) 내용

1) 반복금지의무

반복금지의무는 동일한 사실관계 아래에서 동일한 이유에 의해 동일한 당사자에게 동일한 내용의 처분을 할 수 없다는 부작위의무를 말한다. 행정청은 처분의 취소변경재결 또는 무효등확인재결이 있는 경우 동일인에게 동일한 위법사유로 동일한 사실관계 아래서 동일한 내용의 처분을 반복할 수 없다.

2) 재처분의무

① 처분명령재결에 따른 재처분 의무(동법 제49조 제3항)

당사자의 신청을 거부하거나 부작위로 방치한 처분의 이행을 명하는 재결이 있으면 행정청은 지체 없이 이전의 신청에 대하여 재결의 취지에 따라 처분을 하여야 한다.

② 거부처분취소재결에 따른 재처분 의무(동법 제49조 제2항)

재결에 의하여 취소되거나 무효 또는 부존재로 확인되는 처분이 당사자의 신청을 거부하는 것을 내용으로 하는 경우에는 그 처분을 한 행정청은 재결의 취지에 따라 다시 이전의 신청에 대한 처분을 하여야 한다. 거부처분에 대한 취소재결, 무효확인재결, 부존재확인재결에 따른 처분청의 재처분의무를 명시적으로 인정하였다.

③ 절차의 하자를 이유로 한 신청에 따른 처분을 취소하는 재결에 따른 재처분 의무(동법 제49조 제4항)

신청에 따른 처분이 절차의 위법 또는 부당(예:이유제시의 하자)을 이유로 재결로써 취소된 경우에 이에 준하여 적법한 절차에 따라 신청에 따른 처분을 하거나 신청을 기각하는 처분을 하여야 한다.

④ 변경명령재결에 따른 재처분 의무

취소심판에 있어서 변경을 명하는 재결이 있는 때(동법 제43조 제3항)에는 법 제49조 제1항에 의해 처분청은 당해 처분을 변경하여야 한다. 단, 현행법상 처분청이 변경명령재결의 기속력에 따르지 않는 경우 이에 대한 강제방법이 없는 바, 이는 입법의 불비이다.

3) 결과제거의무(원상회복의무)

결과제거의무는 취소·무효확인재결이 있게 되면 행정청은 위법·부당으로 명시된 처분으로 인해 야기된 상태를 제거해야할 의무를 말한다.

(3) 범위

1) 주관적범위

기속력은 피청구인인 행정청 뿐만 아니라 그 밖의 관계행정청이다.

2) 시간적범위

기속력은 처분당시를 기준으로 그 당시까지 존재하였던 처분사유에만 미치고 그 이후에 생긴 사유는 미치지 않는다.

3) 객관적범위

기속력은 재결의 주문 및 이유에서 판단된 처분등의 구체적 위법사유에만 미친다. 따라서 종전 처분이 절차나 형식의 위법을 이유로 취소 되었다면 행정청이 재결에 적시된 절차나 형식의 위법사유를 보완하여 다시 동일한 내용의 처분을 하거나 재결에서 판단된 위법사유와 기본적 사실관계의 동일성이 없는 사유로 다시 동일한 내용의 처분을 하는 경우에는 기속력에 반하지 않는다.

3. 처분명령재결의 기속력 확보수단으로서의 직접처분

(1) 의의 및 취지

직접처분이란 행정청이 처분명령재결의 취지에 따라 이전의 신청에 대한 처분을 하지 아니한 때에 행정심판위원회가 당해 처분을 직접 행하는 것을 말한다. 직접처분은 처분명령재결의 실효성을 확보하기 위하여 인정된 처분명령재결의 이행강제제도이다. 그런데 정보공개에 대한 의무이행심판처럼 그 성질상 처분재결이 불가능하여 처분명령재결을 할 수밖에 없는 경우 처분청이 신청에 대한 처분을 하지 않는 경우 위원회가 행정심판법 제50조에 따라 직접처분을 하는 것은 그 처분의 성질상 불가능하다(행정심판법 제 50조 제2항). 따라서 구)행정심판법에서는 이러한 경우 처분의무이행의 강제방법이 없었다. 이에 행정심판법을 개정하여 간접강제제도를 도입하여야 한다는 주장이 있었고, 개정 행정심판법은 재처분의무 불이행시 실효성확보수단으로 간접강제를 도입하였다.

(2) 요건

①처분명령재결이 있었을 것, ②위원회가 당사자의 신청에 따라 시정을 명하였을 것, ③당해 행정청이 아무런 처분을 하지 아니하였을 것, ④그 처분의 성질이나 그 밖의 불가피한 사유로 위원회가 직접처분을 할 수 없는 경우에 해당하지 않을 것을 요한다.

(3) 후속조치

①행정심판위원회는 직접처분을 하였을 때에는 그 사실을 해당 행정청에 통보하고, ②그 통보를 받은 행정청은 위원회가 한 처분을 자기가 한 처분으로 보아 관계법령에 따라 관리, 감독 등 필요한 조치를 하여야 한다.

4. 거부처분취소재결 및 이행재결(처분명령재결)등의 재처분의무 위반시 의무이행확보수단으로서 간접강제

(1) 의의

행정심판위원회는 피청구인이 거부처분취소재결에 따른 재처분의무 및 처분명령재결에 따른 재처분의무 또는 절차의 하자를 이유로 한 신청에 따른 처분을 취소하는 재결에 따른 재처분의무를 하지 아니하면 청구인의 신청에 의하여 결정으로 상당한 기간을 정하고 피청구인이 그 기간내에 이행하지 아니한 경우에는 그 지연기간에 따라 일정한 배상을 하도록 명하거나 즉시 배상할 것을 명할 수 있다.

(2) 요건

①위원회의 거부처분취소재결, 처분명령재결, 절차상 하자를 이유로 한 신청에 따른 처분을 취소하는 재결에도 불구하고 처분청이 처분을 하지 아니할 것, ②청구인의 신청에 따라 위원회가 결정으로 상당한 기간을 정하고 피청구인이 그 기간 내에 이행하지 아니할 것을 요건으로 한다.

(3) 불복

청구인은 위원회의 간접강제 결정에 불복하는 경우 그 결정에 대하여 행정소송을 제기할 수 있다.

Ⅳ. 재결의 불복

1. 재심판청구의 금지

심판청구에 대한 재결이 있는 경우에는 당해 재결 및 동일한 처분 또는 부작위에 대하여 다시 심판청구를 제기할 수 없다(행정심판법 제51조).

2. 재결에 대한 행정소송-원처분주의(행정소송법 제19조)

3. 처분청의 불복(피청구인의 행정소송 제기 가능성)

(1) 문제점

인용재결이 내려진 경우 행정심판의 피청구인인 처분청이 인용재결에 불복하여 행정소송을 제기 할 수 있는지 여부가 문제된다.

(2) 학설

①행정심판의 재결은 피청구인인 행정청을 기속한다는 행정심판법 제49조 제1항에 근거하여 처분청은 행정심판의 재결에 불복할 수 없다는 견해(부정설)와 ②원칙상 부정하는 것은 타당하지만 자치사무에 속한 처분에 대한 행정심판의 인용재결에 대하여는 자치권은 지방자치단체의 주관적 공권인바 자치권이 침해된 경우 지방자치단체장이 지방자치단체를 대표하여 취소소송을 제기할 수 있다는 견해(제한적 긍정설)가 대립한다.

(3) 판례

판례는 처분행정청이 인용재결에 기속되어 이에 불복하여 항고소송을 제기할 수 없다고 하더라도 헌법상 지방자치의 제도적 보장을 침해하는 것으로 볼 수 없다고 하여 부정설의 입장이다.

(4) 검토

자치사무에 속하는 처분의 경우 위원회와 처분청은 동일한 법주체에 속하지 않는바, 제한적 긍정설이 타당하다.

논점 057 행정심판의 고지제도

I. 행정심판법상 고지제도

고지제도란 행정청이 처분을 하는 경우, 상대방에게 처분에 관하여 행정심판의 제기가능여부, 심판청구절차 및 청구기간을 알려주는 의무를 지우는 제도를 말한다. 이는 행정의 민주화 등에 취지가 있다. 또한, 행정절차법도 처분청의 고지의무를 규정하고 있다(행정절차법 제26조). 행정절차법상의 고지는 행정심판 이외의 불복의 제기가능성도 고지하도록 하고 있다. 그러나 행정절차법은 고지의무를 이행하지 않은 경우에 대한 제재를 규정하고 있지 않고 있어 행정절차법상의 고지제도는 실효성을 결여하고 있다.

II. 고지의 성격 및 불고지의 위법 여부

고지 규정은 강행규정이라 볼 수 없고 또한 효력규정이라고도 할 수 없다. 또한, 고지는 비권력적 사실행위(행정청의 기존의 법규내용을 알리는 행위)이다. 고지는 그 자체로서는 아무런 법적 효과를 발생시키지 않는다. 불고지·오고지의 경우 해당 처분의 효력에는 영향을 미치는 것이 아니므로 위법을 구성하지 않는다.

III. 불고지와 오고지

①불고지의 경우 처분이 있었던 날부터 180일 이내에, ②오고지의 경우는 실제보다 긴 기간으로 잘못 알린 경우에는 그 잘못 고지 된 기간 내에 심판청구 할 수 있다.

논점 058 행정소송의 개관

Ⅰ. 행정소송의 의의

행정소송이라 함은 행정청의 공권력 행사에 대한 불복 및 기타 공법상의 법률관계에 관한 분쟁에 대하여 법원이 정식의 소송절차를 거쳐 행하는 행정쟁송절차를 말한다.

Ⅱ. 행정소송의 종류(행정소송법 제3조)

행정소송은 다음의 네가지로 구분한다.

1. 항고소송: 행정청의 처분등이나 부작위에 대하여 제기하는 소송
2. 당사자소송: 행정청의 처분등을 원인으로 하는 법률관계에 관한 소송 그 밖에 공법상의 법률관계에 관한 소송으로서 그 법률관계의 한쪽 당사자를 피고로 하는 소송
3. 민중소송: 국가 또는 공공단체의 기관이 법률에 위반되는 행위를 한 때에 직접 자기의 법률상 이익과 관계없이 그 시정을 구하기 위하여 제기하는 소송
4. 기관소송: 국가 또는 공공단체의 기관상호간에 있어서의 권한의 존부 또는 그 행사에 관한 다툼이 있을 때에 이에 대하여 제기하는 소송. 다만, 헌법재판소법 제2조의 규정에 의하여 헌법재판소의 관장사항으로 되는 소송은 제외한다.

Ⅲ. 항고소송

1. 의의

항고소송이라 함은 행정청의 우월한 일방적인 행정권의 행사 또는 불행사에 불복하여 권익구제를 구하는 소송을 말한다. 항고소송은 행정청의 권력적인 행정작용으로 인하여 조성된 위법상태를 배제함으로써 국민의 권익을 구제하는 것을 목적으로 한다. 따라서 항고소송은 원상회복적인 권익구제 제도이다.

2. 종류

항고소송은 소송의 대상 및 판결의 내용을 기준으로 하여 분류될 수 있다. 현행 행정소송법은 항고소송을 취소소송, 무효등확인소송, 부작위위법확인소송으로 구분하고 있다(제4조). 이와 같이 법에 의해 명시적으로 인정되고 있는 항고소송을 법정항고소송이라 한다. 그런데, 법정항고소송만으로는 공백없는 권리구제의 요구를 충족시킬 수 없기 때문에 행정소송법에서 정한 항고소송 이외에 해석상 의무이행소송, 예방적 부작위소송(예방적금지소송) 등의 항고소송을 인정할 수 있는가 하는 문제가 제기된다.

이와 같이 법에 정해지지는 않았지만 해석에 의해 인정되는 항고소송을 법정외 항고소송 또는 무명항고소송이라 한다.

논점 059 무명항고소송(법정외항고소송)

Ⅰ. 의무이행소송

1. 의의

의무이행소송이란 당사자의 일정한 행정처분의 신청에 대하여 행정청의 거부나 부작위가 있는 경우에 당해 처분의 발령을 구하는 이행소송을 말한다(법상의 작위의무의 이행을 청구하는 소송). 국가가 수익적 처분을 해 주지 않는 것(거부 또는 부작위)에 대한 효과적인 구제수단이 의무이행소송이다.

2. 인정 여부

(1) 문제점

현행 행정소송법은 우회적인 구제수단인 거부처분의 취소소송과 부작위위법확인소송만을 인정하고 있고, 의무이행소송에 대하여는 명시적인 규정을 두고 있지 않다.

(2) 학설

①부정설은 행정소송법 제4조를 제한적으로 해석하며, 권력분립원칙에 반한다는 점을 논거로 의무이행소송을 인정하지 않는다. ②긍정설은 행정소송법 제4조를 예시적으로 해석하며, 실질적 권력분립원칙에 반하지 않는다는 점을 논거로 의무이행소송을 인정한다. ③제한적 긍정설은 원칙적으로 부정하나 예외적으로 현행 항고소송에서 실효적 권리구제가 불가능한 경우에만 긍정한다.

(3) 판례

판례는 검사에게 압수물 환부를 이행하라는 청구는 행정청의 부작위에 대하여 일정한 처분을 하도록 하는 의무이행소송으로, 현행 소송법상 허용되지 아니한다고 판시하였다.

(4) 검토

생각건대, 실질적 권력분립원칙의 관점과 국민의 효율적 권리구제 도모를 위해 긍정함이 타당하다고 본다.

Ⅱ. 예방적 금지소송(예방적 부작위청구소송)

1. 의의

예방적 금지소송이란 위법한 행정작용을 미리 저지할 것을 목적으로 장래에 있을 특정한 처분 또는 그 밖의 행위의 발동에 대한 방지를 구하는 소송이다. 즉, 행정청의 공권력 행사에 의해 국민의 권익이 침해될 것이 예상되는 경우에 미리 그 예상되는 침익적 처분을 저지하는 것을 목적으로 하여 제기되는 소송이다.

2. 인정 여부

(1) 학설

①부정설은 행정소송법 제4조를 제한적으로 해석하며, 권력분립원칙에 반한다는 점을 논거로 예방적금지소송을 인정하지 않는다. ②긍정설은 행정소송법 제4조를 예시적으로 해석하며, 실질적 권력분립원칙에 반하지 않는다는 점을 논거로 예방적금지소송을 인정한다. ③제한적긍정설은 원칙적으로 부정하나 예외적으로 현행 항고소송에서 실효적 권리구제가 불가능한 경우에만 긍정한다.

(2) 판례

판례는 "신축건물의 준공처분을 하여서는 아니된다"는 내용의 부작위를 구하는 원고의 예비적 청구는 행정소송에서 허용되지 않는 것이므로 부적법하다고하여 부정설 입장으로 보인다.

(3) 검토

생각건대, 국민의 효율적인 권리구제 도모를 위해 긍정함이 타당하다고 본다.

논점 060 거부행위의 처분성

1. 행정소송법의 규정

행정소송법 제2조 제1항 제1호는 항고소송의 대상인 거부처분에 대하여 "행정청이 행하는 구체적 사실에 대한 법집행으로서의 공권력 행사에 대한 거부"라고 규정하고 있다. 판례는 행정소송법 제2조 제1항 제1호의 거부처분에 해당하기 위한 요건으로 ①공권력행사의 거부일 것, ②국민의 권리·의무에 영향을 미치는 것이어야 하며, ③법규상·조리상 신청권이 존재할 것을 요구하고 있다. ④다만, 요건에 대해 견해 대립이 있는 바, 이하 후술하기로 한다.

2. 신청권 존부에 대한 견해의 대립

(1) 학설

①부정설은 권리구제 확대를 논거로 본안문제로 보며, ②긍정설은 남소방지에 대한 사법부의 부담감소를 논거로 대상적격으로 본다. ③또한, 행정소송법 제12조를 고려하여 원고적격으로 보는 견해가 대립한다.

(2) 판례 및 검토

판례는 법규상 또는 조리상 신청권이 존재할 것을 요구한다. 생각건대, 판례에 의한 신청권을 구체적 사건에서 신청인이 누구인가를 고려하지 않고 일반국민에게 그러한 신청권을 인정하고 있는가를 살펴 추상적으로 판단하는 것이라고 볼 때 이는 대상적격의 문제로 봄이 타당시 된다.

3. 거부처분 후 새로운 신청에 대한 거부의 처분성

판례는 수익적 행정행위의 신청에 대한 거부처분이 있는 경우 당사자의 신청에 대하여 관할행정청이 거절하는 의사를 대외적으로 명백히 표시함으로써 성립되고, 신청인은 거부통보 이후에도 언제든지 재신청을 할 수 있다고 본다. 거부처분이 있은 후 당사자가 다시 신청을 한 경우에는 신청의 제목 여하에 불구하고 그 내용이 새로운 신청을 하는 취지라면 관할 행정청이 이를 다시 거절하는 것은 새로운 거부처분으로 봄이 원칙이다.

 **처분변경**(변경처분)**의 소송의 대상**

1. 처분변경의 경우

(1) 일반적인 처분의 경우(판례)

기존의 행정처분을 변경하는 내용의 행정처분이 뒤따르는 경우, 후속처분이 종전처분을 완전히 대체하는 것이거나 주요 부분을 실질적으로 변경하는 내용인 경우에는 특별한 사정이 없는 한 종전처분은 효력을 상실하고 후속처분만이 항고소송의 대상이 되지만, 후속처분의 내용이 종전처분의 유효를 전제로 내용 중 일부만을 추가·철회·변경하는 것이고, 추가·철회·변경된 부분이 내용과 성질상 나머지 부분과 불가분적인 것이 아닌 경우에는, 후속처분에도 불구하고 종전처분이 여전히 항고소송의 대상이 된다.

(2) 금전관련처분의 경우

1) 학설 및 판례

①흡수설은 당초 처분은 경정처분에 흡수되어 소멸하고 경정처분이 소송의 대상 및 기산점이 된다는 견해이며, ②역흡수설은 경정처분은 당초 처분에 흡수되어 경정처분에 의하여 수정된 당초의 처분이 소송의 대상이 되며 당초 처분이 기산점이 된다는 견해이다. ③병존설은 당초 처분과 경정처분은 독립된 처분으로 별개의 소송의 대상 및 기산점이 된다는 견해이다. 〈판례〉는 증액경정처분의 경우는 흡수설을, 감액경정처분의 경우는 역흡수설을 취하고 있다.

2) 검토

① 판례 입장을 택하는 경우

생각건대, 증액처분의 경우에는 당초 처분은 증액처분에 흡수됨으로써 독립된 존재가치를 잃게 된다고 보아야 할 것이므로 증액처분만이 항고소송의 대상이 되고, 감액처분의 경우 일부취소처분의 성질을 가지므로 감액처분으로 취소되지 않고 남은부분이 취소소송의 대상이 된다는 판례 입장이 타당시된다.

② 병존설을 택하는 경우

감액처분의 경우 당초 처분을 기준으로 하여 제소기간의 도과 가능성이 있는바, 국민의 권익 구제를 위해서 병존설을 택함이 타당하다고 여겨진다.

	일반적인 처분의 경우
처분변경 (변경처분)이 있는 경우 취소소송의 대상	① 당초 처분을 완전히 대체하거나 주요내용을 실질적으로 변경하는 내용으로 한 적극적 변경처분은 새로운 처분인바, 적극적 변경처분만이 소의 대상이고 당초 처분은 변경처분으로 소멸된 것으로 보아야 한다. ② 처분사유의 동일성은 유지한 상태에서 종전처분의 내용 중 일부를 추가하거나 철회하는 내용의 변경처분 이 경우 변경처분은 당초 처분 일부를 철회하거나 당해 처분에 추가하는 것에 불과하다. 따라서 당초 처분 일부를 철회하는 경우에는 철회되고 남은 당초 처분만이 소의 대상이고, 추가하는 경우에는 당초 처분과 추가된 부분에 대한 변경처분이 각각 소의 대상이다. 단, 나머지 부분과 불가분적인 것으로 판단되는 경우 당초 처분은 변경처분에 흡수되어 소멸되므로 변경처분만 소의 대상으로 보는 것이 타당하다.
취소소송의 제소기간 기산점	① 당초 처분을 완전히 대체하거나 주요내용을 실질적으로 변경하는 내용으로 한 적극적 변경처분 및 나머지 부분과 불가분적인 것 - 변경처분시 ② 처분사유의 동일성은 유지한 상태에서 당초 처분 일부를 철회한 경우 - 당초 처분시 ③ 처분사유의 동일성은 유지한 상태에서 당초 처분 일부를 추가한 경우 - 당초 처분시 / 변경처분

논점 062 원처분주의와 재결주의

I. 문제점(논의의 필요성)

행정심판의 재결에 불복하여 취소소송을 제기하는 경우에 원처분과 재결은 모두 항고소송의 대상이 될 수 있으나, 판결의 모순저촉 방지와 소송경제상 소송의 대상을 제한할 필요가 있다. 이에 대한 입법주의의 문제가 원처분주의와 재결주의 논의인 것이다.

II. 취소소송의 대상에 대한 입법주의(원처분주의)

행정소송법 제19조에서는 취소소송의 대상을 원칙적으로 원처분으로 하고, 재결취소소송의 경우에는 재결 자체에 고유한 위법이 있음을 이유로 하는 경우에 한하여 제소를 허용하고 있어 원처분주의를 채택하고 있다.

III. 재결자체의 고유한 위법인지 여부(재결자체의 고유한 하자의 의미)

주로 주체, 절차, 형식의 위법을 의미하고, 내용상 하자에 대해서는 부정하는 견해도 있으나, 처분이 아니거나 청구인적격이 없음에도 본안판단한 경우 등 재결의 고유한 위법이 인정될 수 있는바 포함하는 것이 통설·판례의 입장이다.

IV. 재결 유형에 따른 검토

1. 각하재결

원처분이 소의 대상임(원칙). 다만, 심판청구 요건을 갖춤에도 불구하고 각하재결이 내려진 경우라면 재결의 고유한 하자가 있다.

2. 기각재결

원처분이 소의 대상이다(원칙). 다만, 불고불리의 원칙, 불이익변경금지의 원칙에 반하는 경우, 사정재결의 요건불충족의 경우(사정재결을 함에 있어서 공공복리에 대한 판단을 잘못한 재결은 재결취소의 대상이 될 수 있다)라면 재결의 고유한 하자가 있다.

3. 인용재결

(1) 개설

행정심판청구인은 인용재결에 대하여 불복할 이유가 없다. 그러나 인용재결로 말미암아 권리침해 등의 불이익을 받게 되는 제3자는 이를 다툴 필요가 있다. 즉, 제3자효 행정행위로서 제3자의 청구에 의해 취소재결이 있는 경우, 수익적 처분을 받은 상대방에게는 재결의 고유한 하자가 있다.

(2) **인용재결이 형성재결**(취소재결)**인 경우**(=제3자효 행정행위에 대한 인용재결의 고유한 위법인지 여부)

1) 학설

①제19조 본문설은 당해 인용재결이 원처분의 상대방에게는 최초의 처분으로서 성질을 갖는다는 점을 논거로 행정소송법 제19조 본문에 의해 처분이 소의 대상이 된다고 한다. ②제19조 단서설은 재결 자체에 고유한 위법이 있는 것으로 보아 동법 제19조 단서에 의해 재결이 소의 대상이 되는 것으로 본다.

2) 판례-제19조 단서설

대법원은 "인용재결은 원처분과 내용을 달리 하는 것으로, 그 인용재결의 취소를 구하는 것은 원처분에 없는 고유한 하자를 주장하는 셈이어서 당연히 항고소송의 대상이 된다"고 판시하여 재결의 고유한 하자로 본다(대판97누17131).

3) 검토-제19조 단서설

생각건대, 여기서 원처분은 취소재결이 아니라 제3자효 행정행위 자체이기 때문에 제19조 단서에 따라 재결 자체의 고유한 위법을 다투는 것으로 보아야 할 것이다.

Ⅴ. 재결자체에 고유한 위법이 없음에도 소제기한 경우

(=행정소송법 제19조 단서를 위반한 소송의 효과)

①각하판결설은 동법 제19조 단서가 소극적 소송요건을 정한 것으로 보아 각하하여야 한다는 견해이다. ②기각판결설은 위법 여부는 본안판단의 문제이므로 하자 없으면 기각판결을 하여야 한다는 견해이며, 판례의 입장이다. ③생각건대, 재결 자체의 위법 여부는 본안판단사항이기 때문에 기각함이 타당하다고 본다.

 **논점 063** 재결의 고유한 하자가 있는 경우(인용재결)

Ⅰ. 개설

행정소송법 제19조에서는 취소소송의 대상을 원칙적으로 원처분으로 하고, 재결취소소송의 경우에는 재결 자체에 고유한 위법이 있음을 이유로 하는 경우에 한하여 제소를 허용하고 있다. 재결의 고유한 하자가 있는 경우 재결을 대상으로 할 수 있을 것이다.

Ⅱ. 각 유형별 검토

1. 형성재결이 있는 경우 취소소송의 대상

(1) 인용재결의 종류

행정심판법 제43조 제3항은 '위원회는 취소심판의 청구가 이유가 있다고 인정하면 처분을 취소 또는 다른 처분으로 변경하거나 처분을 다른 처분으로 변경할 것을 피청구인에게 명한다.'고 규정하여 취소심판을 크게 형성재결과 명령재결을 나눌 수 있다.

(2) 형성재결의 효력

형성재결은 행정행위로서 효력 및 기속력을 가지며, 특히 형성력을 갖기에, 취소시 종전 처분은 소급하여 효력의 소멸, 변경을 가져온다. 판례도 "행정심판에 이어서 재결청의 재결내용이 처분청의 취소를 명하는 것이 아니라 처분청의 처분을 취소하는 것일 때에는 그 재결의 형성력이 발생하여 당해 행정처분은 별도의 행정처분을 기다릴 것이 없이 당연히 취소되어 소멸되는 것이다"라고 판시한 바 있다.

(3) 형성재결후 원처분취소 통지의 처분성

형성재결의 내용에 대한 원처분취소 통지행위는 국민의 권리·의무에 직접적인 변동을 초래하는 것은 아니라고 할 것이다. 이러한 통지행위는 형성재결의 내용을 알려주는 형성재결에 의하여 이미 변동된 현재의 법상태를 새로이 규율하는 내용을 담고 있지 않기 때문이다. 판례도 "행정처분서의 통지행위 또는 이미 재결에 의하여 취소된 처분을 재차 취소하는 행위는 원분분이 취소·소멸되었음을 확인하여 알려주는 의미의 사실 또는 관념의 통지에 불과하다고 하여 항고소송의 대상이 되는 처분이라고 할 수 없다"고 판시하였다.

(4) 소의 대상

형성재결인 취소재결·변경재결의 경우, 위원회로부터 재결을 통보받은 처분청이 행하는 재결결과의 통보는 사실행위이지 행정행위가 아니다. 따라서 형성재결 그 자체가 소송의 대상이 된다.

2. 명령재결이 있는 경우 취소소송의 대상(명령재결에 따라 처분이 내려진 경우 소송의 대상)

(1) 문제점

인용재결이 처분재결인 경우 처분재결의 하자는 재결의 고유한 위법인 바 처분재결이 취소소송의 대상이 된다. 인용재결이 처분명령재결인 경우 형성재결의 경우와 달리, 재결과 그에 따른 처분이 모두 존재하게 되고, 원고는 재결을 다투어야할지, 그에 따른 처분을 다투어야할지 문제가 된다.

(2) 학설

①병존설은 명령재결과 그에 따른 처분이 모두 국민의 권익에 직접 영향을 미치는 처분인바 각각 소송의 대상이 된다고 하나, ②재결설은 명령재결에 따른 처분은 행정심판법 제49조에서 규정한 재결의 기속력에 따른 것으로 명령재결이 그대로 존재하는 상태에서 그에 따른 처분만을 위법하다고 할 수 없다는 점을 근거로 명령재결취소가 선행되어야 한다고 주장한다. ③처분설은 명령재결이 있다 하더라도 그에 따른 행정청의 처분이 있기 전까지는 구체적·현실적으로 권리이익이 침해되었다 볼 수 없으므로 재결에 따른 행정청의 처분만이 소송의 대상이 될 수 있다고 본다. 또한 명령재결은 내부적 행위에 불과하며 취소처분에 의해 국민의 권익에 영향을 미치는 바 처분만이 소송의 대상이 된다고 한다.

(3) 판례

대법원은 재결과 그에 따른 처분이 각각 소송의 대상이 된다고 보는 입장에 있다. 취소처분의 상대방이 재결 자체의 효력을 다투는 별소를 제기하였고 그 소송에서 판결이 확정되지 아니하였다고 하여 재결의 취지에 따른 취소처분의 취소를 구하는 항고소송사건을 심리하는 법원으로서는 그 청구의 당부를 판단할 수 없는 것이라고 할 수도 없다(대판 92누15093).

(4) 검토

생각건대, 명령재결이 있다 하더라도 그에 따른 행정청의 처분이 있기 전까지는 권리침해는 잠재적 가능성만이 있을 뿐이므로 명령재결은 항고소송의 대상이 될 수 없고, 그에 따른 행정청의 처분만이 쟁송의 대상이 될 수 있다는 견해가 타당하다.

논점 064 재결의 고유한 하자가 없는 경우

Ⅰ. 개설

재결의 고유한 하자가 없는 경우에도 그 재결과 그에 따른 처분이 모두 존재하게 되고, 원고는 재결을 다투어야할지, 그에 따른 변경된 원처분을 다투어야할지 등의 문제가 된다.

Ⅱ. 각 유형별 검토

1. 형성재결 -일부인용재결(또는 변경재결, 수정재결)의 경우 항고소송의 대상

(1) 학설

①변경재결설은 변경재결(수정재결)은 원처분을 대체하고, 원처분은 취소되기 때문에 위원회를 피고로 하여 재결을 다투어야 한다는 견해이다. ②변경된 원처분설은 원처분주의 하에서는 재결내용에 고유한 위법이 있는 것이라고 할 수 없기 때문에 원처분청을 피고로하여 수정된 원처분(일부취소되고 남은 변경된 원처분)이 소의 대상이 된다는 견해와 ③일부취소의 경우 일부취소되고 남은 원처분이 대상이지만 적극적 변경결정의 경우에는 변경결정을 대상으로 소를 제기하여야 한다는 절충설이 대립한다.

(2) 판례(변경된 원처분설)

대법원은 감봉 3월의 징계처분을 소청심사위원회가 감봉1월로 감경한 경우 원처분청을 피고로 감봉1월의 처분에 대해 취소소송을 제기한 사안에 대해 본안판단을 한 판결이 있다.

(3) 검토

생각건대, 재결자체에 고유한 위법이 없는 한 원처분을 다투어야 하는데, 상대방에게 유리하게 변경된 경우에는 원처분이 수정된 내용대로 존재하는 것으로 보아 원처분청을 피고로 하여 수정된 내용의 원처분을 다투어야 한다는 견해가 타당하다고 본다.

2. 명령재결

(1) 문제점
위원회의 변경명령재결이 있은 후 행정청이 변경처분을 한 경우, 변경처분과 변경된 원처분 중 어느 행위가 항고소송의 대상인지가 문제된다.

(2) 학설
①변경처분설은 원처분은 변경처분에 흡수되어 결국 변경처분이 대상이므로, 변경처분이 원처분을 대체하는 새로운 처분이라고 한다. ②변경된 원처분설은 원처분이 당초부터 변경된 내용의 처분으로 존재하는 것으로 본다. ③변경된 원처분과 변경처분은 독립된 처분으로 모두 소송의 대상이라는 견해가 있다. ④변경명령재결설은 변경처분은 변경명령재결의 기속력에 의한 부차적인 행위로서 위원회의 의사일 뿐이므로 변경명령재결을 대상으로 해야 한다고 본다.

(3) 판례
대법원은 "변경처분에 의하여 당초 처분은 소멸하는 것이 아니고 당초부터 유리하게 변경된 내용의 처분으로 존재하는 것이므로, 그 취소소송의 대상은 변경된 내용의 당초 처분이며, 제소기간의 준수 여부도 변경된 내용의 당초 처분을 기준으로 판단하여야 한다"고 판시하였다.

(4) 검토
생각건대, 재결자체에 고유한 위법이 없는 한 원처분을 다투어야 하는데, 상대방에게 보다 유리하게 변경된 경우에는 원처분이 변경한 내용대로 존재하는 것으로 보아 변경된 내용의 원처분을 다투어야 한다는 견해가 타당하다.

논점 065 원고적격

1. 원고적격의 의의 및 규정

원고적격이란 구체적인 소송에서 원고로서 소송을 수행하여 본안판결을 받을 수 있는 자격을 의미하는데, 행정소송법 제12조 제1문은 "취소소송은 처분등의 취소를 구할 법률상 이익이 있는자"가 제기 할 수 있다고 하여 원고적격을 규정하고 있다.

2. 법률상 이익의 의미

(1) 학설

①권리구제설은 위법한 처분등으로 인하여 권리를 침해당한 자만이 취소소송을 제기할 수 있다는 견해이며, ②법률상이익구제설은 전통적 의미의 권리뿐만 아니라 법률에 의해 보호되고 있는 개인의 사익이 침해되는 경우 이를 구제하기 위한 수단으로 보는 견해이다. ③보호가치이익구제설은 실질적으로 법질서 전체의 관점에서 소송법상 보호할 가치가 있는 이익이면 원고적격을 인정해야 한다는 견해(법률상 이익을 실체법상 이익이 아니라 절차법적 이익으로 보는 견해), ④적법성 보장설은 처분의 적법성 확보에 가장 밀접한 이해관계를 가진 자가 소송을 제기할 원고적격을 가진다는 견해이다.

(2) 판례

판례는 법률상 이익이란 당해 처분의 근거 법규 및 관련 법규에 의하여 보호되는 개별적·직접적·구체적인 이익을 말하고, 공익보호의 결과로 국민 일반이 공통적으로 가지는 일반적·추상적 이익은 여기에 포함되지 않는다고 하여 법률상 이익구제설의 입장이다.

(3) 검토

생각건대, 권리구제설은 원고적격의 인정 범위가 너무 좁고, 보호가치이익구제설은 보호가치 판단기준이 모호한점, 적법성보장설은 취소소송을 객관화하는 문제점이 있다. 따라서 국민의 권익구제 및 남소방지 등 관점에서 법률상 이익구제설이 타당하다고 본다.

3. 법률의 범위

(1) 학설

①당해 처분의 근거가 되는 법률의 규정과 취지만을 고려해야 한다는 견해, ② 당해 처분의 근거가 되는 법률 외에 관련 법률의 규정과 취지도 고려해야 한다는 견해, ③당해 처분 근거 법규 및 기본권 규정도 고려해야 한다는 견해가 대립한다.

(2) 판례

대법원은 당해 처분 근거 법규뿐만 아니라 관계 법규까지 법의 범위를 확장하고 있지만 제3자가 소송을 제기하는 경우 헌법상의 기본권을 직접적으로 고려하지는 않는다. 하지만 헌법재판소는 기본권에 직접 근거하여 제3자의 법률상 이익을 인정하기도 한다.

(3) 검토

생각건대, 원고적격의 범위가 지나치게 좁을 경우 국민의 권리구제가 제약될 수 있으므로 국민의 권익구제 확대측면에서 처분의 근거 법규 및 관계 법규를 고려하여 인정하여야 한다.

4. 제3자의 원고적격

(1) 경업자소송

1) 의의

경업자소송이라 함은 여러 영업자가 경쟁관계에 있는 경우에 경쟁관계에 있는 영업자에 대한 처분 또는 부작위를 경쟁관계에 있는 다른 영업자가 다투는 소송을 말한다.

2) 판단기준

판례와 통설은 일반적으로 기존업자가 영위하는 사업이 특허인 경우 특허업자의 원고적격을 인정하지만, 허가업인 경우 기본적으로 허가업자의 원고적격을 인정하지 않는다. 하지만 거래제한 규정이나 업소제한 규정을 두고 있는 경우 당해 규정이 기존업자의 이익도 보호하고 있는 것으로 해석되는 경우 허가기업의 경우에도 기존업자의 경영상 이익을 보호하는 취지가 있는 것으로 보아 원고적격을 인정하고 있다.

(2) 경원자인 경우

1) 의의

경원자소송이란 일방 인허가가 타방의 불허가로 귀결될 수 밖에 없는 경우에, 불허가 등으로 인해 자기의 법률상 이익을 침해당한 자가 허가 등을 받은 자의 처분을 다투는 소송을 말한다.

2) 판단기준

경원자소송에 있어서는 각 경원자에 대한 인허가는 배타적 관계에 해당하는 점에서 원고적격이 인정된다. 판례도 경원관계에 있어서 경원자에 대하여 이루어진 허가 등 처분의 상대방이 아닌 자가 그 처분의 취소를 구할 당사자적 격이 있다고 보고 있다. 다만, 명백한 법적 장애로 인하여, 원고 자신의 신청이 인용될 가능성이 처음부터 배제되어 있는 경우에는 당해 처분의 취소를 구할 정당한 이익이 없다. 또한, 신청에 대한 거부처분의 상대방은 거부처분의 취소를 구할 원고적격이 있으므로 경원자 관계에 있는 자는 타인에 대한 허가처분의 취소를 구하거나 자신에 대한 불허가처분(거부처분)의 취소를 구할 수 있고, 또한 양자를 관련청구소송으로 병합하여 제기할 수도 있다.

(3) 인인소송

1) 의의

인인소송이란 행정청이 어떠한 시설의 설치를 허가하는 처분등에 대해서 당해 시설의 인근 주민이 다투는 소송을 말한다.

2) 판단기준

판례에 의하면 인근 주민에게 시설설치허가를 다툴 원고적격이 있는지는 당해 허가처분의 근거 법규 및 관계 법규의 보호목적에 따라 결정된다. 즉 해당 처분의 근거 법규 및 관계 법규가 공익뿐만 아니라 인근 주민의 개인적 이익도 보호하고 있다라고 해석되는 경우에 인근 주민에게 원고적격이 인정된다.

① 판례는 시설설치허가를 인근 주민이 다툴 원고적격이 있는지 여부는 당해 허가처분의 근거 법규 및 관계 법규의 보호목적에 공익 뿐만 아니라 사익도 보호하고 있는지 여부에 따라 결정하고 있다.

② 환경영향평가법상의 이익에 대한 판례의 태도
- 평가대상 지역 안의 주민의 경우: 처분 전과 비교하여 수인한도를 넘는 환경침해를 받지 아니하고 쾌적한 환경에서 생활 할 수 있는 개별적 이익까지

도 이를 보호하려는데 있다 할 것이므로 특단의 사정이 없는 한 환경상의 이익에 대한 침해 또는 침해 우려가 있는 것으로 추정되어 원고적격이 인정된다고 한다.

- 평가대상 지역 밖의 주민의 경우: 처분등으로 인하여 처분 전과 비교하여 수인한도를 넘는 환경상의 이익에 대한 침해 또는 침해 우려가 있다는 것을 입증함으로써 원고적격을 인정받을 수 있다고 한다.

논점 066 협의의 소익(권리보호의 필요)

1. 의의 및 취지

협의의 소의 이익이란 원고에게 소송을 통하여 당해 분쟁을 해결할 현실적 필요성이 인정되는 것을 의미하고, 소송법의 제도적 남용의 금지에 그 취지가 있다.

2. 원고적격과의 구별(원고적격 규정인지, 협의의 소익 규정인지)

행정소송법 제12조 제2문의 법률상 이익의 의미와 관련하여 일부 견해는 원고적격에 관한 조항으로 보나, 다수설은 협의의 소익에 관한 조항으로 본다. 행정소송법 제12조 제2문은 소멸된 처분등에 대한 취소판결로 회복되는 법률상 이익으로 규정하여 취소판결을 받을 실익으로 파악되는바 다수설이 타당하다.

3. 제12조 제2문에 의한 취소소송의 성질

(1) 학설

①위법확인소송설은 행정처분의 효력이 이미 소멸되어 취소가 아무런 의미를 가지지 못하므로, 동 규정에 의한 소송은 처분의 위법성을 확인하는 소송이라는 견해이다. ②형성소송설(취소소송설)은 행정소송법상 소송형식이 취소소송으로 규정되어 있으며, 쟁송취소는 소급적 효력을 가지므로 처분이 소멸된 뒤에도 취소할 위법상태가 존재하는바 취소소송이라고 본다.

(2) 판례

판례는 제12조 제2문의 법률상 이익을 제1문의 법률상 이익의 개념과 동일하게 보는 입장을 취해왔으나, 최근에는 "반복될 위험성이 있어 행정처분의 위법성 확인이 필요하다고 판단되는 경우"에 효력이 소멸된 처분에 대한 소의 이익을 긍정하여 위법확인소송설의 입장과 유사하다고 볼 수 있다.

(3) 검토

생각건대, 처분의 효력이 소멸하였음에도 불구하고 행정소송법 제12조 제2문의 소송을 취소소송으로 보는 것은 취소소송의 본질이 형성소송이라는 것을 간과한 해석이라 할 것이다. 결국 제2문의 소송은 위법확인소송으로 보아야 할 것이며, 이렇게 보는 경우 제2문의 법률상 이익은 법으로 보호되는 이익뿐만 아니라 반복되는 위험의 방지나 명예회복의 필요 등 경제적, 정신적 이익까지 포함된다고 할 것이다.

4. 취소소송에서의 협의의 소익

(1) 개설

취소소송에서 협의의 소의 이익은 광의의 소의 이익 중 대상적격과 원고적격이 인정되는 한 충족되는 것으로 추정되고 특단의 사정이 있는 경우에만 부정된다. 특단의 사정이란 ①처분의 효력이 소멸한 경우, ②처분 후 사정에 의해 이익침해가 해소된 경우, ③원상회복이 불가능한 경우, ④보다 간이한 방법이 있는 경우 등을 말한다.

(2) 처분의 효력이 소멸한 경우

처분의 효력기간의 경과 등으로 그 행정처분의 효력이 상실된 경우에도 당해 처분을 취소할 현실적 이익이 있는 경우에는 그 처분의 취소를 구할 소의 이익이 있다.

(3) 처분후의 사정에 의해 이익침해가 해소된 경우

처분 후의 사정에 의하여 권리와 이익의 침해 등이 해소된 경우에는 그 처분의 취소를 구할 소의 이익이 없으나, 처분 후에 사정변경이 있더라도 권익침해가 해소되지 않은 경우에는 소의 이익이 있다.

(4) 원상회복이 불가능한 경우

위법한 처분을 취소한다 하더라도 원상회복이 불가능한 경우에는 그 취소를 구할 이익이 없으나 회복되는 부수적 이익이 있는 경우에는 소의 이익이 인정된다.

(5) 보다 간이한 방법이 있는 경우

당해 취소소송보다 실효적인(직접적인) 권리구제절차가 있는 경우에는 소의 이익이 부정되지만, 다른 권리구제절차가 있는 경우에도 취소를 구할 현실적 이익이 있는 경우에는 소의 이익이 인정된다.

5. 가중제재처분이 예정된 경우 협의의 소익 인정 여부

(1) 학설

①부령형식의 행정규칙은 행정규칙에 불과하고 행정청에 대한 법적 구속력이 미치지 않으므로 소의 이익을 인정할 수 없다는 부정설, ②행정규칙에 따라 가중된 제재처분을 할 행정청의 행태를 감안하여 구체적, 현실적 위험이 있다고 보아 소의 이익을 인정하는 긍정설, ③부령형식의 행정규칙을 법규명령으로 보아 제한적으로 긍정하는 견해가 대립한다.

(2) 판례

과거 판례는 처분을 받은 것이 장래 처분의 가중사유로 규정되어 있다고 하더라도, 그 규정이 법률 또는 법규명령인 경우에만 소의 이익을 긍정했었다. 그러나 대법원은 환경영향평가대행 영업정지처분취소와 관련한 판결에서 판례를 변경하여 부령형식의 제재적 처분기준에서 가중사유로 규정한 경우, 기준의 성격이 법규명령인지와 상관없이 행정청은 이를 준수할 의무가 있다고 보아 장래에 받을 불이익을 구체적이고 현실적인 위험으로 보아 소의 이익을 긍정하였다. 같은 판례에서 법규명령으로 보아 소의 이익이 있다고 본 별개의견이 있다.

(3) 검토

생각건대, 가중요건이 행정규칙에 있다고 하더라도, 처분전력이 가중요건으로 되는 등 불이익한 요소로 남아있는 경우에는 향후 가중된 제재조치로 인해 당해 업무를 행할 수 있는 법률상 지위에 대한 위험이나 불안을 제거할 필요가 있는 바, 긍정설이 타당하다.

논점 067 피고적격

Ⅰ. 항고소송의 피고

1. 원칙-처분등을 행한 행정청

다른 법률에 특별한 규정이 없는 한 그 처분등을 행한 행정청이 피고가 된다. 처분등을 행한 행정청이란 처분등을 외부에 자신의 명의로 행한 행정청이다. 처분청과 통지한 자가 다른 경우에는 처분청이 피고가 된다.

2. 구체적인 검토

(1) 권한의 위임(또는 위탁)의 경우

위임기관은 처분 권한을 상실하며 수임기관이 처분 권한을 갖게 되므로 수임기관이 처분청이 된다. 이 경우에 수임 행정기관은 행정청일 수도 있고 보조기관일 수도 있다. 내부위임의 경우에는 처분 권한이 이전되지는 않는다. 따라서 내부위임의 경우에 처분은 위임청의 이름으로 행해져야 한다. 이 경우에 항고소송의 피고는 처분청인 위임청이 된다. 그런데, 내부위임의 경우에 위법한 것이기는 하지만 수임기관이 자신의 이름으로 처분을 행하는 경우가 있다. 이 경우에 항고소송의 대상이 되는 처분청이라 함은 실제로 처분을 한 행정청을 말하므로 내부위임을 받아 실제로 처분을 한 행정청(수임기관)을 피고로 하여야 한다.

(2) 권한의 대리의 경우

대리관계를 밝히고 처분시 피대리관청이 처분청으로 피고가 된다. 대리관계를 명시적으로 밝히지 않은 경우에도 상대방이 대리하여 한 것임을 알고서 이를 받아들인 예외적인 경우는 피대리 행정청이 피고가 된다.

(3) 피고경정(행정소송법 제14조)

①피고경정이란 소송의 계속 중에 피고로 지정된 자를 다른 자로 변경하는 것으로, ②법원은 원고의 신청에 의하여 결정으로서 경정을 허가를 한다(절차), ③법원의 허가 결정이 있을 때에는 새로운 피고에 대한 소송은 처음에 소를 제기한 때에 제기된 것으로 보며, 종전 피고에 대한 소송은 취하된 것으로 본다(효과).

II. 당사자소송의 피고

당사자소송에 있어서는 항고소송의 경우처럼 행정청이 피고가 되는 것이 아니라 국가·공공단체 그 밖의 권리주체가 피고가 된다.

논점 068 내부위임

1. 의의

내부위임이란 행정청이 하급행정기관 등에게 내부적으로 결정권을 위임하여 수임기관이 위임청의 이름으로 권한을 사실상 행사하는 것을 말한다. 내부위임은 대외적으로 권한 이전이 없어 법률근거가 없어도 가능하고, 수임기관은 위임청의 이름으로만 권한을 행사할 수 있다.

2. 내부위임의 피고적격

①취소소송에서 피고란 처분등을 행한 행정청을 말한다(행정소송법 제13조). ②내부위임의 경우 권한의 이전이 없으므로 위임청이 피고가 된다. ③그러나 판례는 권한여부를 불문하고, 처분의 명의에 따라 피고를 결정하게 하여, 국민의 피고선택의 편의를 도모하고 있어 바람직하다.

3. 승소가능성(권한행사 방식 위반의 효과, 내부위임을 받은 자가 자신의 이름으로 한 처분의 효력)

①권한의 내부위임의 경우 수임자의 명의로 행정처분을 하였다면, 일반적으로 그 하자는 중대하고 명백하다고 볼 것이므로 그 처분은 원칙적으로 무효로 보는 판례가 있다. ②그러나 권한의 내부위임에 있어 전결권자가 아닌 자가 행정처분을 한 경우 무권한의 처분으로서 무효의 처분은 아니라고 한 판례가 있다.

논점 069 제소기간

I. 행정소송법상 제소기간

행정소송법 제20조는 취소소송의 경우 처분등이 있음을 안 날로부터 90일, 처분등이 있는 날로부터 1년이내에 이를 제기하도록 규정하고 있다.

II. 구체적인 내용

1. 처분등이 있음을 안 날

(1) 행정심판을 거치지 않은 경우

①처분등이 있음을 안 날이란 통지,공고 등 기타 방법으로 현실적으로 안 날을 의미한다. ②고시 또는 공고에 의하여 처분을 하는 경우는 행정처분에 이해관계를 갖는 자가 고시 또는 공고가 있었다는 사실을 현실적으로 알았는지 여부에 관계없이 고시가 효력을 발생하는 날에 행정처분이 있음을 알았다고 보아야 한다. 다만, 개별토지가격결정은 처분의 상대방인 토지소유자 및 이해관계인이 공고일에 개별토지가격결정 처분이 있음을 알았다고 할 수 없으므로 특별한 사정이 없는 한 처분이 있은 날부터 1년이내 취소소송을 제기하면 된다.

(2) 행정심판을 거친 경우

행정심판을 거친 경우에는 재결서의 정본을 송달받은 날로부터 90일이내에 소송을 제기하여야 한다. 재결서 정본을 송달받은 날이란 재결서 정본을 민사소송법이 정한 바에 따라 적법하게 송달받은 경우를 말한다.

2. 처분등이 있은 날

(1) 행정심판을 거치지 않은 경우

처분등이 있은 날은 처분의 효력이 발생한 날을 말한다. 처분은 행정기관의 내부적 결정만으로 부족하며 외부로 표시되어 상대방에게 도달되어야 효력이 발생한다. 도달이란 상대방이 현실적으로 그 내용을 인식할 필요는 없고, 상대방이 알 수 있는 상태에 놓여지면 충분하다.

(2) 행정심판을 거친 경우

행정심판을 거친 경우 재결이 있은 날로부터 1년이내 소송을 제기하여야 한다. 재결이 있은 날이란 재결의 효력이 발생한 날을 말하며, 이는 재결서 정본을 송달 받은날이 된다.

(3) 정당한 사유가 있는 경우

정당한 사유가 있으면 1년이 경과 하여도 제소할 수 있다. 일반적으로 행정처분의 직접 상대방이 아닌 제3자는 행정처분이 있음을 알 수 없는 처지이므로 특별한 사정이 없는 한 정당한 사유가 있는 경우에 해당한다. 따라서 이러한 제3자에게는 제소기간이 연장될 수 있다.

3. 안 날과 있은 날의 관계

처분이 있음을 안 날과 처분이 있은 날 중 어느 하나의 기간만이라도 경과하면 제소할 수 없다.

4. 제소기간의 기산점

행정심판을 거치지 않은 경우에는 처분이 있음을 안 경우 처분이 있음을 안 날, 처분이 있음을 알지 못한 경우 처분이 있은 날, 행정심판을 거친 경우에는 재결서 정본을 송달받은 날이 제소기간의 기산점이다.

논점 070 집행정지

Ⅰ. 집행정지

1. 집행부정지 원칙 및 예외(행정소송법 제23조)

집행정지란 행정소송 제기에 수반하여 원고의 권리보전을 위해 본안판결까지 행정처분의 일시정지를 명하는 결정으로, 행정소송법 제23조 제2항에 근거한다. 원활한 행정운용의 확보를 위해 집행부정지가 원칙이며, 원고의 임시적인 권리구제수단을 위하여 예외적으로 집행정지가 가능하다.

2. 요건

(1) 신청요건

1) 정지대상인 처분등이 존재할 것

집행정지가 인정되기 위해서 정지대상인 처분등이 존재해야 한다. 따라서 부작위의 경우나 소멸된 처분은 제외된다.

2) 적법한 본안소송이 계속 중일 것

집행정지는 본안 소송이 적법하게 계속되어 있을 것을 요건으로 한다.

(2) 본안요건

1) 회복하기 어려운 손해

회복하기 어려운 손해라 함은 사회통념상 금전배상이나 원상회복이 불가능하거나, 금전배상으로는 사회통념상 당사자가 참고 견딜 수 없거나, 참고 견디기가 현저히 곤란한 경우 유형·무형의 손해를 말한다(판례). 기업의 경우 사업자체를 계속할 수 없거나 중대한 경영상의 위기가 있다면 회복하기 어려운 손해로 볼 수 있다는 판결도 있다.

2) 긴급한 필요 존재

긴급한 필요란 회복하기 어려운 손해의 발생이 절박하여 손해를 회피하기 위하여 본안판결을 기다릴 여유가 없는 것을 말한다.

3) 공공복리에 중대한 영향이 없을 것

구체적인 경우에 있어서 처분의 집행에 의해 신청인이 입을 손해와 처분의 집행정지에 의해 영향을 받을 공공복리를 비교·형량하여 정하여야 한다.

4) 본안청구가 이유 없음이 명백하지 아니할 것

　이 요건은 행정소송법상 명문으로 규정되어 있지 않다. 그러나 집행정지는 인용판결의 실효성 확보를 위해 인정되는 것이며, 집행정지에 대한 신청의 남용방지 필요성도 있으므로 본안청구가 이유 없음이 명백하지 아니할 것을 집행정지의 요건으로 함이 타당하다고 보여진다.

3. 종류

집행정지의 종류에는 처분등의 효력정지, 처분등의 절차속행정지, 처분등의 집행정지 등이 있다.

> **참고** **거부처분이 집행정지의 대상이 되는지**
>
> **1. 학설**
>
> ① 긍정설은 행정청에 사실상의 구속력을 갖게 된다는 점을 근거로, ② 부정설은 거부처분 자체는 신청 전 상태를 그대로 지속시키는 것에 지나지 않아 신청인에게 집행정지의 신청이익이 없다고 하며, ③ 제한적 긍정설은 신청인에게 법적 이익이 인정되는 경우 예외적으로 집행정지신청의 이익이 있다고 한다.
>
> **2. 판례**
>
> 대법원은 거부처분이 그 효력이 정지되더라도 그 거부처분이 없었던 것과 같은 상태를 만드는 것에 지나지 아니하고 행정청에게 어떠한 처분을 명하는 등 적극적인 상태를 만들어 내는 경우를 포함하지 아니하기에 인정할 필요성이 없다고 한다.
>
> **3. 검토**
>
> 생각건대, 인허가 등에 붙여진 기간이 갱신기간이라고 볼 수 있는 경우에는 거부처분에 대해서도 집행정지결정을 내릴 이익이 있을 수 있다는 점에서 제한적 긍정설이 타당하다고 본다.

논점 071 가처분

1. 가처분의 의의(문제점)

가처분이란 다툼 있는 법률관계에 관하여 잠정적으로 임시지위를 보전하는 것을 내용으로 하는 가구제 제도를 말한다. 행정소송법은 집행정지는 규정하고 있으나, 가처분제도에는 아무런 언급이 없어 행정소송법 제8조 제2항에 따라 민사집행법상 가처분을 준용할 수 있는지 문제된다.

2. 인정 여부

(1) 학설

①긍정설은 행정소송법에는 가처분 배제규정이 없다는 점을 논거로 가처분을 인정하나, ②부정설은 집행정지제도는 가처분 배제의 특별규정으로 보아 가처분을 부정한다. ③제한적 긍정설은 집행정지만으로 권리구제에 미흡한 예외적인 경우에만 긍정한다.

(2) 판례

대법원은 행정소송법 제8조 제2항은 그 성질이 허용하는 한도에서만 민사소송법 규정에 의한다는 뜻으로 해석할 것인바, 항고소송에 대하여는 민사소송법 중 가처분에 관한 규정이 적용된다고 인정할 수 없다고 판시하였다.

(3) 검토

생각건대, 가처분은 잠정적인 권리구제수단에 불과하므로 행정청의 권한 침해는 크게 문제가 되지 않으며, 당사자의 실효적인 권리구제 측면에서 민사집행법상의 가처분규정을 항고소송에도 적용함이 타당하다.

논점 072 소송의 심리와 관련된 문제들

Ⅰ. 관련청구소송의 병합

1. 의의 및 취지

관련청구소송의 병합이란 서로 관련된 수개의 청구가 실질적인 관련성을 갖는 경우에 심리의 중복과 판결의 모순·저촉을 피하고 신속한 재판진행을 위해, 하나의 절차에서 심리하도록 하는 제도이다. 즉, 행정소송법상 관련청구의 병합이란 취소소송 또는 무효확인소송 또는 당사자소송(이하 '취소소송 등')에 당해 취소소송 등과 관련 있는 청구소송을 병합하여 제기하는 것을 말한다.

2. 병합요건

(1) **취소소송 등에 병합할 것**

취소소송 등과 취소소송 등이 아닌 관련청구소송의 병합은 취소소송 등에 병합하여야 한다. 취소소송 등이 주된 소송이며, 취소소송 등 간의 병합은 어느 쪽이든지 병합이 가능하다.

(2) **각 청구소송이 적법할 것**

주된 취소소송 등과 관련청구소송은 각각 소송요건을 갖추어야 한다.

(3) **관련청구소송이 병합될 것**

관련청구소송이란 주된 취소소송 등의 대상인 처분등과 관련되는 손해배상·부당이득반환·원상회복 등 청구소송 및 취소소송을 말한다. 처분등과 관련되는 손해배상·부당이득반환·원상회복 등의 청구란 손해배상청구 등의 청구의 내용 또는 발생원인이 행정소송의 대상인 처분등과 법률상 또는 사실상 공통되거나, 그 처분의 효력이나 존부 유무가 선결문제로 되는 등의 관계에 있는 청구를 말한다(대판99두561).

(4) **주된 취소소송이 사실심 계속 중일 것**(후발적 병합의 경우)

주된 취소소송이 사실심 변론종결 전이어야 한다.

3. 내용

(1) 종류(후발적 병합과 원시적 병합)

관련청구소송의 병합에는 계속 중인 취소소송 등에 관련청구소송을 병합하는 후발적 병합과 취소소송 등과 관련청구소송을 함께 제기하는 원시적 병합이 있다.

(2) 병합의 형태

행정소송법 제10조와 제38조 제1항, 제2항 및 제44조 제2항에 따라 취소소송·무효등확인소송·부작위위법확인소송·당사자소송에서도 관련청구병합이 가능하다.

병합의 유형으로는 동법 제10조 제2항에 따라 주관적 병합과 객관적 병합이 가능하며, 행정소송의 성질상 주위적·예비적 병합도 가능하다. 또한 각 청구가 다른 청구의 당부와 관계없이 심판을 구하는 단순병합과 양립할 수 있는 수개의 청구를 그 하나가 인용되는 것을 해제조건으로 하여 수개의 청구에 관한 심판을 구하는 선택적 병합도 가능하다.

4. 병합요건의 시기

주된 행정소송과 청구의 내용 또는 법률원인이 법률상 또는 사실상 공통되는 등 관련성이 있어야 하며, 각 청구는 소송형태에 따른 소송요건을 갖추어 소제기가 적법해야 한다. 병합의 시기는 사실심 변론종결 전까지 하여야 한다.

5. 병합된 관련청구소송에서의 판결

취소소송에 관련청구소송을 병합하여 제기한 후 취소소송이 부적법 각하된 경우에 소송경제상 행정법원이 행정사건과 분리하여 독립적으로 스스로 민사사건을 처리할 수 있는 것으로 보아야 한다. 그러나 판례는 본래의 '취소소송 등'이 부적법하여 각하되면 그에 병합된 관련청구 소송도 소송요건을 흠결하여 부적합하다고 보고, 각하되어야 한다고 한다.

II. 소의 변경

1. 의의

소의 변경이란 청구의 변경으로서, 소송 중 당사자, 청구의 취지, 청구의 원인 등 전부 또는 일부를 변경하는 것을 말한다.

2. 소의 종류의 변경(행정소송법 제21조)

(1) 의의 및 취지

①소의 변경이란 취소소송을 당사자소송 또는 취소소송 외의 항고소송으로 변경하는 것을 말한다. ②행정소송법 제37조는 무효등확인소송이나 부작위위법확인소송을 취소소송 또는 당사자소송 변경을 인정한다. ③동법 제42조도 당사자소송을 항고소송으로 변경을 인정한다. 이는 ④소 종류의 잘못 선택 가능성, 사인의 권리구제 만전을 기하기 위해 취지가 인정된다.

(2) 요건

①소의 변경이 상당하다고 인정될 것, ②청구의 기초에 변경이 없을 것, ③행정소송이 사실심 변론종결 전일 것, ④변경되는 새로운 소는 그 자체로 적법한 제소요건을 갖춰야 한다.

(3) 절차

원고의 신청에 따라 법원의 허가를 받아야 한다. 그리고 소의 변경을 허가하는 경우 피고를 달리하게 될 때 법원은 새로이 피고로 될 자의 의견을 들어야 한다(행정소송법 제21조 제2항).

(4) 효과

새로운 소송은 처음 소를 제기한 때에 제기된 것으로 보며, 아울러 종전의 소송은 취하된 것으로 본다.

3. 처분변경으로 인한 소의 변경(행정소송법 제22조)

(1) 의의

행정청의 소송의 대상인 처분을 소가 제기된 후 변경한 때에는 원고의 신청에 의하여 법원의 결정으로써 소를 변경하는 것을 말한다. 소 각하나 새로운 소 제기라는 무용한 절차 반복 배제 취지가 인정된다.

(2) 요건

①처분에 대한 소제기 후 행정청의 처분변경 행위가 존재할 것, ②처분의 변경이 있음을 안 날로부터 60일 이내 원고가 신청할 것, ③사실심 변론종결 전일 것을 요한다.

(3) 절차

처분변경으로 인한 소의 변경은 원고의 신청에 의해 법원의 허가결정에 의해 행해진다.

(4) 효과

처분변경으로 인한 새로운 청구는 행정심판의 전치가 요구되는 경우에도 행정심판전치요건을 갖춘 것으로 본다.

4. 민사소송법에 의한 소의 변경(행정소송과 민사소송간의 소의 변경허용여부)

(1) 문제점

행정소송법의 소의 변경에 관한 규정은 민사소송법의 소의 변경에 관한 규정에 대한 특칙이라할 것이고, 행정소송법상의 소의 변경에 관한 규정이 민사소송법상의 소의 변경을 배척하는 것이라고 할 수 없으므로 행정소송에 관하여 원칙상 민사소송법에 의한 소의 변경이 가능하다. 항고소송(특히 무효확인소송)을 처분의 무효를 원인으로 하는 부당이득반환청구소송과 같은 민사소송으로 변경하는 것을 민사소송법의 소의 변경에 관한 규정을 준용하여 인정할 수 있는지 여부에 관하여 검토할 여지가 있다.

(2) 학설

①부정설은 민사소송법상 소 변경은 법원과 당사자의 동일성을 유지하면서 동종 절차에서 심리될 수 있는 청구 사이에서만 가능한 것으로 행정소송을 민사소송으로 변경하는 것은 허용되지 않는다고 하나, ②긍정설은 항고소송을 민사소송으로 변경하는 경우 피고가 처분청에서 국가 등으로 변경되지만 실질에 있어 동일성을 유지한 것으로 보아 변경을 허용한다.

(3) 판례

항고소송에서 민사소송으로의 소의 변경에 관한 판례는 없다. 다만, 대법원은 원고가 고의 또는 중대한 과실없이 행정소송으로 제기할 사건을 민사소송으로 잘못 제기한 경우 민사소송의 행정소송으로의 소의 변경을 인정한다.

(4) 검토

생각건대, 권익구제 및 소송경제 관점에서 긍정설이 타당하다고 본다.

III. 소의 이송

소송의 이송이라 함은 어느 법원에 일단 계속된 소송을 그 법원의 결정에 의하여 다른 법원으로 이전하는 것을 말한다.

IV. 소송참가

1. 의의

소송참가라 함은 현재 계속 중인 타인간의 소송에 제3자가 자기의 이익을 옹호하기 위하여 참가하는 것을 말한다.

2. 제3자에 대한 행정소송법상 보호방안(제3자의 소송참가 및 재심청구)

(1) 의의

제3자의 소송참가는 소송의 결과에 따라 권리 또는 이익의 침해를 받을 제3자가 있는 경우 당사자 또는 제3자의 신청 또는 직권에 의하여 그 제3자를 소송에 참가시키는 제도를 말한다.

(2) 요건

1) 타인간의 취소소송의 계속

타인간의 취소소송이 적법하게 제기되어 계속되어야 한다. 소송이 계속되는 한 심급을 가리지 않고 참가할 수 있다.

2) 소송의 결과에 따라 권리 또는 이익의 침해를 받을 제3자

제3자라 함은 소송당사자 이외의 자를 말한다. 침해된 권리 또는 이익에 있어서 이익이라 함은 법률상 이익을 말하고 단순한 사실상 이익 내지 경제상 이익은 포함되지 않는다.

소송의 결과에 따라 권리 또는 이익의 침해를 받는다는 것은 판결의 형성력에 의해 권리 또는 이익을 박탈당하는 경우 뿐만 아니라 판결의 기속력에 따른 행정청의 새로운 처분에 의해 권리 또는 이익의 침해를 받는 경우를 말한다.

(3) 절차

제3자의 소송참가는 당사자 또는 제3자의 신청 또는 직권에 의하여 결정으로써 행한다(동법 제16조 제1항). 법원이 제3자의 소송참가를 결정하고자 할 때에는 미리 당사자 및 제3자의 의견을 들어야 한다(동조 제2항). 소송참가 신청을 한

제3자는 그 신청을 각하한 결정에 대하여 즉시 항고할 수 있다(동조 제3항).

(4) 소송참가인의 지위

참가인은 피참가인과의 사이에 필수적 공동소송에 있어 공동소송인에 준하는 지위에 서게 되나, 당사자에 대하여 독자적인 청구를 하는 것은 아니므로 강학상 공동소송적 보조참가인의 지위와 유사한 것으로 보는 것이 통설이다.

(5) 자기에게 책임없는 사유로 소송에 참가하지 못한 자의 권리구제수단
  : 재심청구(동법 제31조)

처분등을 취소하는 판결에 의하여 권리 또는 이익의 침해를 받은 제3자는 자기에게 책임없는 사유로 소송에 참가하지 못함으로써 판결의 결과에 영향을 미칠 공격 또는 방어방법을 제출하지 못한 때에는 이를 이유로 확정된 종국판결에 대하여 재심의 청구를 할 수 있다.

3. 행정청의 소송참가

(1) 의의

행정청의 소송참가라 함은 관계행정청이 행정소송에 참가하는 것을 말한다.

(2) 요건

타인간의 취소소송 등이 계속되고 있을 것, 다른 행정청일 것, 참가시킬 필요성이 있을 것을 요한다.

(3) 절차(행정소송법 제17조)

①법원은 다른 행정청을 소송에 참가시킬 필요가 있다고 인정할 때에는 당사자 또는 당해 행정청의 신청 또는 직권에 의하여 결정으로써 그 행정청을 소송에 참가시킬 수 있다. ②법원은 상기 결정을 하고자 할 때에는 당사자 및 당해 행정청의 의견을 들어야 한다.

(4) 참가행정청의 지위 -보조참가인에 준하는 지위(민사소송법 제76조 준용)

논점 073 처분사유의 추가·변경

1. 의의 및 구별개념

처분사유의 추가·변경이란 당초 처분 시에는 존재하였지만 처분이유로 제시되지 아니하였던 사실 및 법적 근거를 소송 계속 중에 추가하거나 변경하는 것을 말한다. 처분사유의 추가·변경은 이미 처분시에 객관적으로 존재하였던 사유를 대상으로 한다는 점에서 처분 후에 발생한 사유(사후보완행위)를 근거로 하는 하자의 치유와는 구별된다.

2. 인정여부

①원고의 공격방어권 침해를 이유로 부정하는 견해와, ②소송경제 측면에서 긍정하는 견해, ③상대방 보호 및 소송경제의 요청을 고려할 때 제한적으로 긍정하는 견해가 있다. ④판례는 실질적 법치주의와 행정처분의 상대방인 국민의 신뢰보호 견지에서 기본적 사실관계의 동일성이 인정되는 경우에 제한적으로 긍정하고 있다. ⑤생각건대, 실질적 법치주의 및 분쟁의 일회적 해결과 원고의 공격·방어권 보장, 소송경제 등을 고려하여 제한적으로 인정하는 판례의 태도가 타당하다고 본다.

3. 인정범위

(1) 시간적 범위(시적 범위)

만약 소송도중 피고인 행정청이 추가·변경한 처분사유가 처분시 이후에 발생한 사유(개정된 법령 등)일 경우, 처분사유의 추가·변경이 허용될 수 있는지 여부는 취소소송에서의 위법판단 기준시를 어디로 볼 것인가에 따라 달라질 것이다. 위법판단의 기준시에 관하여 통설 및 판례인 처분시설을 취하는 경우 위법성 판단은 처분시를 기준으로 하므로 추가·변경사유는 처분시에 객관적으로 존재하는 사유여야 한다. 처분이후에 발생한 새로운 사실적·법적사유를 추가 변경할 수는 없다.

(2) 객관적 범위

①심리의 범위는 소송물에 한정되므로 소송물의 변경이 없는 한 처분사유의 추가·변경을 인정하자는 소송물 기준설, ②기속행위, 재량행위 등 유형에 따라 허용범위를 달리 정하자는 개별적 결정설, ③당초 처분의 근거로 삼은 사유와 기

본적 사실관계가 동일하다고 인정 되는 한도 내에서만 처분사유의 추가·변경을 허용하는 기본적 사실관계 동일설이 대립한다.

(2) 판례

기본적 사실관계의 동일성 유무는 법률적으로 평가하기 이전의 구체적 사실에 착안하여 그 기초가 되는 사회적 사실관계가 기본적인 점에서 동일한지의 여부를 기준하며, 판단은 시간적·장소적 근접성, 행위 태양·결과 등의 제반사정을 종합적으로 고려한다.

(3) 검토

원고의 공격방어권 및 소송 경제 측면에서 볼 때, 기본적 사실관계가 동일하다고 인정 되는 한도 내에서만 처분사유의 추가·변경을 허용하는 것이 타당하다.

논점 074 위법판단 기준시

1. 문제점

처분시와 판결시 사이에 사정변경이 있는 경우 어느 시점의 사실 및 법상태를 기준으로 위법성을 판단할 것인지 문제된다. 이는 취소소송의 기능과도 연결된다. 항고소송의 위법성판단의 기준시는 처분사유의 추가변경의 시적 범위 및 기속력의 시적 범위와 관련하여 중요한 의미를 갖는다.

2. 학설

①〈처분시설〉은 취소소송 본질은 주관적인 국민의 권리구제에 있다는 점을 논거로 행정처분의 위법 여부는 처분시를 기준하나, ②〈판결시설〉은 처분의 위법성 배제하여 객관적인 행정의 적법성 확보를 논거로 처분시 이후 발생한 공익적 사정도 고려하여야 한다고 본다. ③〈절충설〉은 권력분립원칙상 행정청의 제1차적 판단권 존중 측면에서 원칙적 처분시설을 취하나 예외적으로 계속효 있는 행위나 미집행의 처분등의 경우 판결시설을 취한다.

3. 판례

대법원은 행정처분의 위법 여부는 그 처분 당시의 사유와 사정을 기준으로 하여 판단하여야 하고, 처분 후 법령의 개폐나 사실상태의 변동에 의하여 영향을 받지 않는다고 하여 처분시설의 입장이다.

4. 검토

취소소송의 본질은 처분에 대한 사후심사를 통한 주관적 권리에 있다는 점을 논거로 처분시설이 타당하다.

논점 075 판결의 종류

I. 각하판결

취소소송의 소송요건을 결여한 부적법한 소 제기에 대해 본안심리를 거절하는 각하판결을 내린다. 소송요건의 충족 여부는 변론종결시를 기준으로 판단한다.

II. 기각판결

본안심리의 결과, 원고의 취소청구가 이유 없다고 판단되는 경우 기각판결을 내린다. 기각판결은 계쟁처분이 적법하거나 위법하지 아니하고 단순한 부당에 그친 경우, 사정판결을 할 경우에 내린다. (사정판결-"이하 후술")

III. 인용판결(취소판결)

1. 의의

취소소송에서 인용판결이라 함은 취소법원이 본안심리의 결과 원고의 취소청구가 이유 있다고 인정하는 경우, 당해 처분의 전부 또는 일부를 취소하는 판결을 말한다.

2. 종류

취소소송에서의 인용판결에는 처분이나 재결에 대한 취소판결, 무효선언을 하는 취소판결이 있다. 또한, 계쟁처분에 대한 전부취소판결과 일부취소판결이 있다.

3. 적극적 변경의 가능성

취소소송의 인용판결로 처분을 적극적으로 변경하는 것이 가능한지에 대하여 견해가 대립되고 있다. 행정소송법 제4조 제1호에서 취소소송을 행정청의 위법한 처분등을 취소 또는 변경하는 소송으로 정의하고 있는데, 여기에서 변경이란 소극적 변경(일부취소)을 의미하는지 아니면 적극적 변경을 의미하는지의 문제가 제기된다. 판례는 이 변경은 소극적 변경, 즉 일부취소로 본다.

4. 일부취소의 가능성(일부취소의 인정기준)

(1) 문제점

행정소송법 제4조 제1호의 '변경'의 해석과 관련하여 일부취소판결 내릴 수 있는지와 그 허용기준을 검토하기로 한다.

(2) 행정소송법 제4조 제1호의 변경의 의미

1) 학설 및 판례

①소극적 변경설은 권력분립원칙의 보장 관점에서 의무이행소송을 명문화하지 않고 있음을 고려하여 일부취소로 보는 견해이다. ②적극적 변경설은 권력분립원칙을 실질적으로 이해하면, 법원이 위법한 처분 취소할 수 있으며, 새로운 처분을 내용으로 하는 판결이 가능하다는 견해이다. ③판례는 소극적 변경, 즉 일부취소를 의미하는 것으로 보고 있다.

2) 검토

생각건대, 적극적 변경설은 법원이 처분 권한을 행사하는 것과 같은 결과를 가져오므로 권력분립원칙에 반한다. 따라서 소극적 변경으로서의 일부취소를 의미하며 결국 일부취소판결의 근거가 된다.

(3) 일부취소판결 가능 여부

1) 기준

일부취소 대상이 되는 부분의 분리가능성에 따라 결정한다. 외형상 하나의 처분이라도 가분성이 있고, 일부가 특정될 수 있어 분리가능성이 있다면 일부취소가 가능하다. 그러나 일부취소로 인하여 재량권 등 처분권을 침해하고, 분리가능성이 없다면 일부취소 불가능하다.

2) 판례 및 검토

대법원은 ①기속행위인 조세부과처분과 같이 가분성·특정성이 있는 경우 일부취소가 가능하다고 한다. ②재량행위인 과징금부과처분이나 영업정지처분의 경우는 처분의 재량권을 존중하여야 하고 법원이 직접 처분하는 것은 인정되지 않으므로 전부취소하여야 한다고 본다. 판례에 따라 분리가능성을 기준으로 판단하여야 할 것이다.

논점 076 사정판결

1. 사정판결의 의의(행정소송법 제28조)

사정판결이란 원고의 청구가 이유 있다고 인정되는 경우에도 처분등을 취소하는 것이 현저히 공공복리에 적합하지 않다고 인정하는 때에 원고의 청구를 기각하는 판결을 하는 것을 말한다.

2. 요건

①원고의 청구가 이유 있을 것(처분이 위법), ②처분을 취소하는 것이 현저히 공공복리에 적합하지 아니하다고 인정되어야 한다. 이 요건은 위법한 처분을 취소하여 개인의 권익을 구제할 필요와 그 취소로 인하여 발생할 수 있는 공공복리에 대한 현저한 침해를 비교·형량하여 결정하여야 한다. 즉, 공익의 보장과 사익의 보호를 엄격히 이익형량하여 적용하여야 한다.

3. 사정판결의 절차 등

(1) 사정조사

사정판결을 함에 있어서는 원고가 그로 인하여 입게 될 손해의 정도와 배상방법, 그 밖의 사정을 조사하여야 한다(행정소송법 제28조 제2항). 이는 사정판결의 요건인 공익에 관한 비교형량을 위한 심리가 되는 동시에 부수조치를 하기 위한 심리도 된다.

(2) 처분이 위법함을 주문에 표시

법원이 사정판결을 함에 있어서는 그 판결의 주문에서 그 처분등이 위법함을 명시하여야 한다. 이로써 처분의 위법성에 대하여는 기판력이 발생한다. 당해 처분으로 인하여 원고에게 발생한 손해배상을 청구하든가 또는 당해 처분이 적법한 것임을 전제로 하는 후속처분등을 저지하기 위하여 당해 처분이 위법한 것임을 법적으로 확정할 필요가 있다.

4. 청구기각판결

사정판결은 인용판결이 아니라 기각판결이다. 따라서 원고는 이에 대하여 항소나 상고를 제기할 수 있다.

논점 077 형성력(제3자효)

1. 의의

형성력이란 판결이 확정된 때에는 당해 처분은 처분청의 취소를 기다릴 것 없이 당연히 효력을 상실하는 것을 말한다. 형성효, 소급효, 대세효로 이루어진다. 형성효는 처분의 효력을 상실시키는 효력을 말한다. 소급효란 취소의 효과는 처분시에 소급하는 것을 말한다. 제3자효란 소송에 관여하지 않은 제3자에 대해서도 미치는 효력을 말한다.

2. 취소판결의 제3자효의 내용

(1) 제3자효의 의의

행정소송법 제29조 제1항에서는 "처분등을 취소하는 확정판결은 제3자에 대하여도 효력이 있다"라고 규정하여 취소판결의 효력이 당사자 뿐만 아니라 제3자에 대하여도 효력이 있는 것으로, 이를 대세적효력 내지 제3자효라고 한다.

(2) 일반처분의 취소의 제3자효

일반처분의 취소의 소급적 효과가 소송을 제기하지 않은 자에게도 미치는지에 관하여 견해가 대립되고 있다. 상대적 효력설은 취소소송은 주관적 소송으로서 원칙적으로 당사자사이에만 미친다고 보는 견해이며, 절대적 효력설은 일반처분이 불특정 다수인을 대상으로 하는 처분이라는 점으로 보아 제3자의 범위를 한정할 이유가 없다고 본다.

3. 자기에게 책임없는 사유로 소송에 참가하지 못한 자의 권리구제수단
   : 재심청구(동법 제31조)

처분등을 취소하는 판결에 의하여 권리 또는 이익의 침해를 받은 제3자는 자기에게 책임없는 사유로 소송에 참가하지 못함으로써 판결의 결과에 영향을 미칠 공격 또는 방어방법을 제출하지 못한 때에는 이를 이유로 확정된 종국판결에 대하여 재심의 청구를 할 수 있다.

논점 078 기속력

1. 의의 및 취지

기속력이란 당사자인 행정청과 관계행정청이 판결의 취지에 따라 행하여야 할 실체법상 의무를 발생시키는 효력을 말한다. 이는 인용판결에 한하며 취소판결의 실효성 확보에 취지가 인정된다.

2. 법적 성질

기판력설(기판력과 동일하게 보는 견해)과 특수효력설(기판력은 소송법적 효력에 불과하므로, 이로부터 행정청에 대한 재처분의무나 반복금지효 등의 실체법상 의무를 이끌어낼 수 없는바 취소판결의 실효성 보장을 위해 인정되는 실정법상 특수한 효력으로 본다)이 대립한다.

판례도 특수효력설을 취하는 것으로 보인다. 기판력과 기속력은 그 본질과 기능이 다르므로 특수한 효력으로 봄이 타당하다.

3. 내용

(1) **반복금지의무**(반복금지효)

반복금지의무란 동일한 사실관계 아래서 동일한 이유에 의해서 동일한 당사자에게 동일한 내용의 처분을 할 수 없다는 부작위의무를 말한다. 즉, 동일한 처분을 하는 것은 취소판결의 기속력에 반한다.

그러나 취소된 처분의 처분사유와는 기본적 사실관계에서 동일성이 없는 다른 처분사유를 들어 동일한 내용의 처분을 하여도 동일한 처분이 아니므로 기속력에 저촉되지 않는다.

(2) **재처분의무**

1) 의의

재처분의무란 행정청이 판결의 취지에 따라 다시 처분해야하는 의무를 말한다. 행정청이 당사자의 신청을 거부하거나 부작위인 경우에 주로 문제가 된다.

2) 거부처분이 내용상 위법(실체상 위법)을 이유로 취소된 경우

위법성 판단기준시를 처분시설로 볼 경우 거부처분 이후의 사유로 거부처분이 가능하며, 기본적 사실관계가 다른 거부 사유를 내세워 다시 거부처분 하

여도 이는 새로운 처분이 되며 재처분의무를 이행한 것이 된다.

3) 절차의 위법을 이유로 처분이 취소되는 경우

행정청이 판결에 적시된 절차나 형식의 위법사유를 보완한 경우에 다시 동일한 내용의 처분을 하더라도 기속력에 반하지 않는다. 오히려 재처분의무를 성실히 이행한 것에 해당한다. 여기에서 절차의 위법은 실체법상(내용상)의 위법에 대응하는 넓은 의미의 형식상의 위법을 말하며 협의의 절차의 위법뿐만 아니라 권한·형식의 위법을 포함하는 것으로 해석하여야 한다.

(3) 원상회복의무(=결과제거의무)

결과제거의무는 취소판결이 있게 되면 행정청은 위법처분으로 인해 야기된 상태를 제거하여야 할 의무를 말하고, 기속력에 포함되는지에 관하여 견해의 대립이 있으나 판례는 긍정하고 있다. 생각건대, 취소소송제도의 본질상 긍정하는 것이 타당하다.

4. 기속력의 범위

(1) 주관적 범위

기속력은 당사자인 행정청과 그 밖의 관계 행정청을 기속한다(행정소송법 제30조 제1항).

(2) 시간적 범위

위법성 판단의 기준시는 통설 및 판례의 견해에 의하면 처분시설로서 기속력은 처분시까지의 법률관계, 사실관계를 대상으로 한다. 따라서 처분 당시의 법령이나 사실관계의 변동이 있을 때에는 판결의 기속력이 인정되지 아니하며 행정청은 확정판결에 의하여 취소된 처분과 동일한 이유로 동일한 내용의 처분을 다시 할 수 있다.

(3) 객관적 범위

기속력은 판결주문과 이유에서 판단된 처분등의 구체적인 위법사유에만 미친다. 즉, 기속력은 판결주문 및 그 전제가 된 처분의 구체적인 위법사유에 관한 판단에 대하여 인정되며 판결의 결론과 직접 관계없는 방론이나 간접사실에 미치지 않는다는 것이 통설과 판례이다. 이와 같이 기속력은 취소판결에서 판단된 '처분'의 '위법사유'에 대하여만 미치는 것이므로 위법사유를 시정한 경우나 새로운 사유로 동일한 내용의 처분을 한 경우에는 기속력에 반하지 않는다. 다만,

새로운 사유인지에 대한 판단에 대하여 다수설과 판례는 기본적 사실관계 동일성에 따라 판단한다. 따라서 기본적 사실관계 동일성 없는 사유로 한 동일한 처분은 기속력에 반하지 않는다.

5. 기속력의 위반

판결의 기속력에 저촉되는 행정청의 행위는 하자가 중대·명백하여 무효이다.

> **참고 관련논점 : 기속력의 실효성 확보수단(간접강제제도)**
>
> **1. 의의(행정소송법 제34조)**
>
> 간접강제란 거부처분에 따른 취소판결이나 부작위위법확인판결이 확정되었음에도 행정청이 행정소송법 제30조 제2항의 판결의 취지에 따른 처분을 하지 않는 경우 법원이 행정청에게 일정한 배상을 명령하는 제도를 말한다.
>
> **2. 요건**
>
> 판례는 ①거부처분취소 판결이 확정된 경우 행정청이 판결의 취지에 따라 다시 이전의 신청에 대한 처분을 하지 아니하거나 ②재처분을 하였더라도 그것이 종전의 거부처분에 대한 취소의 확정판결의 기속력에 반하는 등으로 당연무효인 경우에 간접강제를 신청할 수 있다고 한다.
>
> **3. 절차**
>
> 간접강제의 결정에도 불구하고 당해 행정청이 판결의 취지에 따른 처분을 아니하는 경우에 신청인은 집행문을 받아 이행강제금을 강제집행할 수 있다.
>
> **4. 배상금의 성질과 추심**
>
> 간접강제는 재처분의 지연에 대한 제재나 손해배상이 아니고 재처분의 이행에 관한 심리적 강제수단에 불과한 것이다. 재처분의 이행이 있으면 더 이상 배상금을 추심하는 것은 허용되지 않는다.

논점 079 기판력

1. 의의 및 취지

기판력이란 판결확정 후 소송당사자는 전소에 반하는 주장할 수 없고, 후소법원도 전소에 반하는 판결을 할 수 없다는 구속력을 말한다. 이는 확정판결의 주문에 포함된 법률적 판단의 내용은 이후 그 소송당사자의 관계를 규율하는 새로운 기준이 되는 것이므로 동일한 사항이 소송상 문제가 되었을 때 소송당사자는 이에 저촉되는 주장을 할 수 없고 법원도 이에 저촉되는 판단을 할 수 없는 구속력을 의미하는 것이다.

기판력 제도는 국가의 재판기관이 당사자 간의 분쟁을 공권적으로 판단한 것에 기초한 법적 안정성에서 유래된 것이다. 달리 말하면 기판력은 분쟁의 종국적인 해결을 위하여 확정판결에 의해 이미 해결된 법적 분쟁에 대하여 다시 소송으로 다투는 것을 막기 위하여 인정된 판결의 효력이다.

2. 범위

(1) 주관적 범위

취소소송의 기판력은 당사자 및 이와 동일시할 수 있는 자에게만 미치며 제3자에게는 미치지 않는다. 소송참가를 한 제3자에게도 기판력이 미치지 않는다. 취소소송의 기판력은 당해 처분이 귀속하는 국가 또는 공공단체에도 미친다. 본래 소송의 대상은 법주체이어야 하며 따라서 취소소송의 피고는 처분의 효과가 귀속되는 국가 또는 공공단체 이어야 하는데 소송편의상 처분청을 피고로 한 것이기 때문이다. 따라서, 기판력은 처분청 이외의 다른 행정청에도 미친다고 보아야 한다. 판례는 기판력이 관계 행정청에도 미치는 것으로 보고 있다.

(2) 시간적 범위

기판력은 사실심변론의 종결시를 기준으로 하여 발생한다. 처분청은 당해 사건의 사실심 변론종결 이전에 주장할 수 있었던 사유를 내세워 확정판결과 저촉되는 처분을 할 수 없고 하여도 무효이다.

(3) 객관적 범위

일반적으로 기판력은 판결의 주문에 포함된 것에 한하여 인정된다. ①취소소송의 소송물을 위법성 일반이라고 본다면 기판력은 인용판결의 경우 당해 처분이 위법하다는 점에 미치고 기각판결의 경우 적법하다는 점에 미친다. ②소송물이 개개의 위법사유라고 본다면 개개의 위법사유 판단에 한하여 기판력이 미친다. 무효확인소송의 기판력은 인용판결의 경우에는 당해 처분이 위법하다는 점과 당해 처분이 무효라는 점에 대하여 미치고, 기각판결의 경우에는 당해 처분이 무효가 아니라는 점에 미친다. 따라서, 무효확인소송에서 기각판결이 난 경우에도 취소소송의 요건이 갖추어진 경우에는 취소소송을 제기할 수 있고, 국가배상청구소송도 제기할 수 있다.

3. 국가배상청구소송에 대하여 취소판결이 기판력이 미치는지 여부

(1) 문제점

취소판결의 위법성에 대한 기판력이 국가배상청구소송의 위법성 판단에 영향을 미치는지 문제된다.

(2) 학설

①국가배상법상 위법개념을 취소소송의 위법개념과 동일한 것으로 파악하는 협의의 행위위법설의 입장에서 취소소송의 위법성과 국가배상소송의 위법성이 동일하므로 기판력이 미친다고 보는 견해(기판력 긍정설), ②국가배상법상의 위법개념을 취소소송의 위법개념과 다른 것으로 파악하는 상대적 위법성설과 결과불법설의 입장에서 취소소송의 위법성과 국가배상소송의 위법성은 서로 다르므로 기판력이 미치지 않는다고 보는 견해(기판력 부정설), ③국가배상법상의 위법을 취소소송의 위법보다 넓은 개념으로 파악하는 광의의 행위위법설의 입장에서는 국가배상소송의 위법성이 취소소송의 위법성보다 넓다고 보아 청구인용판결에서는 기판력이 미치나, 기각판결의 경우는 미치지 않는다고 보는 견해(제한적 긍정설)가 대립한다.

(3) 검토

- 긍정설로 검토하는 경우: 생각건대, 법질서의 통일성 및 분쟁의 일회적 해결을 위해 기판력 긍정설이 타당하다고 본다.
- 제한적 긍정설로 검토하는 경우: 국가배상의 위법 및 항고소송의 위법을 따지는 요건 및 절차 등이 다르므로, 제한적 긍정설이 타당하다고 보인다.

논점 080 무효등확인소송

Ⅰ. 의의

무효등확인소송이란 행정청의 처분이나 재결의 효력 유무 또는 존재여부의 확인을 구하는 소송을 말한다.

Ⅱ. 적용법규

무효등확인소송의 대상도 취소소송과 같이 처분등에 불복하여 제기하는 소송이라는 점에서 취소소송에 대한 행정소송법상의 규정은 거의 대부분은 무효등확인소송에서도 준용된다. 다만, 취소소송규정 중 ①제소기간, ②행정심판전치주의, ③사정판결, ④간접강제 등에 관한 규정은 무효등확인소송에 준용되지 않는다.

Ⅲ. 소의 이익 (민사소송법상 확인소송에서 확인의 이익과 확인소송의 보충성)

(1) 문제점

무효확인소송에 있어서도 취소소송에서 요구되는 소의 이익이 그대로 인정함이 타당하다. 문제는 무효확인소송도 확인소송의 일종이라는 점에서 민사소송에서 요구되는 확인소송의 보충성이 법리 내지 확인의 이익이 적용되어야 하는지 여부가 문제된다.

(2) 학설

①민사소송의 확인소송과 같다고 보아 확인의 이익이 필요하다는 견해가 있으나, ②행정소송은 공익을 추구하는 바, 민사소송과 목적취지를 달리하는점, 무효등확인소송을 항고소송의 일종으로 규정하는 점, 무효확인판결의 기속력에 의해 판결의 실효성을 확보할 수 있는 점, 외국의 일부 입법례와 달리 우리나라 행소법에는 명문의 규정이 없는 점, 권익구제의 확대와 같은 행정소송의 기능을 고려해야 한다는 점을 근거로 확인의 이익이 불요하다는 견해가 대립한다.

(3) 판례

판례는 종전에는 확인의 이익이 필요하다고 하였으나, 최근에는 〈대법원 전원합의체〉 수원시장의 하수도 원인자 부담금 부과처분의 무효확인을 구하는 사건 별도로 무효확인소송의 보충성을 요구하지 않아 불요설의 입장이다.

(4) 검토

〈생각건대〉 우리의 무효확인소송은 일본이나 독일과 달리 보충성의 원칙규정이 없다는 점, 국민의 권익구제 강화라는 측면에서 볼 때 불요설이 타당하다고 본다.

> **참고** 무효등확인소송과 취소소송의 관계
>
> 1. 무효사유에 대한 취소소송
>
>   (1) 문제점
>
>   당사자가 취소소송을 제기하였으나 법원의 심리결과 처분의 하자가 무효사유에 해당하는 경우 수소법원은 어떠한 판결을 해야하는지가 문제된다.
>
>   (2) 취소소송의 제기요건을 갖춘 경우
>
>   원고의 청구가 취소청구만을 하는 것이 명백한 것이 아니라면 무효확인을 구하는 취지까지 포함되어 있는 것으로 보아 이른바 무효선언의미에서 취소판결을 할 수 있다는 것이 판례의 입장이다.
>
>   (3) 취소소송의 제기요건을 갖추지 못한 경우
>
>   법원이 석명권을 행사하여 무효확인소송으로 소 변경을 하도록 하는 것이 바람직하다는 것이 다수설의 입장이다.
>
> 2. 취소사유에 대한 무효확인소송
>
>   (1) 소송요건을 갖춘 경우
>
>   1) 학설
>
>   ①〈소변경필요설〉은 법원이 석명권 행사하여 취소소송으로 청구취지를 변경하도록 한 후 취소판결해야 한다고 하며 ②〈취소판결설〉은 소송경제를 논거로 취소판결이 가능하다고 보며 (법원이 당연히 인용가능) ③〈청구기각판결설〉은 무효확인청구에 취소청구가 당연히 포함되어 있다고 볼 수 없다는 점을 근거로 원고의 청구를 기각하여야 한다는 견해이다.
>
>   2) 판례
>
>   대법원은 행정처분의 무효확인을 구하는 소에는 원고가 그 처분의 취소를 구하지 아니한다고 밝히지 아니한 이상 그 처분이 만약 당연무효가 아니라면 그 취소를 구하는 취지도 포함되어 있는 것으로 보아야 한다고 보아 취소판결설의 입장이다.

3) 검토

소송상 청구는 원고가 하며 법원은 원고의 청구에 대해서만 심판해야 하므로 법원이 일방적으로 변경할 수 없다. 따라서 소변경필요설이 타당하다.

(2) **소송요건을 갖추지 못한 경우**

취소소송의 제기에 필요한 요건을 갖추지 못한 경우 취소사유에 불과하므로 기각판결을 하여야 한다는 것이 통설 및 판례의 입장이다.

논점 081 부작위위법확인소송

I. 의의

부작위위법확인소송이란 행정청의 부작위가 위법하다는 것을 확인하는 소송을 말한다.

II. 적용법규

부작위위법확인소송도 항고소송의 일종이므로 취소소송에 대한 대부분의 규정이 준용된다. 다만, ①처분변경으로 인한 소 변경 ②집행정지결정 ③사정판결에 관한 규정은 준용되지 않는다.

III. 부작위 위법확인소송의 요건

1. 대상적격

(1) 문제점

부작위위법확인소송의 대상이 되는 부작위란 행정청이 당사자의 신청에 대하여 상당한 기간내에 일정한 처분을 하여야 할 법률상 의무가 있음에도 불구하고 이를 하지 아니하는 것(행정소송법 제2조 제1항 제2호)을 말한다. 따라서 행정청의 부작위가 되기 위해서 ①당사자의 신청이 있을 것 ②상당기간 경과 ③일정처분을 해야할 법률상 의무가 존재할 것 ④처분의 부존재 등의 요건을 충족하여야 한다. 특히 문제되는 것은 당사자의 신청과 관련하여 법규상 또는 조리상 신청권이 있어야 하는지 여부이다.

(2) 학설

①법문상 신청에 대하여 행정청은 일정한 처분을 하여야 할 의무가 발생하여야 한다는 점에서 신청은 신청권이 있는 경우에만 한정된다는 점을 근거로 신청권을 〈대상적격 문제로 보는 견해〉 ②행정소송법상 부작위의 개념에 신청권개념이 포함되지 않는다는 점을 근거로 신청권의 존부는 〈원고적격으로 보는 견해〉 ③부작위 존재를 인정하기 위해 단순히 원고의 신청만으로 족하고, 처분의무는 원고의 주장사실로 인정되며, 신청권 또는 처분의무의 존재여부는 〈본안의 문제라고 보는 견해〉가 대립한다.

(3) 판례

판례는 거부처분에 있어서와 마찬가지로 항고소송의 대상이 되는 위법한 부작위가 된다고 하기 위하여는 국민이 행정청에 대하여 그 신청에 따른 행정행위를 해줄 것을 요구할 수 있는 법규상·조리상 권리가 있어야 한다는 입장이다.

(4) 검토

〈생각건대〉 신청권을 형식적 의미로 이해하고 그것을 대상적격 인정문제로 보는 견해가 타당시 된다.

2. 원고적격 충족여부

①행정소송법 제36조는 처분을 신청한자로서 부작위의 위법의 확인을 구할 법률상 이익이 있는자라 규정하는바, ②처분을 신청한 자에 대한 범위에 대해 법령상·조리상 신청권이 인정되는 자에 한한다는 견해와 ③현실적으로 행정청에게 처분을 신청한자로 족하다는 견해가 대립한다. ④〈생각건대〉, 현실적으로 신청한 것으로 족하고, 신청권을 가졌는지 여부는 원고적격과 관련해서 판단할 것이 아니라, 소송대상의 측면에서 또는 본안심리에서 판단할 사항이라고 본다.

3. 협의의 소익

대법원은 침해된 권리구제가 불가능하게 되면 확인을 구할 이익이 없다고 판시한바 있다.

4. 제소기간

(1) 문제점

행정심판을 거쳐 부작위위법확인소송을 제기하는 경우 행정소송법 제20조 제1항 단서등이 적용되어 문제가 없지만, 행정심판을 거치지 않고 부작위위법확인소송을 제기하는 경우 동법 제20조가 적용될 수 있는지 문제된다.

(2) 학설

제소기간 준용된다는 견해가 있으나 행정소송법상 명문의 규정이 없기 때문에 제소기간에 제한이 없다는 견해가 대립한다.

(3) 판례

판례는 부작위위법확인의 소는 부작위상태가 계속되는 한 부작위위법의 확인을 구할 이익이 있다고 보아야 하므로 제소기간의 제한을 받지 않는다고 본다.

(4) 검토

〈생각건대〉 부작위의 종료시점을 정하기도 어려운 점 등을 고려하여 제소기간 제한이 없다는 견해가 타당하다고 본다.

Ⅳ. 심리

1. 심리의 범위

(1) 학설

①〈절차적심리설〉은 부작위위법확인소송은 부작위의 위법 여부만 심사하는 것으로 보며, ②〈실체적심리설〉은 부작위위법확인소송의 심리범위가 실체적 심리에까지 미쳐 부작위위법 여부 뿐만 아니라 행정청의 특정 작위의무의 존부까지도 심리·판단할 수 있다고 보는 견해이다.

(2) 판례

판례는 서울교육대학장이 교원임용의무를 불이행한 사건에서 부작위위법확인소송을 부작위 내지 무응답이라고 하는 소극적인 위법상태를 제거하는 것을 목적으로 하는 소송으로 보고 있어 절차적 심리설을 취하는 것으로 보인다.

(3) 검토

〈생각건대〉 부작위위법확인소송의 소송물과 행정소송법 제4조 제3호의 부작위위법확인소송의 정의규정 등에 비추어 절차적 심리설이 타당하다고 본다.

2. 위법성판단 기준시

취소소송이나 무효등확인소송과는 달리 부작위위법확인소송의 경우 처분이 존재하지 않는바 위법성 판단 기준은 판결시(사실심 변론종결 시)이다.

V. 기속력과 간접강제

부작위위법확인소송의 확정판결에도 처분행정청에 대한 기속력과 간접강제 규정이 적용된다. 따라서 행정청은 판결의 취지에 따라 적극적 처분을 해야할 의무가 있다. 적극적 처분의무의 내용은 부작위위법확인소송의 심리범위와 관련된다. 판례의 입장인 절차적 심리설에 따르면 행정청이 판결의 취지에 따라 어떠한 처분을 하기만 하면 되고 반드시 원고의 신청내용대로 처분할 필요는 없다. 따라서 기속행위의 경우 거부처분을 하더라도 재처분의무를 이행한 것이 된다.

PRIME 감평법규 핵심정리
www.primeedunet.com

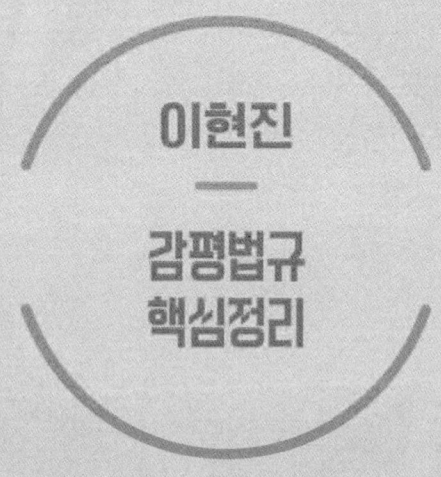

이현진

감평법규
핵심정리

이현진 감평법규 핵심정리

제2편
개별법

CHAPTER 01 공용수용

논점 001 공용수용의 당사자

I. 개설

당사자란 공익사업을 위해 토지 등을 취득하는 사업시행자와 토지 등을 양수하는 토지소유자 및 관계인을 말한다. 즉, 수용법률관계에서 권리, 의무의 주체로서 수용권자와 피수용권자를 말한다.

II. 수용권자

수용권의 주체는 토지 등에 대하여 수용권을 가지는 자, 즉 사업을 수행하는 자(토지보상법 제2조 제3호)를 말한다. 사업시행자가 변경되는 경우 사업시행자의 권리·의무는 사업을 승계한 자에게 권리와 의무가 이전된다(동법 제5조 제1항).

III. 피수용자

1. 의의

피수용자는 수용의 목적물인 재산권의 주체를 말한다. 즉, 수용권의 객체가 되는 토지소유자와 관계인이 피수용자가 된다(토지보상법 제2조 제4호).

2. 범위

①공익사업에 필요한 토지의 소유자와 ②사업시행자가 취득 또는 사용할 토지에 관해 소유권 외의 권리를 가진자 등(관계인)을 말한다. ③다만, 토지보상법 제22조에 따른 사업인정의 고시가 된 후에 권리를 취득한 자는 기존의 권리를 승계한 자를 제외하고는 관계인에 포함되지 아니한다. ④판례는 가등기권리자 및 환매권자도 관계인으로 보나, 가처분등기자는 관계인으로 보지 않는다.

3. 관련 문제-관계인

(1) 관계인의 의의(토지보상법 제2조 제5호)

①관계인이란 사업시행자가 취득하거나 사용할 토지에 관하여 지상권, 지역권, 전세권, 저당권, 사용대차 또는 임대차에 따른 권리 또는 그 밖에 토지에 관한 소유권 외의 권리를 가진 자나 그 토지에 있는 물건에 관하여 소유권이나 그 밖의 권리를 가진 자를 말한다(다만, 동법 제22조에 따른 사업인정고시가 된 후에 권리를 취득한 자는 기존의 권리를 승계한자를 제외하고는 관계인에 포함되지 아니함).

(2) 관련 판례

〈대법원〉은 관계인이란 독립하여 거래의 객체가 되는 정착물에 대한 소유권 등을 가진 자 뿐 아니라, 토지의 구성부분이 되었다고 보기 어렵고, 거래관념상 토지와 별도로 취득 또는 사용의 대상이 되는 정착물에 대한 소유권이나 수거, 철거권 등 실질적 처분권을 가진 자도 포함한다고 한다.

논점 002 공공적 사용수용

I. 의의 및 취지

사적수용(사용수용)이란 사적주체가 법률의 힘에 의해 재산권을 강제로 취득하는 것을 말한다. 이는 민간 활력의 도입, 사업의 확대 등에 취지가 있다.

II. 법적 근거

토지보상법 제4조 제5호 및 사회간접자본시설에 대한 민간투자법 등 개별법에 근거 규정이 있다.

III. 사적수용(사용수용)의 인정여부

독일의 논의에 따르면, 사적수용(사용수용)의 종류는 생존배려사기업, 경제이윤추구사기업이 있다. 생존배려형 사기업은 전기·가스·상하수도 등과 같이 국민의 생존을 배려하는 급부행정작용에 준하는 활동을 담당하는 기업을 말한다. 생존배려사기업인 경우 원칙적으로 공용침해의 허용이 된다. 그러나, 경제이윤추구사기업인 경우 이윤추구가 주된 목적인바 예외적으로 엄격한 요건하에서만 허용된다고 본다. 〈대법원〉은 어떤 사업이 공익사업인가의 여부는 그 사업자체의 성질에 의하여 정할 것이고 사업주체의 여하에 의하여 정할 것이 아니라고 판시한 바 있다. 〈헌법재판소〉도 관광진흥법 위헌소원사건에서 재산권 수용의 주체를 한정하지 않고 있는바, 합헌 판결을 하였다.

IV. 요건

공공성(공공필요), 법적 근거, 손실보상

논점 003 공물의 수용 가능성

1. 문제점

토지보상법 제19조 제2항은 특별한 필요가 있는 경우에만 수용할 수 있다고 규정하고 있어, 공용폐지가 없더라도 공물인 상태로 공용수용을 할 수 있는지 문제가 된다. 즉, "특별히 필요한 경우"의 해석 문제이다.

2. 학설

①긍정설은 공익사업시 용도폐지가 불요하며, 동법 제19조 제2항의 '특별한 필요'의 해석을 기존사업의 공익성보다 신사업의 공익성이 더 큰 경우를 말하며, 이를 비교형량해야 한다고 본다. ②부정설은 공익사업시 용도폐지가 필요하며, 동법 규정의 '특별한 필요'는 명문의 규정이 있어야 한다고 본다.

3. 판례 및 검토

대법원은 구)문화재보호법에 의하여 지방문화재로 지정된 토지가 수용대상이 된다고 하여 공적 보존물이 수용의 대상이 될 수 있다는 입장을 취하고 있다. 생각건대 사업에 있어 더 큰 공익이 요구되는 경우에 목적달성의 필요성이 인정되는바 긍정함이 타당하다고 본다.

논점 004 공익사업의 준비

Ⅰ. 의의 및 취지

공익사업의 준비란 공익사업의 시행을 위한 준비행위로 타인토지출입 측량·조사 및 장해물의 제거 등 일련의 행위를 말한다. 이는 사업의 원활한 수행, 목적물의 적합성 검증 등에 취지가 있다.

Ⅱ. 공익사업 준비의 법적 성질

이는 공용제한으로 보는 견해와 공용사용으로 보는 견해가 대립되나, 일시적 사용을 전제하므로 공용사용으로 봄이 타당하다.

Ⅲ. 타인토지에의 출입

1. 의의 및 성질(토지보상법 제9조)

타인토지출입이란 공익사업준비를 위해 타인이 점유하는 토지에 출입하여 측량·조사하는 행위이다. 이는 행정작용을 적정하게 실행함에 필요로 하는 자료 및 정보 등을 수집하기 위한 행정상 권력적 사실행위로서 행정조사라 할 것이다.

2. 타인토지의 출입을 위한 허가의 법적성질

①권리·능력 및 포괄적 법률관계를 설정하는 특허로서, 출입허가는 사용권을 형성하므로 특허라고 보는 견해, ②타인토지에 출입할 수 있는 자연적 자유를 회복시켜 준다는 점에서 허가로 보는 견해, ③타인토지출입은 자연적 자유가 아니라고 보아 억제적 금지의 해제인 예외적 승인으로 보는 견해가 대립한다. ④생각건대, 공용사용권의 설정의 효과를 갖는다는 점에서 특허로 봄이 타당하다고 본다. 또한 허가여부를 시·군·구청장이 판단하는 재량행위이다.

3. 절차

①사업시행자는 사업의 종류, 출입할 토지의 구역 및 기간을 정하여 특별자치도지사, 시장·군수 또는 구청장의 허가를 받아야 하며, ②출입하려는 날의 5일 전까지 그 일시 및 장소를 특별자치도지사, 시장·군수 또는 구청장에게 통지하고, ③출입 시에는 증표를 휴대하여야 한다. 또한 해가 뜨기 전이나 해가 진 후에는

토지점유자의 승낙 없이 그 주거(住居)나 경계표·담 등으로 둘러싸인 토지에 출입할 수 없다.

Ⅳ. 장해물 제거 또는 토지의 시굴

1. 의의(토지보상법 제12조)

장해물 제거란 타인토지에 출입하여 측량·조사시 장해물을 제거하거나 시굴하는 것을 말한다.

2. 장해물 제거의 허가의 성질

장해물 제거 등을 위한 허가는 공용사용권의 설정으로서의 성질을 갖는 행정처분이다. 허가에 대하여 강학상 허가, 강학상 특허, 예외적 승인 등의 견해가 대립하나, 장해물 등을 제거할 수 있는 권리를 부여하는 특허로 봄이 타당하다. 사업인정 이전의 경우는 공공성을 판단하기 이전이므로, 허가의 성질을 고려할 때 공익 관련성이 크다는 점에서 재량행위로 봄이 타당하다.

3. 절차

①사업시행자는 토지소유자 및 점유자의 동의를 받아야 하나, 미동의시에는 특별자치도지사, 시장·군수 또는 구청장의 허가를 받아 장해물 제거등을 할 수 있다. ②특별자치도지사, 시장·군수 또는 구청장은 '①'에 따라 허가를 하거나 장해물 제거등을 하려면 미리 그 소유자 및 점유자의 의견을 들어야 한다. ③또한 '①'에 따라 장해물 제거등을 하려는 자는 장해물 제거등을 하려는 날의 3일 전까지 그 소유자 및 점유자에게 통지하여야 한다.

논점 005 사업인정 전 협의취득의 법적성질

1. 문제점

협의란 사업시행자와 피수용자가 목적물에 대한 권리취득 및 소멸 등을 위하여 행하는 합의를 말한다. 사업인정 전 협의는 사법상 매매로 볼 것인지, 공법상 계약으로 볼 것인지가 문제가 되며, 이는 적용법규 및 구제수단 등에 구별 실익이 있다.

2. 학설

①사법상 계약설은 사업시행자가 사경제주체로서, 사익목적을 위한 제도라는 점을 논거로 하며, ②공법상 계약설은 공공필요에 의한 공익목적을 위한 제도인 점 등을 논거로 한다.

3. 판례

대법원은 사경제주체로서 행하는 사법상 계약의 실질을 가지는 것으로 사법상 계약으로 본다. 그러나, 최근 판례에서는 협의취득 과정에는 여러가지 공법적 규제가 있는 등 공익적 특성을 고려하여야 한다고 판시한 바 있다.

4. 검토

생각건대 사업시행자는 사업인정을 통해 행정주체로서의 지위를 갖는 것이므로 사업시행자가 사업인정을 받기 전 행한 협의 행위는 행정상 법률관계를 형성한다고 보여지지 않는바, 사법상 계약으로 봄이 타당하다고 본다.

논점 006 사업인정

I. 의의 및 취지

사업인정이란 공익사업을 토지등을 수용 또는 사용할 사업으로 결정하는 것을 말한다(토지보상법 제2조 제7호). 이는 사업 전의 공익성 판단 등에 취지가 인정된다.

II. 법적성질

1. 처분 여부

국토교통부장관이 토지보상법 제20조에 따라서 사업시행자에게 수용권을 설정하므로 이는 국민의 권리에 영향을 미치는 처분이다. 판례는 일정한 절차를 거칠 것을 조건으로 수용권을 설정하는 형성행위라 판시한 바 있다.

2. 재량행위여부

토지보상법 제20조 규정상 '~받아야 한다'라고 규정되어 있어 불명확하나, 국토교통부장관이 사업인정시에 이해관계인의 의견청취를 거치고 사업과 관련된 제이익과의 형량을 거치는 바 재량행위이다. 판례는 사업의 공익성 여부를 모든 사항을 참작하여 구체적으로 판단해야 하므로 행정청의 재량에 속한다고 판시한 바 있다.

3. 제3자효 행정행위

사업시행자에게는 수익적효과를 제3자인 피수용자에게는 부담적(침익적)효과를 발생시키는바 제3자효 행정행위이다.

III. 적법요건

1. 주체

사업시행자는 토지등을 수용하거나 사용하려면 국토교통부장관의 사업인정을 받아야 한다. 또한 개별법의 의제규정이 있는 경우에는 주된 행위의 인허가권자가 사업인정의 권한을 갖는다.

2. 내용

(1) 공익사업에 해당할 것

사업목적이 구체적인 사업시행을 통한 공익실현에 있으므로 토지보상법 제4조의 사업에 해당하여야 한다.

(2) 사업을 시행할 공익성이 있을 것

사업인정 기관으로서는 그 사업이 공용수용을 할 만한 공익성이 있는지의 여부를 그 사업의 내용과 방법에 관하여 사업인정에 관련된 자들의 이익을 공익과 사익 사이에서는 물론, 공익 상호간 및 사익 상호간에도 정당하게 비교교량하여야 하고 그 비교교량은 비례의 원칙에 적합하도록 하여야 한다.

(3) 사업시행 의사와 능력을 갖출 것

해당 공익사업을 수행하여 공익을 실현할 의사나 능력이 없는 자에게 타인의 재산권을 공권력적, 강제적으로 박탈할 수 있는 수용권을 설정하여 줄 수는 없으므로, 사업시행자에게 해당 공익사업을 수행할 의사와 능력이 있어야 한다고 한다(대판 2009두1051).

3. 사업인정의 절차(토지보상법 제20조 내지 제22조)

(1) 사업인정의 신청

사업인정을 받으려는 자는 국토교통부령으로 정하는 사업인정신청서에 토지보상법 시행령 제10조 제1항 각호 사항 및 제2항에 따른 서류 및 도면을 첨부하여 시·도지사를 거쳐 국토교통부장관에게 제출하여야 한다.

(2) 협의 및 의견 청취

①국토교통부장관은 사업인정을 하려면 관계 중앙행정기관의 장 및 특별시장·광역시장·도지사·특별자치도지사(이하 "시·도지사"라 한다) 및 동법 제49조에 따른 중앙토지수용위원회와 협의하여야 하며, 대통령령으로 정하는 바에 따라 미리 사업인정에 이해관계가 있는 자의 의견을 들어야 한다. ②의제된 사업의 경우, 별표에 규정된 법률에 따라 사업인정이 있는 것으로 의제되는 공익사업의 허가·인가·승인권자 등은 사업인정이 의제되는 지구지정·사업계획승인 등을 하려는 경우 중앙토지수용위원회와 협의하여야 하며, 대통령령으로 정하는 바에 따라 사업인정에 이해관계가 있는 자의 의견을 들어야 한다. ③국토교통부장관 또는 인·허가권자는 중앙토지수용위원회가 사업인정 등에 동의하지 않은 경우에

는 이를 보완하여 다시 협의를 요청할 수 있다(토지보상법 시행규칙 제9조의3).

(3) 중앙토지수용위원회의 검토

중앙토지수용위원회는 상기 협의를 요청받은 경우 사업인정에 이해관계가 있는 자에 대한 의견 수렴 절차 이행 여부, 허가·인가·승인대상 사업의 공공성, 수용의 필요성, 그 밖에 대통령령으로 정하는 사항을 검토하여야 한다. 중앙토지수용위원회는 검토를 위하여 필요한 경우 관계 전문기관이나 전문가에게 현지조사를 의뢰하거나 그 의견을 들을 수 있고, 관계 행정기관의 장에게 관련 자료의 제출을 요청할 수 있다. 중앙토지수용위원회는 상기 사항을 검토한 결과 자료 등을 보완할 필요가 있는 경우에는 해당 허가·인가·승인권자에게 14일 이내의 기간을 정하여 보완을 요청할 수 있다. 이 경우 그 기간은 제5항의 기간에 산입하지 아니한다(이 경우 그 기간은 의견을 제시해야 하는 30일의 기간에 산입하지 아니한다).

(4) 중앙토지수용위원회의 의견 제시

중앙토지수용위원회는 상기 협의를 요청받은 날부터 30일 이내에 의견을 제시하여야 한다. 다만, 그 기간 내에 의견을 제시하기 어려운 경우에는 한 차례만 30일의 범위에서 그 기간을 연장할 수 있다. 중앙토지수용위원회가 정한 기간 내에 의견을 제시하지 아니하는 경우에는 협의가 완료된 것으로 본다.

(5) 사업인정 고시(동법 제22조)

국토교통부장관은 사업인정을 하였을 때에는 지체 없이 그 뜻을 사업시행자, 토지소유자 및 관계인, 관계 시·도지사에게 통지하고 사업시행자의 성명이나 명칭, 사업의 종류, 사업지역 및 수용하거나 사용할 토지의 세목을 관보에 고시하여야 한다.

4. 형식

사업인정 처분은 행정절차법 제24조에 따라 서면에 의하여야 한다.

Ⅳ. 효력

1. 효력의 발생시기 및 일반적 효력

사업인정은 관보에 고시한 날부터 효력이 발생하며(토지보상법 제22조), 사업인정도 일반적 행정행위인바 공정력, 구속력, 존속력, 집행력 등 효력이 발생한다. 사업인정고시는 사업인정의 효력발생요건으로서 다수인에게 특정사실을 알리는 행위이다. 사업시행자에게는 수용권 및 사업 수행을 위하여 토지물건조사권(동법 제27조)이 발생한다. 협의 성립시에는 협의성립확인신청권(동법 제29조)과 협의 불성립시에는 재결신청권(동법 제28조)이 인정된다. 토지소유자는 사업인정으로 인하여 수용목적물의 범위확정으로 인하여 토지 등 보전의무(동법 제25조)가 발생하며, 사업시행자가 재결신청을 하지 않는 경우 재결신청청구권(동법 제30조)이 보장된다. 또한 사업인정고시 후 관계인은 별도로 관계인의 범위가 제한된다.

2. 사업인정고시의 효과

(1) 공용수용권 발생

사업인정이 되면 사업시행자는 일정한 절차를 거칠 것을 조건으로 목적물을 수용할 수 있는 권한을 부여받게 된다.

(2) 수용목적물의 확정

사업인정이 고시되면 수용 또는 사용할 토지의 범위가 특정된다. 사업시행자는 수용 또는 사용할 토지의 위치와 예정 면적의 범위가 정해지면 그 범위 내에서 공익사업의 시행에 따른 권리를 행사할 수 있고 현재 또는 장래의 권리자에게 대항할 수 있다.

(3) 관계인의 한정

사업인정의 고시가 있은 후 권리를 취득한 자는 기존 권리를 승계한 자를 제외하고는 관계인에 포함되지 아니한다(토지보상법 제2조 제5호). 사업인정고시가 있은 후 새로이 권리를 취득 한 자는 관계인으로 인정되지 않기 때문에 보상금을 받을 수 없다. 관계인의 범위를 한정하는 것은 수용절차에 참여하는 자를 제한함으로써 절차를 간소하게 하는 데 이바지한다.

(4) 토지 등의 보전의무

사업인정고시가 된 후에는 누구든지 고시된 토지에 대하여 사업에 지장을 줄 우려가 있는 형질의 변경이나 동법의 제3조 제2호 또는 제4호에 규정된 물건을 손괴하거나 수거하는 행위를 하지 못한다. 사업인정고시가 된 후에 고시된 토지에 건축물의 건축·대수선, 공작물(工作物)의 설치 또는 물건의 부가(附加)·증치(增置)를 하려는 자는 특별자치도지사, 시장·군수 또는 구청장의 허가를 받아야 한다. 이 경우 특별자치도지사, 시장·군수 또는 구청장은 미리 사업시행자의 의견을 들어야 한다. 이를 위반하여 건축물의 건축·대수선, 공작물의 설치 또는 물건의 부가·증치를 한 토지소유자 또는 관계인은 해당 건축물·공작물 또는 물건을 원상으로 회복하여야 하며 이에 관한 손실의 보상을 청구할 수 없다(토지보상법 제25조).

(5) 토지물건조사권의 발생

사업인정고시 후 사업시행자 또는 감정평가를 의뢰받은 감정평가법인등은 조서작성이나 감정평가를 위하여 필요한 경우 허가 없이도 해당 토지나 물건에 출입하여 측량하거나 조사할 수 있다.

V. 사업인정의 효력소멸

1. 재결신청기간 해태로 인한 실효(토지보상법 제23조)

사업인정고시가 된 날부터 1년 이내 재결신청을 안하면 1년이 되는 다음날 사업인정이 실효된다. 이는 해제조건의 성질을 갖는 법정부관의 성질을 갖는다.

2. 폐지, 변경에 의한 실효(토지보상법 제24조)

사업인정고시 후 사업의 전부 또는 일부를 폐지·변경함으로써 토지를 수용 또는 사용할 필요가 없게 된 경우, 시도지사의 고시가 있으면 사업인정의 효력은 상실한다. 따라서 사업인정 발령 후의 사유를 이유로 하므로 철회로 본다.

VI. 권리구제

1. 사업시행자입장에서의 권리구제

(1) 사업인정신청 후 거부시 권리구제

사업시행자 입장에서는 사업인정신청 후 거부시의 경우 행정심판에서는 의무이행심판과 거부처분취소심판이 가능할 것으로 보인다. 또한 행정소송상 사업인정 거부가 처분인지에 대하여 논점은 있으나 판례에 따른다면 처분성이 인정될 수 있는바, 거부처분취소소송이 가능할 것으로 보인다. 또한 현행 행정소송법상 인정되지 않으나 국민의 권리구제를 위하여 무명항고소송인 의무이행소송도 인정된다면 의무이행소송으로도 구제가 가능하다.

(2) 사업인정신청 후 부작위시 권리구제

사업인정신청 후 부작위의 경우 사업시행자는 행정심판에서는 의무이행심판을, 행정소송에서는 부작위위법확인소송이 가능하며, 상기 내용과 동일하게 입장을 취한다면 의무이행소송으로도 구제가 가능하다.

2. 피수용자입장에서의 권리구제

사업인정이 적법할 때의 권리구제는 손실보상으로, 사업인정이 위법한 경우에는 행정쟁송 및 손해배상청구가 가능할 것이다.

3. 제3자입장에서의 권리구제

사업인정에 대한 항고소송의 원고적격이 있는 자는 당해 수용절차에 의하여 토지등이 수용 또는 사용될 염려가 있는 자 및 그 관계인과 간접손실을 받는 자에 한정된다.

논점 007 사업인정 의제제도

I. 사업인정 의제제도의 개념 및 취지

사업인정 의제란 토지보상법에서 규정하고 있는 사업인정에 관한 절차가 있음에도 불구하고, 각각의 개별 법률들이 개별적으로 정하고 있는 일정한 절차, 즉 인·허가 절차상의 개발계획승인, 실시계획승인, 조성계획승인 등이 있을 경우 이를 토지보상법의 사업인정이 있는 것으로 의제처리 하는 것을 말한다. 이는 절차간소화를 통한 사업의 신속한 수행에 취지가 있다.

II. 사업인정 의제제도의 절차

1. 인·허가권자와 중앙토지수용위원회의 협의 및 이해관계 있는 자의 의견청취

별표에 규정된 법률에 따라 사업인정이 있는 것으로 의제되는 공익사업의 허가·인가·승인권자 등은 사업인정이 의제되는 지구지정·사업계획승인 등을 하려는 경우, 중앙토지수용위원회와 협의하여야 하며, 사업인정에 이해관계가 있는 자의 의견을 들어야 한다(토지보상법 제21조 제2항).

만약 국토교통부장관 또는 인·허가권자는 중앙토지수용위원회가 사업인정 등에 동의하지 않은 경우에는 이를 보완하여 다시 협의를 요청할 수 있다(토지보상법 시행규칙 제9조의3).

2. 중앙토지수용위원회의 검토

중앙토지수용위원회는 협의를 요청받은 경우 사업인정에 이해관계가 있는 자에 대한 의견 수렴 절차 이행 여부, 허가·인가·승인대상 사업의 공공성, 수용의 필요성, 그 밖에 대통령령으로 정하는 사항을 검토하여야 한다(토지보상법 제21조 제3항). 그 밖의 대통령령으로 정하는 사항이란 ①해당 공익사업이 근거 법률의 목적, 상위 계획 및 시행 절차 등에 부합하는지 여부, ②사업시행자의 재원 및 해당 공익사업의 근거 법률에 따른 법적 지위 확보 등 사업수행능력 여부를 말한다(토지보상법 시행령 제11조의2). 중앙토지수용위원회는 상기 검토를 위하여 필요한 경우 관계 전문기관이나 전문가에게 현지조사를 의뢰하거나 그 의견을 들을 수 있고, 관계 행정기관의 장에게 관련 자료의 제출을 요청할 수 있다(토지보상법 제21조 제4항).

3. 중앙토지수용위원회의 의견 제시

중앙토지수용위원회는 협의를 요청받은 날부터 30일 이내에 의견을 제시하여야 한다. 다만, 그 기간 내에 의견을 제시하기 어려운 경우에는 한 차례만 30일의 범위에서 그 기간을 연장할 수 있다(토지보상법 제21조 제5항). 중앙토지수용위원회는 위의 공익성 사항을 검토한 결과 자료 등을 보완할 필요가 있는 경우에는 해당 허가·인가·승인권자에게 14일 이내의 기간을 정하여 보완을 요청할 수 있다. 이 경우 그 기간은 30일 이내에 의견을 제시하여야 하는 기간(동법 제21조 제5항의 기간)에 산입하지 아니한다(토지보상법 제21조 제6항). 중앙토지수용위원회가 30일 이내에 의견을 제시하여야 하는 기간(동법 제21조 제5항의 기간) 내에 의견을 제시하지 아니하는 경우에는 협의가 완료된 것으로 본다(토지보상법 제21조 제7항).

4. 사업인정 의제

각각의 개별 법률들이 개별적으로 정하고 있는 일정한 절차, 즉 인허가 절차상 개발계획승인, 실시계획승인, 조성계획승인 등이 있을 경우 이를 토지보상법상 사업인정이 있는 것으로 의제한다.

III. 문제점 및 개선방안

1. 개설

토지보상법 개정 전에는 공공성 판단의 생략의 문제점이 제기 되었다. 즉, 실시계획인가 등에 의해 사업인정을 의제하므로 토지보상법상 사업인정에 관한 규정은 개별법이 준용하는 근거로만 활용하여, 공공성 판단을 위한 근거로서의 기능을 발휘하지 못한다는 문제가 있었다. 또한, 토지보상법 제21조상 이해관계자의 의견청취규정이 생략되어, 토지소유자는 사업인정 단계에서 사업인정 절차에 참여하기 어려워 당사자의 권리보호에 미흡하다는 문제점이 있었다. 그러나 토지보상법(2019.7.1.)의 개정으로 인하여 사업인정 의제에도 중앙토지수용위원회의 공익성 검토 및 이해관계있는 자의 의견 청취 규정이 신설면서 기존에 제기되었던 문제점들이 어느 정도 해소된 것으로 보인다. 그럼에도 절차 간소화로 인하여 특례 규정등이 인정되어 사업인정 의제에 따른 문제점이 제기되는바, 이하 후술하기로 한다.

2. 문제점

(1) 토지세목고시절차의 부재

사업인정을 의제하는 개별법에서는 토지세목고시 등을 생략하여 절차를 간소화하고 있는 경우가 있다. 따라서 토지세목고시절차의 부재로 사업인정단계에서 토지소유자는 자기 토지가 공익사업에 편입되는지 조차도 알지 못하여 사업인정절차에 참여할 수 없고, 또한 사업인정에 대하여 행정쟁송을 제기할 기회마저 잃게 되는 문제도 발생한다.

(2) 사업기간의 장기화 및 재결신청기간의 특례

사업인정을 의제하는 개별 법률에서는 과도한 재결신청기간의 특례를 규정하는 것이 보통이다. 토지보상법상 사업인정의 재결기간은 1년인 반면에, 사업인정의 의제의 경우는 당해 사업의 전체 사업기간 등을 적용하고 있다.

(3) 사업인정 제도의 형해화

사업인정의제 제도는 토지보상법이 규정한 사업인정 제도를 형해화시키게 되는 문제점을 지니고 있다. 토지보상법은 토지수용과 손실보상에 관한 일반법적 성질을 가지고 있다. 토지보상법이 제4조 제1호 내지 제8호에서 공익사업의 유형을 규정하고, 이와 같은 유형에 해당하는 경우에도 바로 수용 또는 사용할 수 있는 것이 아니라, 국가기관에 의한 '사업인정'을 받아야 비로소 토지 등의 수용이 가능하게 된다.

(4) 기타

사업인정의제는 사업인정 권한이 없는 시·도지사 또는 다른 행정청이 승인하거나 승인권자가 직접 시행하는 사업에 대해서까지 사업인정을 받은 것으로 보도록 규정하여 수용권 주체의 정당성에 의문이 있을 수 있으며, 재결청을 대부분 중앙토지수용위원회로 하고 있기에 지역에 따른 수용절차의 번잡이나 비용의 증가를 피하기 어려운 문제점이 있을 수 있다.

3. 개선 방안

①사전적인 제도 마련이 필요하다. 사업의 홍보 등을 통해 사업의 계획과정에 지역주민의 참가가 적극적으로 이루어져 사전적 권리구제가 이루어질 수 있도록 하여야 할 것이다. ②또한, 토지보상법의 개정에도 불구하고 공익사업을 포괄적으로 규정하고 있는 문제점 및 법률간 상충의 문제는 여전히 해소되지 못하고 있다. 앞으로 개별법률의 규정을 토지보상법상의 규정과 일치될 수 있도록 하는 개정작업이 지속적으로 추진되어야 한다. ③사업인정의 기준을 좀 더 명확히 할 필요성도 제기된다. ④사업인정의제 제도는 유용성이 있기는 하나, 수용절차의 편의성만을 위해 함부로 사업인정을 의제하는 법률의 제정은 지양해야 하고, 의제 제도는 필요한 최소한도에 그쳐야 한다.

논점 008 사업인정 후 조서작성

Ⅰ. 조서의 의의 및 성질

토지조서 및 물건조서란 공익사업을 위해 협의에 의한 취득 또는 사용, 재결에 의한 수용 또는 사용을 필요로 하는 토지와 그 토지 위에 있는 물건의 내용을 사업시행자가 일정한 절차를 거쳐 작성하는 문서이다. 또한 조서 작성행위 자체는 비권력적 사실행위로 보는 것이 일반적이다.

Ⅱ. 조서의 작성절차

1. 토지·물건 조사권(토지보상법 제27조)

사업인정의 고시가 된 후에는 사업시행자 또는 감정평가법인등은 ①사업시행자가 사업의 준비나 토지조서 및 물건조서를 작성하기 위하여 필요한 경우 또는 ②감정평가법인등이 감정평가를 의뢰받은 토지등의 감정평가를 위하여 필요한 경우에 해당 토지나 물건에 출입하여 측량하거나 조사할 수 있다. 이 경우 사업시행자는 해당 토지나 물건에 출입하려는 날의 5일 전까지 그 일시 및 장소를 토지점유자에게 통지하여야 한다.

2. 작성절차 및 작성의 특례(필수적 절차인지) (토지보상법 제26조)

조서의 작성은 협의에 의한 취득 또는 사용을 위한 조서작성 규정(동법 제14조)의 규정을 준용한다. 토지보상법은 절차 간소화를 위해 사업인정 이전에 조서작성, 보상계획의 열람등, 협의 및 보상액의 산정에 따른 절차를 거쳤으나 협의가 성립되지 아니하고 사업인정을 받은 사업으로서, 토지조서 및 물건조서의 내용에 변동이 없을 때에는 토지조서 및 물건조서의 작성(동법 제14조), 보상계획의 열람 등(동법 제15조), 협의(동법 제16조)의 절차를 거치지 아니할 수 있다. 다만, 사업시행자나 토지소유자 및 관계인이 동법 제16조에 따른 협의를 요구할 때에는 협의하여야 한다.

Ⅲ. 토지물건 조서의 효력

1. 진실의 추정력

진실의 추정력이란 별도의 입증 없어도 진실한 것으로 추정하는 것으로, 토지·물건조서의 실효성을 담보하기 위해 인정되는 효력이다. 단, 기재사항이 진실에 반함을 토지소유자가 입증하는 경우에는 예외에 해당한다.

2. 하자 있는 조서의 효력

(1) 내용상 하자 있는 조서의 효력

내용상 하자는 물적상태, 권리관계에 대한 오기·오산 등으로 사실과 다른 기재가 있을 수 있으며, 이의제기 없이 서명·날인한 경우 입증할때까지 효력부인이 불가하다. 단, 반증에 의해 번복이 가능하며, 입증책임은 토지소유자나 관계인에게 있다.

(2) 절차상 하자 있는 조서의 효력

절차상 하자는 서명·날인의 누락이나 누락사유 기재의 누락 등의 하자를 의미한다. 또한, 조서로서 효력부인, 진실의 추정력이 인정되지 않는다. 단, 피수용자의 추인이 있으면 적법하다.

3. 조서가 재결에 미치는 효력

①긍정설은 하자 있는 조서에 기초하였기 때문에 재결이 위법하게 된다는 점을 논거로 하자 있는 조서가 재결에 효력이 미친다고 보나, ②부정설은 조서가 유일한 증거방법이 아니고, 조서의 기재내용에 토지수용위원회의 사실인정을 구속하는 힘이 부여된 것은 아니라고 하여 재결에 효력이 미치지 않는다고 본다. ③판례는 토지조서의 작성에 하자가 있다고 하여 그것이 곧 수용재결이나 그에 대한 이의재결의 효력에 영향을 미치는 것은 아니라 할 것이다라고 판시한 바 있다. ④생각건대, 조서의 작성이 적법하지 않고 또한 조서의 기재내용이 사실에 반하는 경우라 하더라도 토지수용위원회가 토지소유자 등의 주장을 청취하거나 직접 조사한 결과를 근거로 재결을 할 수 있으므로 조서의 부적법을 가지고 바로 재결이 위법이라거나 무효로 해석할 수 없는 것으로 보아야 할 것이다.

Ⅳ. 권리구제

1. 사전적 권리구제(이의 부기)

토지조서 및 물건조서의 내용에 이의가 있는 토지소유자 또는 관계인은 열람기간 이내에 사업시행자에게 이의를 제기할 수 있고, 사업시행자는 제기된 이의를 부기하고 이의 부기된 내용은 수용재결에 의하여 판단하게 된다.

2. 항고쟁송 여부

쟁송법상 처분개념설에 의하면 조사작성행위 자체는 비권력적 사실행위이지만 피수용자의 권익에 영향을 미쳐 처분성이 인정되며, 항고쟁송이 가능하다. 단, 조서작성행위가 종료된 경우 협의의 소익이 문제될 수 있다.

3. 행정상 손해전보

①국가배상법 제2조상의 요건을 갖추면 행정상 손해배상이 가능하며, ②행정상 손실보상으로 토지보상법에 따라 토지출입에 따른 손실보상 안 날로부터 1년, 발생한 날로부터 3년이내에 청구가 가능하다.

논점 009 사업인정 후 협의

Ⅰ. 개설

1. 의의 및 취지

사업인정 후 협의란 사업인정 후 토지 등의 권리취득 등에 대한 양당사자의 의사의 합치로서 ①최소침해요청과 ②사업의 원활한 진행 ③피수용자의 의견존중에 취지가 있다.

2. 필수적 절차인지(토지보상법 제26조 제2항)

사업인정 이전에 협의절차를 거쳤으나 협의가 성립되지 아니하여 사업인정을 받은 사업으로서 토지조서 및 물건조서의 내용에 변동이 없는 때에는 협의절차를 거치지 아니할 수 있다. 다만, 사업시행자나 토지소유자 및 관계인이 협의를 요구할 때에는 협의하여야 한다.

Ⅱ. 법적성질

1. 문제점

소송형태, 적용법규, 대집행 가부 등과 관련하여 논의의 실익이 있다.

2. 견해의 대립

①사법상계약설은 사업인정 후 협의는 공공기관이 사경제주체로서, 사익의 목적을 위한 제도라는 점을 논거로 하며, ②공법상계약설은 사업시행자가 수용권 주체로서 행하는 공공필요에 의한 공익목적을 위한 제도인 점을 논거로 한다.

3. 판례

판례는 협의취득을 사법상의 법률행위로 본다. 그러나, 최근 판례에서는 협의취득과정에는 여러 가지 공법적 규제가 있는 등 공익적 특성을 고려하여야 한다고 판시한 바 있다.

4. 검토

사업인정 후 협의는 목적물을 취득하여 사업의 진행을 도모하기 위한 것이므로, 이는 공용수용의 공법상 목적을 달성시키기 위한 절차로 볼 수 있다. 따라서 공법상 법률관계로 보는 것이 타당하다.

III. 협의성립절차

1. 주체 및 절차

사업시행자는 피수용자 전원을 대상으로 하여 ①조서를 작성하고 보상계획을 공고하여야 하며, ②보상액 산정 후 30일 이상의 기간을 두고 성실하게 협의하여야 한다.

2. 내용

①목적물의 범위 및 취득시기와 관련된 계약사항일반과 계약의 해지·변경 시에 보상액반환 및 원상회복에 관한 사항을 약정하여야 한다(토지보상법 시행령 제8조 제4항). ②협의가 불성립된 경우에는 협의경위서를 작성하여 토지소유자 등의 서명날인을 받아야 한다.

IV. 협의성립, 불성립의 효과

1. 협의성립의 효과

협의가 성립하게 되면 ①손실보상청구권 발생, ②목적물에 대한 권리의 취득·소멸, ③환매권의 발생, ④협의성립의 확인권이 발생한다.

2. 불성립의 효과

협의가 불성립되면 사업시행자는 관할 토지수용위원회에 목적물의 수용에 대한 재결을 신청할 수 있으며, 토지소유자는 사업시행자에게 재결을 신청할 것을 청구할 수 있다.

3. 협의를 결한 재결의 효력

판례는 '기업자가 토지소유자와 협의를 거치지 아니한 하자는 절차상 위법으로서 재결의 취소를 구할 수 있는 사유가 될지언정 당연 무효의 사유라고 할 수 없다'고 판시하여 취소사유로 보고 있다.

V. 협의에 대한 불복

1. 협의성립확인 전(소송형태)

협의의 법적성질을 사법상 법률관계로 보게 되면 민사소송을 통해서 권리구제를 도모할 수 있을 것이며, 공법상 법률관계로 보면 공법상 당사자소송을 통해서 권리구제를 도모할 수 있을 것이다.

2. 협의성립확인 후

확인의 차단효로 인하여 협의를 다툴 수 없으나, 토지수용위원회의 협의성립확인은 재결로 간주되므로 보상법 제83조 및 제85조의 이의신청 및 행정소송으로 확인의 효력을 다투고 난 후에 협의의 내용에 관한 하자(착오)를 다투면 된다.

논점 010 협의성립확인

Ⅰ. 의의 및 취지(토지보상법 제29조)

협의성립확인이란 협의성립시 수용재결신청기간 이내에 토지소유자의 동의를 받아 관할 토지수용위원회의 확인을 받는 것을 말한다. 이는 계약불이행 위험의 방지에 취지가 인정된다.

Ⅱ. 법적성질

확인으로 보는 견해는 협의성립확인은 특정한 사실 또는 법률관계의 존부 또는 정부에 대해 의문이 있는 경우 행정청이 공권적인 권위로 그 존부 또는 정부에 대하여 판단하는 것으로 본다. 공증으로 보는 견해는 사실관계 또는 법률관계의 존부 또는 정부에 대해 행정청이 공적으로 증명함으로써 공적 증거력을 발생시키는 행위로 본다. 생각건대, 당사자의 불안정한 지위를 확고히 하는 확인으로 봄이 타당하다고 본다.

Ⅲ. 절차

1. 협의성립확인의 신청요건(동법 제29조 제1항)

당사자 사이에 협의가 성립한 후에 재결신청기간 내에 토지소유자 및 관계인의 동의를 얻어 관할 토지수용위원회에 협의성립확인을 신청하여야 한다.

2. 일반적 확인절차(동법 제29조 제2항)

협의성립확인에 관해 재결절차의 사항을 준용하고 있다. 따라서 사업시행자가 관할 토지수용위원회에 확인신청을 하고, 확인신청 내용의 공고·열람·의견제출, 토지수용위원회의 심리, 확인의 절차로 진행된다.

3. 공증에 의한 확인절차(동법 제29조 제3항)

사업시행자가 협의가 성립된 토지의 소재지·지번·지목 및 면적 등 대통령령으로 정하는 사항에 대하여 「공증인법」에 따른 공증을 받아 제1항에 따른 협의 성립의 확인을 신청하였을 때에는 관할 토지수용위원회가 이를 수리함으로써 협의 성립이 확인된 것으로 본다.

Ⅳ. 협의성립확인 효력

1. 수용재결로 간주

토지수용위원회가 행하는 협의성립의 확인은 토지보상법에 의한 재결로 간주된다. 이 경우 확인은 일반 절차에 의거하는 경우뿐만 아니라 공증에 의하는 경우도 포함된다. 이와 같이 확인은 재결로 보기 때문에 재결의 효과와 같은 효과가 발생한다.

2. 차단효 발생

협의성립의 확인이 있으면 사업시행자와 토지소유자 및 관계인은 그 확인된 협의의 성립이나 내용을 다툴 수 없게 되고 협의에 대하여 불가변력, 즉 확정력이 발생한다.

3. 목적물의 권리취득

협의성립 확인절차를 거치면 재결의 효과상 사업시행자는 목적물을 원시취득한다. 그러나 협의가 성립되었다 하더라도 협의성립의 확인이 없으면 「토지보상법」에 의한 권리취득으로 볼 수 없다(대판 94누2732). 그러므로 협의성립의 확인을 거치지 않은 상태에서의 취득은 그 효력 자체의 문제는 별론으로 하더라도 토지소유자로부터 원시취득하는 것이 아니라 승계취득한 것이 될 따름이다(대판 95다 53826).

Ⅴ. 권리구제

1. 협의성립확인의 경우

협의성립확인은 재결로 간주되는 바, 그에 대한 불복도 토지보상법 제83조 및 제85조에서 규정하는 이의신청 및 취소소송으로 다투어야 한다.

2. 협의자체에 불복시

차단효 때문에 먼저 확인의 효력을 소멸시킨 후, 협의의 성격을 공법상계약으로 보면 공법상 당사자소송에 의하여 다툴 수 있다.

Ⅵ. 문제점 및 개선방안

협의성립확인시 확정력이 발생하는데도 불구하고, 공증에 의한 확인절차의 경우 피수용자가 의견을 제출할 기회도 부여받지 못하게 되는 문제점이 있다. 일반적으로 피수용자는 협의성립확인 효과를 잘 이해하지 못하는 경우가 많을 것인바, 재결의 효과 발생을 인식하지 못하고 동의하게 될 수 있다. 따라서 공증에 의한 확인절차에서도 피수용자의 절차적 참여 보장 방안을 모색 하여야 한다. 또한, 피수용자에게 동의 요구시 확인의 효과를 고지하는 사전적 고지제도 도입 필요성이 제기된다.

논점 011 재결신청청구권

Ⅰ. 의의 및 취지(토지보상법 제30조)

재결신청청구권이란 사업인정 후 협의가 성립되지 않은 경우 피수용자가 사업시행자에게 서면으로 재결신청 할 것을 청구하는 권리이다. 이는 토지소유자 및 관계인이 재결신청권을 갖지 않으므로, 수용을 둘러싼 법률관계의 조속한 확정을 바라는 토지소유자 및 이해관계인의 이익을 보호하고, 수용당사자간 공평을 기하기 위함에 취지가 있다.

Ⅱ. 성립요건

1. 당사자 및 청구형식

①청구권자는 토지소유자 및 관계인이며, 피청구자는 사업시행자와 대행자이다. ②청구형식은 서면에 의하여야 하며, 판례는 서면에 의해 재결신청의사를 명백히 표시한 이상 일부를 누락하여도 청구효력은 부인되지 않는다고 한다.

2. 청구기간

(1) 원칙

토지소유자 등은 사업시행자에게 협의기간 만료일부터 재결신청기간 만료일(사업인정고시일부터 1년내)까지 재결을 신청할 것을 청구할 수 있다.

(2) 예외

①협의 불능시, ②사업인정 후 상당기간이 지나도록 사업시행자의 협의 통지가 없는 경우, ③협의불성립이 명백한 경우에는 협의기간이 종료되지 않았더라도 재결신청청구가 가능하다고 본다. 단, 60일의 기산점은 판례는 협의기간이 종료되는 시점부터라고 본다. 이에 대해 토지보상법 제30조 제2항은 청구가 있는 날부터 60일이내 재결을 신청해야 한다고 하므로 기간 종료 후부터 기산은 타당하지 않는다는 비판이 있다. (판례는 협의기간이 연장된 경우 60일의 기산은 당초의 협의기간 만료일부터 기산한다는 입장임)

Ⅲ. 재결신청청구의 효과

1. 재결신청의무(토지보상법 제30조 제2항)

사업시행자는 청구를 받은 날부터 60일이내 관할 토지수용위원회에 재결신청을 하여야 한다.

2. 지연가산금 지급의무(동법 제30조 3항) (의무이행 담보)

사업시행자의 재결신청이 60일 경과시 그 지연기간에 대하여 '소송촉진 등에 관한 특례법' 규정에 의한 법정이율을 적용하여 산정한 금액을 보상금에 가산지급 하여야 한다. 판례는 협의기간 만료 전에 재결신청을 청구한 경우, 재결신청의무 및 지연가산금의 기산점에 관해 협의기간 만료일이라고 보고 있는데, 이는 청구시보다 가산금 산정에 있어 피수용자에게 불리하므로 문제가 있는 것으로 보인다.

Ⅳ. 권리구제

1. 사업시행자가 재결신청을 거부하거나 부작위시 소송을 통한 이행가능성

(1) 항고쟁송 가능여부

1) 수용절차 개시한 경우

판례는 토지소유자가 토지상의 지장물에 대하여 재결신청을 청구하였으나 사업시행자가 손실보상대상에 해당하지 않아 재결신청대상이 아니라는 이유로 수용재결 신청을 거부하면서 보상협의를 하지 않은 사안에서, 동 거부를 처분으로 보았다.

2) 수용절차 개시하지 않은 경우

판례는 문화재청장등이 조서를 작성하는 등, 수용절차를 개시하지 않은 사안에서, 법규상 신청권이 인정된다고 할 수 없어 거부를 처분으로 볼 수 없다고 판시하였다.

(2) 민사소송 가부 등

판례는 재결신청의 청구를 거부하는 경우, 민사소송의 방법으로 그 절차 이행을 구할 수 없다고 판시하였다. 또한 판례의 태도는 항고소송으로 해결하므로, 공법상 당사자소송도 어려울 것으로 보인다.

2. 지연가산금에 대한 다툼

(1) 의의 및 근거

지연가산금은 피수용자의 재결신청청구에 대해 사업시행자가 청구를 받은 날부터 60일을 경과하여 재결신청을 한 경우 그 경과한 기간에 대해 가산금을 부여하는 제도이며, 토지보상법 제30조 제3항에 근거한다.

(2) 발생요건

지연가산금은 ①피수용자가 적법한 절차를 거쳐 사업시행자에게 재결신청청구를 하였을 것, ②사업시행자가 청구를 받은 날부터 60일이내 재결신청을 하지 않은 경우이어야 한다.

(3) 구제수단

지연가산금은 토지수용위원회가 수용재결에서 정하는 손실보상과는 다른 법정 지연손해배상금 성격을 가지므로 손실보상과 다른 절차에 의하는 것으로 해석될 수 있다. 그러나 판례는 지연가산금은 수용보상금과 함께 재결하도록 규정하고 있어 수용보상금의 증액에 관한 소에 의하여야 한다고 한다.

논점 012 재결신청권

1. 사업시행자에게만 재결신청권을 인정하는 이유 및 타당성

(1) 이유

사업시행자에게만 재결신청권을 인정하는 이유는 사업의 장기화 방지, 사업시행자가 가지는 사업계획에 맞추어 진행할 수 있도록 보장하기 위한 것이다.

(2) 타당성

①수용재결은 당사자심판 성격을 가지므로 피수용자에게 재결신청권을 부여해야 한다는 견해가 있으나, ②사업시행자가 수용권의 주체이므로 재량을 인정하여 원활한 공익사업의 시행을 보장할 수 있다는 점, 피수용자에게 재결신청청구권을 부여한 점, 사업인정 후 1년이내에 재결신청을 하지 않으면 실효되는 사업인정 실효제도가 있는 점을 고려할 때 사업시행자에게만 재결신청권을 부여하는 것이 타당하다고 본다.

2. 문제점과 개선방안

생각건대 재결신청청구권제도는 단순히 가산금 의무만 부과하고 있다는 점에서, 토지수용에 따른 문제를 조속히 해결하고자 하는 토지소유자의 권리보호에 미흡한 제도로 보인다. 따라서 재결신청청구권의 효력을 사업시행자에 대한 요구권에 한정하지 아니하고 직접 토지수용위원회에 재결신청이 이루어지는 효력을 부여하는 정도로 강화될 필요성은 있어 보인다.

논점 013 화해

I. 의의 및 법적성질 등(토지보상법 제33조)

화해란 분쟁에 대한 해결의 의사 합치로서 재결에 의하지 않는 제도이다. 이는 분쟁 소지 방지에 취지가 있다. 법적성질에 대해 견해대립은 있으나 공법영역에서 양 당사자가 서로 양보하여 분쟁을 해결하는 약정으로써 일종의 공법상 계약의 성질을 갖는 것으로 보인다.

II. 화해의 절차

①〈화해의 권고〉 토지수용위원회는 그 재결이 있기 전에는 그 위원 3명으로 구성되는 소위원회로 하여금 사업시행자, 토지소유자 및 관계인에게 화해를 권고하게 할 수 있다. ②〈화해조서의 작성〉 화해가 성립되었을 때에는 해당 토지수용위원회는 화해조서를 작성하여 화해에 참여한 위원, 사업시행자, 토지소유자 및 관계인이 서명 또는 날인을 하도록 하여야 한다.

III. 화해조서의 효력

1. 재결의 효력

화해조서에 서명 또는 날인이 된 경우에는 당사자 간에 화해조서와 동일한 내용의 합의가 성립된 것으로 본다.

2. 차단효 발생

현행규정은 없으나, 협의성립확인 제도와 균형상 인정한다.

 **재결**

Ⅰ. 의의 및 취지(토지보상법 제34조)

재결은 사업인정고시 후 협의불성립·불능의 경우 사업시행자의 재결신청에 의해 관할 토지수용위원회가 행하는 수용 또는 사용결정의 최종적 판단절차이다. 이는 공익실현을 위한 수용목적 달성 등에 취지가 있다.

Ⅱ. 법적성질

1. 형성적 행정행위인지

재결은 협의가 성립되지 않거나 권리자 또는 그의 소재가 불명확하여 협의를 할 수 없는 경우에 하는 공용수용의 종국적 절차이다. 이는 사업시행자가 피수용자에게 보상금을 지급하는 것을 조건으로 그 토지 등에 관한 권리를 취득하게 하고, 피수용자에 대하여는 그 권리를 상실케 하는 효과를 발생시키는 형성적 행정행위이다.

2. 기속행위인지 여부

사업시행자가 재결신청을 하면 관할 토지수용위원회는 형식적 요건이 미비되지 않는 한 재결을 해야 하므로, 재결의 발령 자체는 기속행위로 볼 수 있다. 그러나 손실보상의 경우 증액재결을 할 수 있으며(동법 제50조 제2항), 수용 또는 사용할 토지의 구역 및 사용방법에 관한 사항을 수용재결 사항으로 규정하고 있는바, 수용의 범위에서는 재량을 가지는 것으로 보인다.

3. 준사법적 행위인지 여부

수용재결은 1차적 처분이므로 준사법작용이 아니라는 견해가 있으나, 제3의 행정기관인 토지수용위원회가 판단하여 주는 것이므로 준사법작용의 성질을 가진다고 봄이 타당하다.

Ⅲ. 수용재결의 성립

1. 주체상 요건

토지등의 수용과 사용에 관한 재결을 하기 위하여 국토교통부에 중앙토지수용위원회를 두고, 특별시·광역시·도·특별자치도에 지방토지수용위원회를 둔다.

2. 내용상 요건(토지보상법 제50조)

(1) 재결의 사항

수용하거나 사용할 토지의 구역 및 사용방법, 손실보상, 수용 또는 사용의 개시일과 기간, 그 밖에 이 법 및 다른 법률에서 규정한 사항

(2) 재결의 범위

토지수용위원회는 사업시행자, 토지소유자 또는 관계인이 신청한 범위에서 재결하여야 한다. 다만, 손실보상의 경우에는 증액재결을 할 수 있다.

3. 절차 및 형식 등

①〈재결의 신청〉 수용재결의 일반적인 절차는 사업시행자가 관할 토지수용위원회에 수용재결을 신청하여야 한다. ②〈공고와 열람〉 관할 토지수용위원회는 토지등의 소재지를 관할하는 시장·군수 또는 구청장에게 송부하여 공고 및 열람을 의뢰하여야 한다. 시장·군수 또는 구청장은 지체 없이 재결신청 내용을 시·군 또는 구의 게시판에 공고하고, 공고한 날부터 14일 이상 그 서류를 일반인이 열람할 수 있도록 하여야 한다. ③〈의견서 제출〉 토지소유자 또는 관계인은 열람기간에 해당 시장·군수·구청장 또는 관할 토지수용위원회에 의견서를 제출할 수 있다. ④〈심리〉 토지수용위원회는 열람기간이 지났을 때에는 지체 없이 해당 신청에 대한 조사 및 심리를 하여야 한다(동법 제32조 제1항). ⑤〈재결〉 토지수용위원회의 재결은 서면으로 한다(동법 제34조 제1항). 재결서에는 주문 및 그 이유와 재결일을 적고, 위원장 및 회의에 참석한 위원이 기명날인한 후 그 정본(正本)을 사업시행자, 토지소유자 및 관계인에게 송달하여야 한다(동법 제34조 제2항).

Ⅳ. 재결의 효력

1. 일반적인 효과

①사업시행자는 권리를 취득한다(원시취득). ②피수용자는 손실보상청구권, 환매권을 가지며 토지·물건의 인도·이전의무가 발생한다. ③위험부담이 원칙적으로 소유자 및 관계인으로부터 사업시행자에게 이전되는 효과가 발생한다. ④담보물권자의 물상대위가 인정된다.

2. 수용권의 남용과 수용재결의 효력

수용재결의 요건을 갖춘 경우에도 수용권 남용에 해당하는 경우 수용재결은 위법하다. 대법원은 사업시행자가 사업인정을 받은 후 그 사업이 공용수용을 할만한 공익성을 상실하거나 사업인정에 관련된 자들의 이익이 현저히 비례원칙에 어긋나게 된 경우 또는 사업시행자가 해당 공익사업을 수행할 의사와 능력을 상실하였음에도 여전히 그 사업인정에 기하여 수용권을 행사하는 것은 수용권의 공익 목적에 반하는 수용권의 남용에 해당하여 허용되지 않는다고 판시한 바 있다(대판 2009두1051).

Ⅴ. 재결의 실효

1. 재결의 실효

사업시행자가 수용 또는 사용의 개시일까지 관할 토지수용위원회가 재결한 보상금을 지급하거나 공탁하지 아니하였을 때에는 해당 토지수용위원회의 재결은 효력을 상실한다(동법 제42조). 재결 이후 사용 또는 수용의 개시일 전에 사업인정이 취소 또는 변경되었을 경우 그 고시 결과에 따라 재결의 효력은 상실된다(동법 제24조).

2. 재결실효의 효과

사업시행자는 이 규정에 따라 재결의 효력이 상실됨으로 인하여 토지소유자 또는 관계인이 입은 손실을 보상하여야 한다. 재결이 실효됨으로 인하여 발생한 손실을 사업시행자가 보상하는 것은 손해배상의 성격을 지닌다.

3. 권리구제

손실보상에 관하여 동법 제9조 제5항부터 제7항까지의 규정을 준용한다. 따라서 손실 발생을 안 날부터 1년, 발생한 날부터 3년 이내에 보상을 청구하여야 하며, 협의에 의하되 불성립시 재결신청을 할 수 있다.

4. 관련문제

(1) 재결실효와 사업인정 효력과의 관계

재결이 실효되면 재결신청 자체도 실효되지만 재결의 무효와 달리 장래를 향한 효력상실이므로 사업인정에는 영향이 없다. 따라서 재결신청기간 내이면 다시 재결신청이 가능하다. 만약 사업인정고시일부터 1년 이내에 재결신청을 하지 않은 것으로 되었다면 사업인정도 역시 효력을 상실하여 수용절차 일체가 백지상태로 환원된다. 판례 태도도 이와 같다.

(2) 이의재결과의 관계

판례는 수용재결이 실효되면 이를 기초한 이의재결은 위법하지만 절대적 무효는 아니므로 이의재결의 취소 또는 무효확인소송을 구할 실익이 있다고 판시한 바 있다.

논점 015 재결에 대한 불복

Ⅰ. 개설

토지수용위원회의 재결에 대한 불복절차로 이의신청과 행정소송이 인정된다. 수용재결 또는 이의재결에 대한 불복에는 수용 자체를 다투는 경우와 보상액을 다투는 경우가 있다. 불복이 수용 자체를 다투는 것인 때에는 재결에 대하여 이의신청, 취소소송 또는 무효확인소송을 제기하고(토지보상법 제85조 제1항), 보상금의 증감을 청구하는 것인 때에는 이의신청과 보상액의 증감을 청구하는 소송을 제기하여야 한다(동법 제85조 제2항). 동법 제85조 제1항은 수용 자체를 다투는 항고소송과 보상액을 다투는 보상금증감청구소송 모두를 규율하는 규정이고, 동법 제85조 제2항은 보상금증감청구소송에 관한 규정이다.

Ⅱ. 이의신청(토지보상법 제83조)

1. 의의 및 성격

①관할 토지수용위원회의 위법·부당한 재결에 불복이 있는 토지소유자 및 사업시행자가 중앙토지수용위원회에 이의를 신청하는 것으로서 특별법상 행정심판에 해당한다. 따라서 특별법인 토지보상법에 행정심판규정이 있으면 먼저 적용되며, 없는 사항은 일반법인 행정심판법이 적용된다. ②토지보상법 제83조에서 '~할 수 있다.'고 규정하여 임의주의적 성격을 갖는다.

2. 요건 및 효과(처분청 경유주의, 기간특례, 집행부정지)

①수용·보상 재결에 이의가 있는 경우에 사업시행자 및 토지소유자는 재결서 정본을 받은 날부터 30일 이내에 처분청을 경유하여 중앙토지수용위원회에 이의를 신청할 수 있다. ②이 경우 판례는 상기 30일의 불복기간은 특수성, 전문성을 고려하여 수용의 신속을 기한 것으로 국민의 재판 받을 권리를 제한한 것이 아니라고 한다. ③이의신청은 사업의 진행 및 토지의 사용·수용을 정지시키지 아니한다(동법 제88조).

3. 이의재결(동법 제84조) 및 이의재결의 효력(동법 제86조)

①재결이 위법 또는 부당하다고 인정되면 그 재결의 전부 또는 일부를 취소하거나 보상액을 변경할 수 있다. 손실보상액의 변경이라 함은 손실보상액의 증액 또는 감액을 말한다. ②보상금이 늘어난 경우 재결서 정본을 받은 날로부터 30일이내에 사업시행자는 증액된 보상금을 지급해야 한다. ③쟁송기간도과 등으로 이의재결 확정시 민사소송법상의 확정판결이 있는 것으로 보고 재결서 정본은 집행력 있는 판결의 정본과 동일한 효력을 갖는 것으로 본다. 즉, 민사소송법상 확정판결이 있는 것으로 본다는 것은 확정된 이의재결에 기판력과 집행력을 인정한다는 것이다.

4. 대상

이의신청의 대상은 토지수용위원회의 재결이다. 토지수용위원회의 재결은 수용재결부분(토지등을 수용한다는 결정부분)과 보상재결부분(보상액을 결정하는 부분)으로 분리될 수 있는데, 수용재결부분과 보상재결부분 중 한 부분만에 하여 불복이 있는 경우에도 토지수용위원회의 재결 자체가 이의신청의 대상이 된다.

III. 행정소송(토지보상법 제85조)

1. 취소소송(또는 무효등확인소송)

(1) 의의 및 행정심판의 임의적 전치

토지수용위원회의 재결에 대한 불복이 보상금의 증감에 관한 것이 아닌 경우(수용 자체를 다투는 경우)에는 이의재결을 거쳐 취소소송 또는 무효확인소송을 제기하거나 이의신청을 제기함이 없이 직접 취소소송 또는 무효확인소송을 제기 할 수 있다. 또한 구)토지수용법은 필요적 전치주의를 규정하고 있으나, 현)토지보상법은 '관할 토지수용위원회의 재결에 대해 중앙토지수용위원회에 이의신청을 할 수 있다'고 하여 행정소송법상 원칙에 맞추어 임의적 전치주의로 개정하였다.

(2) 소송의 대상

1) 문제점 및 견해의 대립

과거에 구)토지수용법 제75조의 2에서 재결주의를 택하고 있어 원처분주의인지, 재결주의를 취하고 있는지 견해대립이 있었으나, ①토지보상법 제85조

제1항은 행정소송에 의한 불복의 대상을 "제34조에 따른 재결" 즉, 수용재결이라 규정하고 있어 원처분주의를 취하고 있으며, ②이의신청 임의주의를 취하는 점, ③이의재결을 대상으로 한다는 명문의 규정이 없으므로 행정소송법의 일반원칙에 따라 원처분인 수용재결을 대상으로 하여야 한다.

2) 판례 및 검토

대법원은 수용재결에 불복하여 취소소송을 제기하는 때에는 이의신청을 거친 경우에도 수용재결을 한 중앙토지수용위원회 또는 지방토지수용위원회를 피고로 하여 수용재결의 취소를 구하여야 한다고 판시하여 원처분주의를 취하고 있다. 다만, 이의재결에 고유한 위법이 있는 경우에는 이의재결에 대하여 취소소송을 제기 할 수 있다. 생각건대, 개정된 토지보상법은 원처분주의를 채택하고 있으며 행정소송법의 일반원칙에 따라 원처분주의를 취함이 타당하다고 여겨진다.

(3) 취소소송의 피고

토지보상법은 취소소송의 피고적격에 관하여 아무런 규정을 두지 않고 있어 일반법인 행정소송법이 적용된다. 「행정소송법」 제13조 제1항은 "다른 법률에 특별한 규정이 없는 한 그 처분등을 행한 행정청을 피고로 한다고 규정하고 있다." 따라서 관할 토지수용위원회의 재결에 대하여 불복하는 소송의 경우 관할 토지수용위원회가 피고가 되며, 이의신청에 대한 중앙토지수용위원회의 재결에 불복하는 소송의 경우는 중앙토지수용위원회가 피고가 된다. 이 경우 이의신청에 대한 중앙토지수용위원회의 재결 자체에 고유한 위법이 있어야 한다.

(4) 제소기간 및 재판관할 등

①제소기간은 재결서를 받은 날부터 90일 이내에, 이의신청을 거쳤을 때에는 이의신청에 대한 재결서를 받은 날부터 60일 이내에 각각 행정소송을 제기할 수 있다. ②토지수용위원회의 재결에 불복하여 제기하는 취소소송의 관할법원은 그 부동산 또는 장소의 소재지를 관할하는 행정법원에 제기할 수 있다. ③또한 수용재결에도 위법이 있고, 이의재결 자체에도 고유한 위법이 있다면 당사자는 두 취소소송을 행정소송법 제10조에 따라 관련청구소송으로 병합이 가능할 것으로 보인다.

2. 보상금증감청구소송

(1) 의의 및 취지

①보상금증감청구소송은 수용재결 중 보상금에 대하여서만 이의가 있는 경우에 보상금의 증액 또는 감액을 청구하는 소송이다. 토지소유자 또는 관계인은 보상금의 증액을 청구하는 소송(보상금증액청구소송)을 제기하고, 사업시행자는 보상액의 감액을 청구하는 소송(보상금감액청구소송)을 제기한다. ②이는 보상금에 대한 분쟁의 일회적 해결에 필요성이 인정된다.

(2) 소송의 형태

형식적 당사자소송이란 형식적으로 당사자소송을 형식으로 취하고, 실질적으로는 처분등의 효력을 다투는 항고소송의 성질을 갖는 소송을 말한다. 종전에는 형식적 당사자소송의 성질을 갖는지에 관해 견해의 대립이 있었으나, 현행 토지보상법 제85조는 재결청을 공동피고에서 제외하여 형식적 당사자소송임을 규정하고 있다.

(배점이 많은 경우 추가설명용) 결국 이 소송은 행정처분인 수용재결을 원인으로 하는 법률관계에 관한 소송으로서 그 법률관계의 한쪽 당사자를 피고로 하는 소송이므로, 행정소송법 제3조 제2호 전단에 규정된 이른바 '형식적 당사자소송'에 해당한다.

(3) 송의 성질

1) 학설

①법원이 재결을 취소하고 보상금을 결정하여 형성소송이라고 하는 견해,

(배점 多)형성소송설은 수용재결 중 손실보상에 관한 부분의 위법성 존부를 심판대상으로 보고, 보상금 증감에 관한 소송의 본질을 수용재결 중 보상액 부분을 변경하여 정당한 보상액을 확정하고 구체적인 손실보상청구권을 형성하는 것으로 파악한다.

②법원이 정당보상액을 확인하고 금전지급을 명하거나 과부된 부분을 되돌려 줄 것을 명하는 확인·급부소송이라는 견해가 있다.

(배점 多)확인·급부소송설은 손실보상금이라는 공법상의 권리 또는 법률관계를 심판대상으로 보고, 보상금 증감에 관한 소송의 본질을 법규에 의하여 객관적으로 발생하여 확정되어 있는 보상금이라는 급부의 이행을 명하거나 그에 관한 권리관계의 존부를 확인하는 것으로 본다.

2) 판례 및 검토

①판례는 당해 소송을 이의재결에서 정한 보상금이 증액·변경될 것을 전제로 하여 기업자를 상대로 보상금의 지급을 구하는 확인급부소송으로 보고 있다. ②생각건대, 소송 당사자 사이의 분쟁을 일회적으로 해결하는 것이 입법취지인바, 이를 고려하여 확인급부소송이 타당하다고 본다.

(4) 소송요건

1) 소송의 대상적격

① 개설 (문제점)

보상금증감청구소송은 보상금의 증감에 관한 것만 대상으로 한다.

실질적으로 수용재결의 위법성 존부를 다투는 소송이라는 점을 강조할 것인지, 아니면 소송의 궁극적인 목적이 보상금을 증액하여 증액분을 지급받거나 보상금을 감액하여 감액분의 반환 또는 채무부존재확인을 받는 데 있다는 점을 강조할 것인지가 문제 된다.

② 학설

가. 수용재결대상설

수용재결 중 손실보상에 관한 부분의 위법성 존부를 심판대상으로 보고, 보상금 증감에 관한 소송의 본질을 수용재결 중 보상액 부분을 변경하여 정당한 보상액을 확정하고 구체적인 손실보상청구권을 형성하는 것으로 파악한다. 즉, 수용재결에서 정한 보상금을 소송 대상으로 보는 수용재결대상설의 입장이 있다.

나. 법률관계설

또한 손실보상금이라는 공법상의 권리 또는 법률관계를 심판대상으로 보고, 보상금 증감에 관한 소송의 본질을 법규에 의하여 객관적으로 발생하여 확정되어 있는 보상금이라는 급부의 이행을 명하거나 그에 관한 권리관계의 존부를 확인하는 것으로 본다.

즉, 당해 소송은 당사자소송이므로 법률관계 그 자체가 소송대상이 된다는 법률관계설이 있다.

③ 검토

생각건대, 우리나라의 현행 실무상 보상금 증감에 관한 소송은 계쟁 수용재결의 변경청구 없이 보상금의 지급, 반환 또는 채무부존재확인을 구하는 형태를 띠고 있다는 점에서, 법률관계설이 타당하다고 보인다.

2) 원고적격

보상금 증액 청구의 소는 항고소송의 성질도 가지므로, 행정소송법 제12조에 따라 '법률상 이익이 있는 자'가 제기할 수 있다.

판례는 토지소유자 등에 대하여 금전채권을 가지고 있는 제3자는 재결에 대하여 간접적이거나 사실적·경제적 이해관계를 가질 뿐 재결을 다툴 법률상의 이익이 있다고 할 수 없어 직접 또는 토지소유자 등을 대위하여 보상금 증액 청구의 소를 제기할 수 없고, 토지소유자 등의 손실보상금 채권에 관하여 압류 및 추심명령이 있더라도 추심채권자가 재결을 다툴 지위까지 취득하였다고 볼 수는 없다.

3) 피고적격

보상금의 증감에 관한 소송은 이해관계를 가진 법률관계의 당사자를 피고로 한다. 즉, 토지소유자 또는 관계인이 소송을 제기하는 경우에는 사업시행자가 피고가 되고, 사업시행자가 소송을 제기하는 경우에는 토지소유자 또는 관계인이 피고가 된다.

4) 제소기간

동법 제85조에 따라 재결에 불복할 때에는 재결서를 받은 날부터 90일 이내에, 이의신청을 거쳤을 때에는 이의신청에 대한 재결서를 받은 날부터 60일 이내에 각각 소송을 제기할 수 있다.

5) 행정심판 전치여부

형식적 당사자소송은 전심절차로서 행정심판을 두고 있지 않지만, 보상금증감청구소송은 예외적으로 토지보상법에서 이의신청을 임의적 전치절차로 규정하고 있다.

(5) 심리 및 판결 등

1) 소송물

청구취지와 주문에 수용재결의 변경이 명시적으로 드러나지 않더라도, 원고의 청구를 전부 또는 일부 인용하는 판결이 확정될 경우 그로써 수용재결의 내용이 변경되므로, 수용재결의 위법성 존부와 손실보상금 청구권의 존부가 모두 보상금 증감에 관한 소송의 소송물이라고 봄이 타당하다.

2) 심리

①심리는 지급방법, 보상액의 범위 등을 심리하며, 대법원은 행정소송의 대상이 된 물건 중 일부 항목에 관한 보상액이 과소하고 다른 항목의 보상액은 과다한 경우에는 그 항목 상호간의 유용을 허용하여 과다 부분과 과소 부분을 합산하여 보상금의 합계액을 결정하여야 한다고 판시하였다.(대판 2014두1451). ②또한, 보상금증감청구소송의 인정 범위에는 손실보상금의 증감, 손실보상의 방법(금전보상, 채권보상 등), 보상 항목의 인정(잔여지보상 등의 손실보상의 인정 여부), 잔여지수용보상, 이전이 곤란한 물건의 수용보상, 보상면적을 다투는 소송 등이 여기에 속한다.

3) 판결

소송당사자는 판결에 따라 이행하여야 하며, 중앙토지수용위원회의 별도의 처분이 불필요하다(형성력).

(6) 입증책임

대법원은 보상금증감청구소송에 있어서 재결에서 정한 보상금액보다 정당한 손실보상액이 많다는 점에 대한 입증책임은 원고에게 있다고 판시하고 있다.

논점 016　공용수용의 효과

Ⅰ. 개설

공용수용의 보통절차에 있어서 재결이 있게 되거나 재결 단계에 이르기 전에 협의성립 및 협의성립의 확인 또는 화해조서작성은 재결로서 간주되므로, 이 경우에도 수용의 효과가 발생한다. 공용수용의 가장 기본이 되는 효과는 사업시행자가 공익사업에 필요한 목적물을 취득하고, 그 목적물에 대한 권리자인 토지소유자와 관계인은 그 권리를 상실하게 되는 권리변동이 생기는 것이다. 사업시행자가 목적물을 취득하는 것은 손실보상금을 수용의 개시일까지 권리자에게 지급하거나 공탁하는 것을 조건으로 그 효력이 발생한다.

Ⅱ. 사업시행자에 대한 효과

1. 권리의 원시취득

수용에 의한 사업시행자의 권리취득은 권리의 승계취득이 아니라 법률에 의한 원시취득이며, 그 효과는 대물적으로 모든 권리자에 대해 발생한다.

2. 권리취득에 관한 등기

사업시행자는 등기하지 않더라도 수용한 날에 소유권을 취득한다. 그 이유는 수용에 의한 부동산에 관한 물권의 취득은 등기를 요하지 아니한다고 규정함으로써(민법 제187조 본문), 부동산 물권 변동시 취하고 있는 형식주의의 예외를 인정하고 있기 때문이다. 그러나 수용의 경우에도 취득한 소유권을 타인에게 처분하기 위해서는 등기하여야 한다(동조 단서).

3. 기타

①사업시행자는 수용의 효과로서 손실보상의무를 지닌다. 사업시행자는 천재지변시 토지사용 또는 시급한 토지사용의 경우를 제외하고는 수용 또는 사용의 개시일까지 관할 토지수용위원회가 재결한 보상금을 지급하여야 한다(토지보상법 제40조 제1항). ②또한 대행, 대집행 청구권, ③위험부담의 이전(동법 제46조), ④사용기간 만료시 반환·원상회복청구권(동법 제48조) 등의 효과를 지닌다.

Ⅲ. 피수용자에 대한 효과

1. 손실보상청구권

재결이 있게 되면 사업시행자에 대해 피수용자는 손실보상청구권이 발생한다.

2. 토지·물건의 인도이전 의무

토지소유자 및 관계인과 그 밖에 토지소유자나 관계인에 포함되지 아니하는 자로서 수용하거나 사용할 토지나 그 토지에 있는 물건에 관한 권리를 가진 자는 수용 또는 사용의 개시일까지 그 토지나 물건을 사업시행자에게 인도하거나 이전하여야 한다(동법 제43조).

3. 환매권

환매권은 수용의 목적물의 사업폐지 등의 사유로 필요가 없거나 그것이 현실적으로 수용의 전제가 된 공익사업에 사용되지 않으면, 그 목적물의 피수용자가 일정한 요건하에 다시 매수하여 소유권을 회복할 수 있는 권리이다(동법 제91조).

4. 담보물권자의 물상대위

담보물권의 목적물이 수용되거나 사용된 경우 그 담보물권은 그 목적물의 수용 또는 사용으로 인하여 채무자가 받을 보상금에 대하여 행사할 수 있다. 다만, 그 보상금이 채무자에게 지급되기 전에 압류하여야 한다(동법 제47조).

논점 017 공탁

I. 공탁의 의의 및 취지(토지보상법 제40조)

공탁이란 일정요건 하에 보상금을 공탁소에 공탁함으로써 보상금 지급에 갈음하는 것을 말한다. 이는 재결실효방지, 사전보상 실현 및 담보물권자의 권익보호 도모에 취지가 인정된다.

II. 법적성질

민법상 변제공탁과 동일한지에 대해서 견해대립이 있으나, 판례는 수령거부 및 수령할 수 없을 때는 변제공탁으로, 채권이 가압류된 공탁은 변제공탁이라 하나 중복압류에 의해 지급이 중지된 경우 집행공탁으로 본 바 있다. 생각건대, 보상금 공탁의 제도의 취지 및 효과 등을 고려할 때, 보상금의 지급의무를 이행하기 위한 것으로서, 민법 제487조에 의한 변제공탁과 다를 바 없다.

III. 요건

공탁의 사유는 ①보상금 받을 자가 그 수령을 거부하거나 보상금을 수령할 수 없을 때, ②사업시행자의 과실 없이 보상금을 받을 자를 알 수 없을 때, ③관할 토지수용위원회가 재결한 보상금에 대하여 사업시행자가 불복할 때, ④압류나 가압류에 의하여 보상금 지급이 금지되었을 때이다.

IV. 공탁소의 관할 및 수령권자

공탁법상 공탁은 보상금을 수령할 피수용자가 거주하는 현주소지의 공탁소에 공탁하는 것이 원칙이다(민법 제467조 제2항). 그러나 피수용자가 여러 지역에 산재하고 있어서 현주소지를 찾는 것이 용이하지 않고, 많은 인력과 시간이 소요되는 등 공익사업의 수행에 지장을 초래하는 경우도 있을 수 있어 토지보상법은 토지소재지의 공탁소에 공탁하는 것도 인정하고 있다. 공탁금의 수령권자는 원칙적으로 관할 토지수용위원회가 재결한 재결서에 기재된 목적물의 소유자 또는 소유권 이외의 권리자가 된다. 그러나 사업인정고시가 있은 후 권리의 변동이 있는 때에는 그 권리를 승계한 자가 그 사실을 소명하여 공탁금을 수령할 수 있다.

Ⅴ. 공탁의 내용 및 방법

공탁물은 보상금이므로 현금이 원칙이나 채권보상이 되는 경우에는 채권으로 지급할 수 있는 금액으로 한다(토지보상법 시행령 제20조 제1항).

Ⅵ. 공탁의 효과

1. 유효한 공탁

이는 원시취득의 효과를 가져오며, 수용재결의 절차가 진행된다. 즉, 토지보상법상 공탁은 변제공탁의 성질을 지니므로, 공탁에 의해 사업시행자는 손실보상의무를 이행한 것이 되고, 수용의 개시일에 토지 등을 취득하는 효과 등 공용수용의 효과가 발생한다.

2. 하자 있는 공탁의 유형

①요건미충족공탁, 일부공탁, 조건부공탁은 하자 있는 공탁이며, 손실보상금을 지급하지 못한 것이 되어 ②수용의 효과를 발생시킬 수 없고, 재결이 실효되며(동법 제42조 제1항), 사업시행자는 재결 실효에 따른 손실보상의무를 지게 된다(동법 제42조 제2항).

3. 미공탁의 효과

판례는 보상금 지급의무를 이행하지 못한바 재결은 실효된다고 본다. 단, 이의재결에 의해 증액된 보상금은 공탁하지 않아도 이의재결은 실효되지 않는다고 한다.

Ⅶ. 공탁금 수령의 효과

1. 정당한 공탁금 수령의 효과

판례는 공탁금을 수령하면서 이의를 유보한 경우에만 이의신청이 유효하고, 이의유보 없이 공탁금을 수령한 경우에는 재결에 승복한 것으로 보고 그 재결에 대한 이의는 부적법한 것으로 보고 있다.

2. 하자 있는 공탁금 수령의 효과

(1) 이의유보 없이 수령한 경우

①이의를 유보하지 않고 하자 있는 공탁금을 수령한 경우에는 보상금 일부공탁이나 조건부공탁은 무효가 되지만, 그 공탁금을 토지소유자 또는 관계인 등 채권자가 수령하면, 채권자가 일부의 공탁이나 조건을 수락한 것이 되어 그 공탁은 공탁일에 소급하여 유효한 것으로 된다. ②즉, 하자 있는 공탁이라 하더라도 토지소유자 또는 관계인이 이의유보 없이 공탁된 보상금을 수령하였다면 토지소유자는 토지수용위원회의 재결에 승복하여 그 공탁한 취지에 따라 수령한 것이 되어 공탁의 효력은 유효하게 된다.

(2) 이의를 유보하고 하자 있는 공탁금을 수령한 경우

①공탁의 취지에 따라 공탁금을 수령한 것으로 볼 수 없기 때문에 무효가 된 공탁의 하자가 치유될 수 없다. ②이 경우에는 토지소유자 또는 관계인이 토지수용위원회의 재결에 승복하지 않은 것이 된다.

3. 쟁송제기를 이의유보로 볼 수 있는지 여부

(이의신청 및 행정소송 제기 후 이의유보 없이 수령한 경우)

(1) 학설

①긍정설은 토지소유자가 쟁송제기 등 공탁취지의 승인과 양립할 수 없는 태도를 취하고 있다는 점에서 묵시적 이의유보로 보자는 견해이며 ②부정설은 종전의 수령거절의사를 철회하고 재결에 승복하여 공탁의 취지에 따라 보상금전액을 수령할 것으로 볼 것이라 한다.

(2) 판례

판례는 증액된 손실보상금을 수령할 당시 이의재결을 다투는 행정소송이 계속 중이라는 사실만으로 이의유보로 볼 수 없다고 판시했다. 이러한 법리는 증액하여 인정한 휴업보상금을 이의유보의 뜻을 표시하지 않고 수령한 경우에도 적용된다. 즉, 수령당시 단순히 소송이나 이의신청을 하고 있다는 사실만으로 묵시적으로 그 공탁의 수령에 관한 이의를 유보한 것과 같이 볼 수 없다고 하나, 최근 대법원은 단순한 사실이 아닌 경우에는 묵시적 이의유보로 본 바 있다.

(3) 검토

생각건대, 피수용자의 권리보호를 위하여 개별적으로 검토함이 타당하다.

4. 권리가 변동된 목적물에 대한 보상금의 지급 또는 공탁

사업인정고시가 된 후 권리의 변동이 있을 때에는 그 권리를 승계한 자에게 보상금을 지급하거나 권리를 승계한자가 공탁된 보상금을 수령한다(토지보상법 제40조 제3항).

5. 이의재결에서 증액된 보상금의 지급 또는 공탁

이의재결에서 보상금이 늘어난 경우 사업시행자는 재결의 취소 또는 변경의 재결서 정본을 받은 날부터 30일 이내에 보상금을 받을 자에게 그 늘어난 보상금을 지급하여야 한다. 다만, 보상금을 받을 자가 그 수령을 거부하거나 보상금을 수령할 수 없는 때, 사업시행자의 과실없이 보상금을 받을 자를 알 수 없는 때, 압류 또는 가압류에 의하여 보상금의 지급이 금지된 때에는 보상금을 공탁할 수 있다(동법 제84조 제2항).

논점 018 수용목적물의 인도이전의무 및 그 의무이행확보수단

I. 개설

피수용자가 목적물의 인도·이전을 이행하도록 하기 위해 토지보상법은 대행 또는 대집행에 관한 제도를 두고 있다. 대행은 피수용자가 의무를 이행할 수 없을 때 또는 사업시행자가 인도·이전할 자를 알 수 없을 때 행해지고, 대집행은 피수용자가 의무를 이행하지 아니할 때 또는 이행 가망이 없는 때 사업시행자의 청구에 의해 이루어진다.

II. 인도 및 이전의무

토지소유자 및 관계인과 그 밖에 토지소유자나 관계인에 포함되지 아니하는 자로서 수용하거나 사용할 토지나 그 토지에 있는 물건에 관한 권리를 가진 자는 수용 또는 사용의 개시일까지 그 토지나 물건을 사업시행자에게 인도하거나 이전하여야 한다(토지보상법 제43조).

III. 대행

1. 의의 및 취지(토지보상법 제44조)

대행은 수용목적물의 인도·이전이 불가능한 경우 사업시행자의 신청에 의해 시장·군수 또는 구청장이 이를 대행하는 것을 말하며, 이는 원활한 사업수행에 취지가 인정된다.

2. 대행의 법적성질

①행정대집행의 일종으로 보는 견해와 ②대집행의 요건 절차가 적용되지 않으므로 토지보상법 제89조 요건에 해당하지 않는 특례로 보는 견해가 있다.

3. 대행의 요건(동법 제44조 제1항)

①토지·물건을 인도 또는 이전할 자가 고의나 과실 없이 그 의무를 이행할 수 없거나 ②사업시행자가 과실 없이 의무자를 알 수 없는 경우 사업시행자의 청구에 의해 대행한다.

4. 대행의 비용 부담

시장 등이 대행하는 경우 그로 인한 비용은 그 의무자가 부담한다. 시장 등은 의무자가 그 비용을 내지 아니할 때에는 지방세 체납처분의 예에 따라 징수할 수 있다(동법 제90조).

Ⅳ. 대집행

1. 의의 및 취지

공법상 대체적 작위의무의 불이행시 행정청이 그 의무를 스스로 행하거나 제3자로 하여금 행하게 하고 의무자로부터 비용을 징수하는 것을 말한다. 이는 원활한 사업 수행을 위해 제도적 취지가 인정된다.

2. 요건

(1) 토지보상법 제89조 요건

①이 법 또는 이 법에 따른 처분으로 인한 의무를 이행하여야 할 자가 ②그 정하여진 기간 이내에 의무를 이행하지 아니하거나 완료하기 어려운 경우 ③의무자로 하여금 그 의무를 이행하게 하는 것이 현저히 공익을 해친다고 인정되는 사유가 있는 경우에는 사업시행자는 시·도지사나 시장·군수 또는 구청장에게 대집행을 신청할 수 있다.

(2) 행정대집행법 제2조 요건

①공법상 대체적 작위의무의 불이행 ②다른 수단으로의 이행확보 곤란 ③의무불이행 방치가 심히 공익을 해한다고 인정할 것을 요한다.

3. 절차: 행정대집행법 준용

4. 대집행 대상에 대한 검토(비대체적 작위의무의 경우)

(1) 문제점

인도·이전의무는 비대체적 작위의무인데 토지보상법 제89조에서는 이 법에 의한 의무로 규정하고 있는 바, 토지보상법 제89조 규정을 대집행법의 특례규정으로 보아 대집행을 실행할 수 있는지가 문제된다. 즉, 토지 등의 인도를 신체의 점유로써 거부하는 경우 이를 실력으로 배제할 수 있는지가 문제된다.

(2) 학설

①토지보상법 제89조 규정을 특례 규정으로 보아 인도의무가 대집행 대상이 된다는 긍정설과 ②토지보상법 제89조 규정을 특례 규정을 보지 않고, 인도의무는 비대체적 작위의무이므로 대집행 대상이 되지 않는다는 부정설이 대립한다.

(3) 판례

①대법원은 〈관악산 매점시설의 퇴거와 관련된 사건〉에서 도시공원시설인 매점 점유자의 점유배제는 대체적 작위의무에 해당하지 않으므로 대집행의 대상이 아니라고 판시한 바 있다. 또한, ②토지보상법 제89조의 '인도'에는 명도도 포함되는 것으로 보아야 하고, 이러한 명도의무는 그것을 강제적으로 실현하면서 직접적인 실력행사가 필요한 것이지 대체적 작위의무라고 볼 수 없으므로 특별한 사정이 없는 한 행정대집행법에 의한 대집행의 대상이 될 수 있는 것은 아니라고 판시한바 있다.

(4) 검토

대집행은 국민의 권익침해의 개연성이 높으므로 토지보상법 제89조의 의무를 법치행정의 원리상 명확한 근거 없이 비대체적 작위의무로까지 확대해석할 수 없다고 할 것이다.

논점 019 토지수용위원회

Ⅰ. 개설

토지수용위원회는 사업시행자와 토지소유자 또는 관계인과의 사이에서 수용이나 손실보상에 관한 다툼을 당사자가 주장하는 바에 따라 공정·중립의 입장에서 판단하고, 이를 최종적으로 재결하는 준사법적 행정기관이다. 토지수용위원회의 역할은 공정한 심리 절차에 의하여 피수용자를 확정하고 손실보상을 결정하는 것을 주로 한다. 이와 같은 임무를 실현하기 위해 위원회는 독립성을 지니고, 이에 소속되는 위원의 신분을 보장하고 있다.

Ⅱ. 성격

①토지수용위원회는 독립된 행정기관으로서, 토지수용위원회가 구성 위원의 합의에 의해 독립적으로 수용·사용에 관한 재결을 하는 점에서 합의제 행정기관이다. ②토지수용위원회는 토지 등의 수용·사용에 관한 재결 사항을 판단하고 결정하는 것을 임무로 하기 때문에 준사법적 행정기관으로서의 지위를 갖는다. ③ 또한 위원의 공정성이 의심되는 경우 제척·기피·회피제도를 두고 있으며, 토지수용에 관해 학식과 경험이 풍부한 자 등이 위원이 되는바 독립성 및 전문성이 인정되는 기관이다.

Ⅲ. 설치와 구성

토지등의 수용과 사용에 관한 재결을 하기 위하여 국토교통부에 중앙토지수용위원회를 두고, 특별시·광역시·도·특별자치도(이하 "시·도"라 한다)에 지방토지수용위원회를 둔다(토지보상법 제49조). 또한 중앙토지수용위원회는 위원장 1명을 포함한 20명 이내의 위원으로 구성하며, 위원 중 대통령령으로 정하는 수의 위원은 상임(常任)으로 한다(토지보상법 제52조 제1항). 지방토지수용위원회는 위원장 1명을 포함한 20명 이내의 위원으로 구성한다(토지보상법 제53조 제1항).

Ⅳ. 관할

1. 관할의 범위(토지보상법 제51조)

① 중앙토지수용위원회: 국가 또는 시·도가 사업시행자인 사업, 수용하거나 사용할 토지가 둘 이상의 시·도에 걸쳐 있는 사업의 재결

② 지방토지수용위원회: 중앙토지수용위원회 이외의 사업의 재결 (시·도 해당 관할의 사업)

2. 관할 범위 내 재결의 종류

① 중앙토지수용위원회는 관할 범위 내 재결과 1차적 재결에 대한 불복으로서 이의재결을 담당한다.

② 지방토지수용위원회는 관할 범위 내 재결만 담당한다.

Ⅴ. 재결사항(토지보상법 제50조 제1항)

1. 수용하거나 사용할 토지의 구역 및 사용방법
2. 손실보상
3. 수용 또는 사용의 개시일과 기간
4. 그 밖에 이 법 및 다른 법률에서 규정한 사항

논점 020 보상협의회

Ⅰ. 의의 및 취지(토지보상법 제82조)

보상업무에 관한 사항을 협의하기 위해서 시·군·구에 설치하는 합의제 행정기관이다. 개정의 취지는 보상업무 지연 초래를 방지하기 위함이다.

Ⅱ. 성격

1. 자문기관인지, 심의기관인지

보상협의회는 설치 목적이나 명칭 등을 고려할 때 의견 수렴 내지는 자문기관으로서의 성격을 갖는 것에 불과하다.

2. 임의적 및 의무적 보상협의회

(1) 의무적 보상협의회

대통령령이 정하는 규모 이상의 공익사업을 시행하는 경우 의무적 자문기관이다(해당 공익사업지구 면적이 10만m^2이상, 토지등의 소유자가 50인 이상인 경우).

(2) 임의적 보상협의회

동법 제82조 외의 사업인 경우 필요할 때 설치할 수 있는 임의적 자문기관도 있다.

Ⅲ. 협의 사항(협의회의 기능)

보상액 평가를 위한 사전 의견수렴에 관한 사항, 잔여지의 범위 및 이주대책 수립에 관한 사항, 해당 사업지역 내 공공시설의 이전 등에 관한 사항, 토지소유자나 관계인 등이 요구하는 사항 중 지방자치단체의 장이 필요하다고 인정하는 사항, 그 밖에 지방자치단체의 장이 회의에 부치는 사항이 있다.

논점 021 위험부담이전

Ⅰ. 의의 및 취지(토지보상법 제46조)

토지보상법 제46조는 민법상 채무자위험부담주의의 예외를 규정하여 피수용자를 보호하기 위한 제도를 마련하고 있다. 즉, 이 제도는 위험부담을 사업시행자에게 전가하고 있다.

Ⅱ. 위험부담과 적용

이 제도는 목적물의 멸실·훼손의 경우에 한하고 목적물의 가격이 하락된 경우에는 적용되지 않는다. 재결에 의한 보상금은 재결시를 기준으로 하고 있으므로, 재결 이후 어떠한 원인으로 인하여 목적물의 가격이 하락되었다 하더라도 그 원인을 피수용자의 귀책사유로 볼 수 없기 때문이다. 대법원은 재결 후 수용목적물이 멸실되었다 하더라도 사업시행자가 보상 약정을 해제할 수 없다는 입장을 취하고 있다.

Ⅲ. 요건

1. 위험부담의 대상에 대한 검토

수용재결이 있은 후 목적물에 하자가 숨어있을 경우도 비록 목적물의 훼손에 해당한다 하더라도 재결이 있기 전부터 하자가 숨어있었기 때문에, 위험부담의 문제가 아니라 손실보상금의 감액 문제로 된다. 목적물에 하자가 숨어있었다면, 사업시행자는 고의·과실을 불문하고 행정소송을 통해 손실보상금의 감액을 요구할 수 있을 것이다. 그러나 사업시행자가 숨은 하자를 알고도 보상금을 지불하여 수용목적물을 취득하였다면 하자를 이유로 부당이득의 반환을 청구할 수 없을 것이다. 또한 재결에 대해 다툴 수 있는 불복기간이 경과하였다면, 비록 하자가 숨어있었다 하더라도 재결에서 정한 손실보상금을 반환받을 수 없게 된다. 대법원은 이러한 경우 민사소송 절차에 의해 부당이득의 반환을 청구할 수 없는 것으로 보고 있다(대판 98다58511).

2. 위험부담의 이전 기간

위험부담 이전의 효력은 재결에 따른 것이며, 수용의 개시일에 해당 목적물의 소유권이 사업시행자에게 원시취득되기 때문에 위험부담이 이전되는 기간은 수용재결이 있은 후부터 수용의 개시일까지이다.

3. 피수용자의 귀책사유가 없을 것

목적물의 멸실에 피수용자의 귀책사유가 있는 경우에는 당연히 피수용자가 그 위험부담을 지게 되며, 피수용자의 귀책사유가 없는 경우에 한하여 목적물의 멸실에 따른 위험부담을 면하게 된다.

Ⅳ. 효과

재결 후 수용 또는 사용의 목적물이 사업시행자에게 인도 또는 이전되기 전에 멸실 또는 훼손되었더라도 사업시행자는 재결에서 정한 보상금을 지급하여야 하며, 이행불능을 이유로 보상금의 지급을 거부하거나 보상금의 감면을 청구할 수 없다. 판례는 댐건설로 인한 수몰지역 내의 토지를 매수하고 지상입목에 대하여 적절한 보상을 하기로 특약하였다면 보상금이 지급되기 전에 그 입목이 홍수로 멸실되었다고 하더라도 매수 또는 보상하기로 한 자는 이행불능을 이유로 위 보상약정을 해제할 수 없다고 판시하였다.

논점 022 담보권자의 물상대위

Ⅰ. 물상대위의 의의

물상대위란 약정담보물권에 있어서 그 목적물이 멸실·훼손 또는 공용징수로 인하여 보험금지급청구권·손해배상청구권·보상금청구권 등으로 변하는 경우에는, 이 보험금지급청구권·손해배상청구권·보상금청구권 등에 담보물권의 효력이 미치는 것을 말한다.

Ⅱ. 토지보상법 제47조 및 적용범위

1. 토지보상법 제47조(규정과 그 취지)

①토지보상법 제47조는 '담보물권의 목적물이 수용되거나 사용된 경우 그 담보물권은 그 목적물의 수용 또는 사용으로 인하여 채무자가 받을 보상금에 대하여 행사할 수 있다. 다만, 그 보상금이 채무자에게 지급되기 전에 압류하여야 한다.'고 규정하고 있다. ②토지보상법은 개인별 보상원칙(토지보상법 제64조)을 채택하고 있으나, 토지에 담보물권이 설정되고 나중에 건물 등이 지어지는 경우와 같이 양자를 구분하여 보상액을 산정하는 것이 곤란한 경우에는 보상금을 개별적으로 산정하여 지급하는 것이 어렵다. 따라서 일괄산정하여 지불하게 되고, 이 경우 담보물권자의 권익을 보장하기 위해서 이 보상금에 대해 물상대위권을 행사할 수 있도록 하는 확인적 의미의 규정이라고 볼 수 있다.

2. 적용범위

토지보상법 제47조는 개인별 보상원칙의 예외로서 보상금을 개별적으로 산정·지급하지 못하는 경우 또는 사업인정고시 이후에 설정된 담보물권에 관해 적용된다.

Ⅲ. 물상대위권의 내용

①보상금이 채무자에게 지급되기 전에 압류해야 한다(요건). ②물상대위의 효력이 미치는 보상의 범위는 수용 또는 사용되는 토지 등의 가격 및 잔여지에 대한 보상금에 대해서만 물상대위가 미치며, 담보물권의 목적물과 직접적인 관련성이 없는 그 밖의 보상금에 대해서는 미치지 않는다.

Ⅳ. 관련 판례

중앙토지수용위원회가 수용대상 토지의 관계인인 甲의 주소로 송달한 재결서 정본이 반송되자 갑의 실제주소를 파악하기 위한 기본적인 조치도 없이 곧바로 공시송달의 방법으로 재결서 정본을 송달한 사안에서, 갑이 수용대상 토지의 수용보상금 중 일부에 대하여 물상대위권을 행사할 수 있는 기회를 잃게 됨으로써 피담보채권을 우선변제 받지 못하는 손해를 입었다고 보아 국가배상책임을 인정한 판례가 있다.

논점 023 환매권

Ⅰ. 의의 및 취지(토지보상법 제91조)

환매권이란 공익사업을 위해 취득된 토지가 당해 사업에 필요 없게 되었거나, 현실적으로 이용되지 않는 경우에 원래 토지소유자가 환매대금을 지급하고 환매 의사를 표시함으로써 사업시행자로부터 토지소유권을 되찾을 수 있는 권리를 말한다. 이는 재산권의 존속보장 및 토지소유자의 소유권에 대한 감정존중을 도모한다.

Ⅱ. 법적성질

1. 형성권

다수설 및 판례의 입장은 환매권은 환매기간 내에 환매의 요건이 발생하면 환매권자가 수령한 보상금의 상당금액을 사업시행자에게 지급하고 일방적으로 의사표시를 함으로써 수용의 목적물을 취득하는 권리이므로 형성권의 일종이라 한다. 대법원도 환매권은 일종의 형성권으로서 재판상이든 재판외이든 그 기간 내에 행사하면 이로써 매매의 효력이 발생한다고 한다.

2. 공권인지·사권인지 여부

①공권설은 환매권이 수용의 해제, 원상회복요구권으로 공법적 원인에 기한 공권으로, ②사권설은 토지소유자 자기이익을 위하여 행사하는 권리라는 점에서 사권으로 본다. ③대법원 및 헌법재판소는 실행방법은 민사상 소유권이전등기청구소송에 의한다고 보아 사권으로 보는 입장이다. ④생각건대 공법상 주체인 사업시행자에 대하여 사인이 가지는 권리로서, 수용에 따른 원상회복을 위한 권리인바 공권으로 봄이 타당하다.

Ⅲ. 환매권의 성립시기

환매권의 성립시기에 대해 ①수용시 성립한다는 견해와 요건 성립시 성립한다는 견해가 대립되나, ②목적물 취득시 제3자에 대한 대항요건으로서 수용의 등기를 요한다는 것은 환매권이 이미 성립되었다는 것을 전제로 하는 점에서 수용시 성립한다고 봄이 타당하다.

Ⅳ. 요건

1. 당사자 및 목적물

①당사자는 환매권자인 토지소유자 또는 포괄승계인이고, 상대방은 사업시행자 또는 현실적 소유자이다. ②환매목적물은 토지소유권에 한한다(토지에 대한 소유권 이외의 권리 및 토지이외의 물건 등은 환매의 대상이 되지 아니한다). ③ 단, 잔여지의 경우 그 잔여지에 접한 일단의 토지가 필요 없게 된 경우가 아니면 환매가 불가하다.

2. 환매의 행사요건

환매는 아래 (1) 또는 (2)의 요건을 충족하면 행사할 수 있다. 이들 요건에 대하여는 환매권의 성립 또는 취득요건이라는 견해와 수용의 완성과 동시에 환매권이 성립하는 것이므로 단지 행사요건에 불과하다는 견해로 나누어지고 있다. 환매권은 취득의 완성과 동시에 법률상 당연히 성립되는 것이므로 행사요건으로 보는 견해(다수설)가 타당한바, 이하 행사요건으로 후술하기로 한다.

(1) 전부 또는 일부가 필요 없게 된때

1) 환매의 행사요건 (토지보상법 제91조 제1항)

공익사업의 폐지·변경 또는 그 밖의 사유로 취득한 토지의 전부 또는 일부가 필요 없게 된 경우 토지의 취득일 당시의 토지소유자 또는 그 포괄승계인은 ①사업의 폐지·변경으로 취득한 토지의 전부 또는 일부가 필요 없게 된 경우에는 관계 법률에 따라 사업이 폐지·변경된 날 또는 토지보상법 제24조에 따른 사업의 폐지·변경 고시가 있는 날, ②그 밖의 사유로 취득한 토지의 전부 또는 일부가 필요 없게 된 경우에는 사업완료일부터 10년 이내에 그 토지에 대하여 받은 보상금에 상당하는 금액을 사업시행자에게 지급하고 그 토지를 환매할 수 있다.

2) 구체적인 의미

①〈공익사업〉이란 취득 목적인 구체적인 특정의 공익사업으로서, ②〈폐지·변경〉이란 공익사업을 아예 그만두거나, 다른 공익사업으로 바꾸는 것을 말한다. ③〈필요 없게 된 때〉란 폐지나 변경으로 당초 이용상황으로 이용하지 않은 경우 등을 말한다.

(2) 전부를 이용하지 않을 때

1) 토지보상법 제91조 제2항

취득일부터 5년 이내에 취득한 토지의 전부를 해당 사업에 이용하지 아니하였을 때에는 취득일부터 6년 이내에 행사하여야 한다.

2) 구체적 의미

①전부란 특정 환매권자의 해당 필지를 기준으로 판단해서는 안되고, 사업시행자가 취득한 토지의 전부를 기준해야 한다. ②이용하지 아니하였을 때의 의미는 사업에 이용할 필요가 없게 된 것이 아니라, 단지 사실상 사업에 제공되지 않은 경우를 말한다.

(3) 각 요건의 관계(동법 제91조 제1항과 제2항의 행사요건의 관계)

그 요건을 서로 달리하고 있으므로, 어느 한쪽 요건에 해당되면 다른 쪽의 요건을 주장할 수 없게 된다고 할 수 없고, 양쪽 요건에 모두 해당한다고 하여 더 짧은 제척기간을 정한 제2항에 의하여 제1항의 환매권 행사가 제한된다고 할 수도 없다.

V. 환매금액과 환매절차

1. 환매금액

(1) 지급받은 보상금 상당금액(환매당시의 감정평가금액이 [보상금 × 인근유사토지 지가변동률] 보다 적거나 같을 경우)

환매권 행사당시의 토지 등의 가격이 지급한 보상금에 환매 당시까지의 당해 사업과 관계없는 인근 유사토지의 지가변동률을 곱한 금액보다 "적거나 같을 때"인 경우에는 환매금액은 지급한 보상금의 상당금액에 해당한다.

(2) 토지가격이 취득일 당시에 현저히 변동된 경우

1) 산식

환매금액 = 지급한 보상금 + (환매당시의 감정평가금액 – 보상금×인근 유사토지의 지가변동률)

2) 의미

①토지의 가격이 취득일 당시에 비하여 현저히 변동된 경우는 환매권 행사 당시의 토지가격이 지급한 보상금에 환매 당시까지의 해당 사업과 관계없는 인

근 유사토지의 지가변동률을 곱한 금액보다 높은 경우로 한다(동법 시행령 제 48조). ②〈대법원〉은 인근 유사토지의 지가변동률이란 환매 대상 토지와 지리적으로 인접하고 그 공부상 지목과 토지의 이용상황 등이 유사한 토지의 지가변동률을 말하나, 합리적인 지가변동률을 산출할 수 있을 정도의 토지를 선정하면 족하다고 한다.

2. 환매의 절차

(1) **사업시행자의 통지 또는 공고**(토지보상법 제92조 제1항)

사업시행자는 환매할 토지가 생겼을 때에는 지체 없이 그 사실을 환매권자에게 통지하여야 한다. 다만, 사업시행자가 과실 없이 환매권자를 알 수 없을 때에는 대통령령으로 정하는 바에 따라 공고하여야 한다.

(2) **협의 및 환매가격 지급**(동법 제91조 제4항)

토지의 가격이 취득일 당시에 비하여 현저히 변동된 경우 사업시행자와 환매권자는 환매금액에 대하여 서로 협의하되, 협의가 성립되지 아니하면 그 금액의 증감을 법원에 청구할 수 있다. 만약 협의가 된다면, 환매권자가 협의해서 정해진 환매가격을 지급함으로써 환매가 성립한다.

Ⅵ. 환매권의 효력과 환매권 행사의 효과

1. 환매권의 대항력

(1) **토지보상법 제91조 제5항**

'환매권은 「부동산등기법」에서 정하는 바에 따라 공익사업에 필요한 토지의 협의취득 또는 수용의 등기가 되었을 때에는 제3자에게 대항할 수 있다'고 규정되어 있다.

(2) **관련 판례**

상기 동법 제91조 제5항의 의미와 관련하여, 판례는 협의취득 또는 수용의 목적물이 제3자에게 이전되더라도 협의취득 또는 수용의 등기가 되어 있으면 환매권자의 지위가 그대로 유지되어 환매권자는 환매권을 행사할 수 있고, 제3자에 대해서도 이를 주장할 수 있다는 의미이다.

2. 환매권 행사의 효과

①〈물권적효과설〉에서는 법률이 환매권자 권리로서 환매를 인정하고 있는 제도적 취지와 환매가격을 지급하도록 규정하고 있는 점을 근거로 환매권 행사로 바로 소유권이 이전된다고 본다. ②〈채권적효과설〉은 환매권은 재매매의 예약완결권이라 볼 수 있다는 점을 논거로 소유권 이전을 청구할 수 있는 채권만이 발생한다고 본다. ③판례는 채권적 효과로서 소유권이전등기청구권이 발생한다고 보며 10년을 시효로 소멸한다고 한다. ④생각건대, 환매의 의사표시로 바로 효력이 발생하며, 그 때의 효력은 환매권자를 보호하여야 할 필요성을 강조하면서 물권적 효력으로 보는 것이 타당하다.

Ⅶ. 환매권의 소멸

1. 사업시행자의 통지나 공고가 있는 경우

환매권자는 환매권의 통지를 받은 날 또는 공고를 한 날부터 6개월이 지난 후에는 제91조제1항 및 제2항에도 불구하고 환매권을 행사하지 못한다(동법 제92조 제2항).

2. 사업시행자의 통지나 공고가 없는 경우

사업시행자의 통지나 공고가 없는 경우에는 토지보상법 제91조 제1항 및 제2항에 따른 기간이 지나면 환매권자는 환매권을 행사를 하지 못한다.

Ⅷ. 환매권 행사의 제한(공익사업변환과 환매권)

1. 의의 및 취지 등(동법 제91조 제6항)

공익사업이 다른 공익사업으로 변경된 경우, 별도의 협의취득 또는 수용없이 당해 토지를 변경된 다른 공익사업에 이용하도록 하는 제도를 말하며, 이는 환매와 재수용이라는 무용한 절차의 반복을 피하기 위함이다. 즉, 공익사업변환이 인정되면 환매권자는 환매권을 행사할 수 없다. 이러한 경우 변경된 공익사업을 관보에 고시한 날부터 환매권 행사기간이 다시 기산되게 된다.

2. 공익사업변환 규정의 위헌성

(1) 문제점
토지보상법 제91조 제6항은 공익사업변환에 해당하는 경우 환매권 행사를 제한하고 있다. 헌법은 재산권의 존속 보장과 본질적 내용 침해금지를 규정하고 있는바, 공익사업변환이 기본권의 본질을 침해하는지 검토가 필요하다.

(2) 견해의 대립
①〈합헌설〉은 공익사업의 신속한 수행을 위한 목적의 정당성이 인정되고, 사업시행자의 범위와 대상사업을 한정하고 있어 그 입법목적달성을 위한 수단으로서 수단의 적정성이 인정된다고 한다. ②〈위헌설〉은 사업 변경시 불복 절차를 두고 있지 않고, 환매권 규정을 공허화할 수 있어 위헌이라 본다.

(3) 판례
헌법재판소는 이 조항은 공익사업의 원활한 시행을 확보하기 위한 목적에서 신설된 것으로 우선 그 입법 목적에 있어서 정당하고 나아가 변경 사용이 허용되는 사업시행자의 범위를 국가·지방자치단체 또는 정부투자기관으로 한정하고 사업목적 또한 상대적으로 공익성이 높은 공익사업으로 한정하여 규정하고 있어서 그 입법 목적 달성을 위한 수단으로서의 적정성이 인정될 뿐 아니라 피해 최소성의 원칙 및 법익균형의 원칙에도 부합된다 할 것이므로 기본권 제한에 관한 과잉금지의 원칙에 위배되지 아니한다고 한다.

(4) 검토
생각건대, 원활한 공익사업의 수행을 위해 목적의 정당성이 인정되며, 사업의 종류를 제한하여 최소침해원칙 등 헌법상 비례원칙에 어긋나지 않아 합헌으로 보인다.

3. 공익사업변환의 요건
①〈변경 전 사업의 주체〉는 국가, 지방자치단체 또는 공공기관에 해당하고, ②〈변경 전 공익사업〉은 사업인정을 받아야 하며, 판례는 〈변경 후 공익사업〉도 사업인정을 받거나 사업인정을 받은 것으로 의제 되어야 한다고 본다. ③또한 〈변경 후 공익사업〉은 토지보상법 제4조 제1호부터 제5호까지에 규정된 다른 공익사업(별표에 따른 사업이 제4조 제1호부터 제5호까지에 규정된 공익사업에 해당하는 경우를 포함한다)으로 변경된 경우이어야 한다.

4. 공익사업변환 요건과 관련된 특수한 문제

(1) 사업시행자가 변경된 경우에 공익사업변환 규정이 적용되는지 여부(공익사업 주체의 변경 문제)

1) 학설

①공익사업의 변환 규정 요건 충족시 이미 공익성이 높은 사업으로 볼 수 있으므로 사업시행자가 동일하지 않더라도 공익사업변환 규정의 적용이 가능하다고 보는 견해(긍정설)와 ②행정주체 간의 용도 담합의 가능성 및 실질적으로 환매권 제도가 무색해질 수 있는 점 등을 논거로 사업시행자가 동일하여야 하며, 주체가 다른 경우 공익사업변환 규정의 적용이 불가하다고 보는 견해(부정설)이 대립한다.

2) 판례

대법원은 공익사업변환은 기업자가 동일한 경우에만 허용되는 것으로 해석되지 않는다고 하여 긍정설의 입장으로 보인다.

3) 검토

- 긍정설: 생각건대, 공익사업변환 제도의 무용한 절차의 반복을 피하기 위해서는 사업시행자가 변경되더라도 다른 요건만 충족되었다면 이미 공익성이 높은 사업으로 볼 수 있는바, 사업시행자 변경 시에도 동 규정을 적용함이 타당하다.
- 부정설: 생각건대, 공익사업변환제도의 입법 취지 등을 고려하여 볼 때 예외규정은 좁게 해석함이 국민의 권리구제에 유리한바, 사업시행자 변경시에는 동 규정을 적용하지 않는 것이 타당하다.

(2) 제3자에게 처분해 버린 경우

판례는 공익사업의 원활한 시행을 위한 무익한 절차의 반복 방지라는 '공익사업의 변환'을 인정한 입법 취지에 비추어 볼 때, 만약 사업시행자가 협의취득하거나 수용한 당해 토지를 제3자에게 처분해 버린 경우에는 어차피 변경된 사업시행자는 그 사업의 시행을 위하여 제3자로부터 토지를 재취득해야 하는 절차를 새로 거쳐야 하는 관계로 위와 같은 공익사업의 변환을 인정할 필요성도 없게 되므로, 공익사업의 변환을 인정하기 위해서는 적어도 변경된 사업의 사업시행자가 당해 토지를 소유하고 있어야 한다. 나아가 공익사업을 위해 협의취득하거나 수용한 토지가 제3자에게 처분된 경우에는 특별한 사정이 없는 한 그 토지는 당해 공익사업에는 필요 없게 된 것이라고 보아야 하고, 변경된 공익사업에 관해서도 마찬가지이므로, 그 토지가 변경된 사업의 사업시행자 아닌 제3자에게 처분된 경우에는 공익사업의 변환을 인정할 여지도 없다고 판시한 바 있다.

(3) 변경된 공익사업의 주체가 국가·지방자치단체 또는 일정한 공공기관이어야 하는지 여부

판례는 토지보상법 제91조 제6항과 관련하여 입법 취지와 문언 등을 고려해야 하는 점, 개정 당시 무용한 수용절차의 반복을 피하자는 데 주안점을 두었을 뿐 변경된 공익사업의 사업주체에 관하여는 큰 의미를 두지 않았던 점, 민간기업이 관계 법률에 따라 허가·인가·승인·지정 등을 받아 시행하는 도로, 철도, 항만, 공항 등의 건설사업의 경우 공익성이 매우 높은 사업임에도 사업시행자가 민간기업이라는 이유만으로 공익사업의 변환을 인정하지 않는다면 공익사업변환 제도를 마련한 취지가 무색해지는 점, 공익사업의 변환이 일단 토지보상법 제91조 제6항에 정한 '국가·지방자치단체 또는 공공기관의 운영에 관한 법률 제4조에 따른 공공기관 중 대통령령으로 정하는 공공기관'(이하 '국가·지방자치단체 또는 일정한 공공기관'이라고 한다)이 협의취득 또는 수용한 토지를 대상으로 하고, 변경된 공익사업이 공익성이 높은 토지보상법 제4조 제1호 내지 제5호에 규정된 사업인 경우에 한하여 허용되므로 공익사업 변환 제도의 남용을 막을 수 있는 점을 종합해 보면, 변경된 공익사업이 토지보상법 제4조 제1호 내지 제5호에 정한 공익사업에 해당하면 공익사업의 변환이 인정되는 것이지, 변경된 공익사업의 시행자가 국가·지방자치단체 또는 일정한 공공기관일 필요까지는 없다고 판시한 바 있다.

IX. 권리구제

1. 분쟁의 유형과 소송형태

공권설에 의할 경우 당사자소송으로, 사권설의 경우 민사소송에 의한다. 판례는 민사소송으로 본다.

2. 환매금액의 증감에 대한 다툼

토지의 가격이 취득일 당시에 비하여 현저히 변동된 경우 사업시행자와 환매권자는 환매금액에 대하여 서로 협의하되, 협의가 성립되지 아니하면 그 금액의 증감을 법원에 청구할 수 있다(동법 제91조 제4항).

 **논점 024 환매권의 미통지시 손해배상청구가능성**

1. 개설

토지보상법 제92조는 환매요건 충족시 사업시행자의 통지의무를 규정하고 있다. 따라서 이러한 통지의무의 위반으로 토지소유자가 알지 못하여, 제척기간 경과로 환매권이 소멸한 경우 사업시행자의 불법행위를 구성하는지 문제된다.

2. 환매권 통지의 취지

판례는 환매권 통지규정이 단순히 선언적인 것이 아니라 사업시행자의 법적인 의무라고 하였는바, 이는 헌법상 재산권존속보장에 이론적 근거를 둔 환매권의 취지에 비추어 타당하다.

3. 환매권 통지 없이 제척기간 도과한 경우 불법행위 성립여부

(1) 판례 및 비판견해

이에 대해 판례는 사업시행자가 통지하지 아니하여 제척기간이 도과한 것이므로 불법행위를 구성한다고 한다. 반면 일부 비판하는 견해는 통지가 환매 요건이 아님에도 모든 책임을 사업시행자에게 부담시키는 것은 부당하다고 본다.

(2) 검토

환매권의 통지가 사업시행자의 법적인 의무라고 보는 한, 이를 위반한 것은 불법행위로 보아야 하며, 토지소유자 입장에서는 환매권 통지가 없으면 그 행사가능성을 알기 어려운 점에 비추어 보더라도 불법행위를 인정함이 타당하다.

4. 불법행위로 인한 손해배상액

판례에 의하면 불법행위로 인한 손해배상액은 환매권 상실당시 토지의 시가에서 환매권자가 환매권 행사시 지급해야 할 금액을 공제한 금액이라고 하였는바, 사안의 사업시행자는 상기에 해당하는 금액을 손해배상액으로 지급해야 할 것이다.

CHAPTER 02 손실보상 총론

 001 손실보상의 개관

Ⅰ. 손실보상의 의의

손실보상이란 적법한 공권력 행사에 의해 국민에게 가해진 특별한 손실을 공적 부담 앞의 평등의 원칙에 근거하여 국가나 지방자치단체 또는 공익사업의 주체가 그 손실을 보상하여 주는 것을 의미한다.

Ⅱ. 손실보상의 근거

헌법 제23조 제3항에서는 '공공필요에 의한 재산권의 수용·사용 또는 제한 및 그에 대한 보상은 법률로써 하되, 정당한 보상을 지급하여야 한다'고 규정하고 있다. 또한 개별법인 토지보상법, 하천법 등에도 명문의 근거가 마련되어 있다.

Ⅲ. 손실보상청구권의 법적 성질

1. 학설

①공권설은 공권력 작용을 원인으로 하며 토지보상법 등에서 이의신청, 행정소송과 같은 공법규정을 두고 있는 점을 근거로 하여 공법상 권리라 본다. ②사권설은 사익을 위한 법률관계로 보고 손실보상청구권은 기본적으로 금전청구권(채권·채무관계)으로 보아 사법상의 권리라 한다.

2. 판례

①종전 판례는 손실보상청구권의 성질에 대해 사권으로 보았으나, ②최근 〈하천법〉과 관련된 판결에서 공권이라고 보아 당사자소송의 대상이 된다고 하였다. ③또한, 〈세입자 주거이전비〉는 사업추진을 원활하게 하려는 정책적 목적과 사회보장적인 차원에서 지급되는 금원의 성격을 가지게 되므로 세입자의 주거이전

비 보상청구권은 공법상 권리라 보았다. ④토지보상법상 〈농업손실보상청구권〉 역시 공법상 권리라 하였다.

3. 검토

생각건대, 손실보상청구권은 공권력 행사로 인하여 발생한 권리이고 공익 관련성이 있으므로 공권으로 보는 것이 타당하다.

 **경계이론과 분리이론**

I. 개설

헌법 제23조 제1항은 '모든 국민의 재산권은 보장된다. 그 내용과 한계는 법률로 정한다'고 규정하고 있으며, 제2항은 '재산권의 행사는 공공복리에 적합하도록 하여야 한다'고 규정하고 있다. 제3항에서는 '공공필요에 의한 재산권의 수용·사용 또는 제한 및 그에 대한 보상은 법률로써 하되, 정당한 보상을 지급하여야 한다'고 규정하고 있다. 경계이론과 분리이론은 헌법 제23조 제1항 및 제2항과 제3항의 해석과, 재산권에 제한이 있는 경우 사회적 제약과 공용침해에 대한 해결 논의이다.

II. 경계이론

1. 의의

경계이론은 공공필요에 의한 재산권의 제한과 그에 대한 구제를 손실보상의 문제로 보는 견해이다. 이 견해에 의하면 공공필요에 의한 재산권의 제약이 재산권에 내재하는 사회적 제약을 넘는 특별한 희생이 있는 경우에 그에 대하여 보상을 하여야 하는 것으로 본다.

2. 내용

(1) 가치보장과 실현수단

가치보장이라 함은 공공필요에 의해 재산권에 대한 공권적 침해가 행해지는 경우에 재산권의 가치를 보장하기 위해 보상과 가치보장 조치를 취하는 것을 말한다. 가치보장의 실현제도로는 손실보상, 매수청구제도 등이 있다.

(2) 사회적 제약과 특별한 희생의 구별

재산권 침해의 강도(정도)를 기준하여, 침해가 적은 경우는 보상없이 감수해야 하는 사회적 제약으로 본다. 만약 침해의 강도(정도)를 넘는 경우는 특별한 희생으로 보아 보상이 필요하다고 본다.

3. 권리구제

경계이론에 의하면 재산권에 대한 제한을 재산권에 내재하는 사회적 제약과 특별한 희생으로 구별하고, 특별한 희생에 해당하면 손실보상 요건 충족 시 손실보상으로 권리구제를 도모한다.

Ⅲ. 분리이론

1. 의의

분리이론은 재산권에 대한 제한의 문제를 입법자의 의사에 따라 헌법 제23조 제1항 및 제2항에 의한 재산권의 내용과 한계의 문제 또는 헌법 제23조 제3항의 공용제한과 손실보상의 문제로 본다.

2. 내용

(1) 존속보장과 실현제도

존속보장이라 함은 재산권자가 재산권을 보유하고 향유(사용, 수익, 처분)하는 것을 보장하는 것을 말한다.

존속보장의 실현제도로는 공공필요성 요건(최소침해의 원칙 등 비례의 원칙 포함), 환매제도, 분리이론, 위법한 재산권 침해행위에 대한 취소소송 등이 있다.

(2) 사회적 제약과 과도한 침해의 구별

분리이론은 입법자의 의사, 입법 목적 및 형식에 따라 구별하고, 재산권의 내용적 제한이 재산권에 내재하는 사회적 제약을 넘어 과도한 제한이 되는 경우는 과도한 침해로서 비례의 원칙 및 평등원칙에 반하게 된다고 본다. 이 경우에 입법자는 비례원칙의 위반을 시정하여 재산권의 제한을 합헌적으로 하여야 할 의무를 지는데, 이 의무를 조정조치의무라고 한다.

3. 권리구제

조정조치의무를 이행하지 않는 경우 ①재산권 제한조치가 위헌이므로 취소소송을 통하여 구제를 받아야 한다는 견해, ②조정조치의무 불이행이라는 입법부작위에 대한 헌법소원을 통하여 구제를 받아야 한다는 견해, ③재산권 제한조치의 근거가 되는 법률의 위헌확인과 조정조치에 관한 입법을 기다려 구제를 받아야 한다는 견해가 있다.

Ⅳ. 소결

우리 헌법재판소는 개발제한구역에 대한 헌법소원에서 입법자가 도시계획법 제21조를 통하여 국민의 재산권을 비례의 원칙에 부합하게 합헌적으로 제한하기 위해서는, 수인의 한계를 넘어 가혹한 부담이 발생하는 예외적인 경우에는 완화하는 보상규정을 두어야 한다고 보았다.

이러한 보상규정은 입법자가 헌법 제23조 제1항 및 제2항에 의하여 재산권의 내용을 구체적으로 형성하고 공공의 이익을 위하여 재산권을 제한하는 과정에서 이를 합헌적으로 규율하기 위하여 두어야 하는 규정이다. 재산권의 침해와 공익 간의 비례성을 다시 회복하기 위한 방법은 헌법상 반드시 금전보상만을 해야 하는 것은 아니다. 입법자는 지정의 해제 또는 토지매수청구권 제도와 같이 금전보상에 갈음하거나 기타 손실을 완화할 수 있는 제도를 보완하는 등 여러 가지 다른 방법을 사용할 수 있다고 하여(헌재 89헌마214 등), 개발제한구역의 지정으로 인한 재산권행사의 제한과 그에 대한 권익구제의 문제를 헌법 제23조 제3항의 공용제한과 손실보상의 문제로 보지 않고, 헌법 제23조 제1항 및 제2항의 재산권의 내용과 한계의 문제로 보고 있다. 이 점에서 헌법재판소는 재산권의 제한에 관한 독일법상의 분리이론을 취하고 있다고 볼 수 있다.

논점 003 불가분조항 여부(헌법 제23조 제3항의 성격)

I. 개설

헌법 제23조 제3항은 "공공필요에 의한 재산권의 수용·사용 또는 제한 및 그에 대한 보상은 법률로써 하되, 정당한 보상을 지급하여야 한다"고 규정하고 있다. 헌법규정에 따라 국민의 재산권을 침해하는 행위 그 자체는 형식적 법률에 반드시 근거를 두어야 하지만, 손실보상의 기준과 방법 등에 관하여 규정한 일반법은 없다.

헌법 제23조 제3항의 의미에 대하여 독일에서 말하는 불가분조항(부대조항, 결부조항, 동시조항)의 규정으로 볼 수 있을지에 대해 견해가 대립한다.

II. 불가분조항의 의의

불가분조항이란 공용침해의 근거 규정과 손실보상 규정이 하나의 법률로 규정되어야 하고, 서로 불가분의 관계를 형성하고 있는 것을 의미한다.

III. 헌법 제23조 제3항을 불가분조항으로 볼 수 있는지 여부

1. 견해의 대립

①긍정설은 "손실보상규정은 재산권의 본질적 내용이므로 입법자가 반드시 스스로 규율하여야 한다"는 입장으로서 헌법 제23조 제3항을 불가분조항으로 보는 견해이다. ②부정설은 우리 헌법과 독일기본법은 표현이 다르며, "헌법 제23조 제3항은 공용침해와 보상규정이 별개의 법률에서 규정될 수 있다"고 해석될 여지가 있어 불가분조항으로 보지 않는다. ③절충설은 수용과 관련하여 보상규정을 두지 않는 경우 불가분조항으로 이해하여 위헌무효로 파악한다.

2. 검토

- 긍정설: 생각건대, 헌법 제23조 제1항에 의한 재산권의 내용규정과 헌법 제23조 제3항의 공용수용에 규정이 제도적으로 구분되고 있기 때문에 이는 서로 구분해 손실보상의 요건을 구성해야 한다고 보는 것이 타당하다.
- 부정설: 생각건대, 헌법 제23조 제3항을 불가분조항으로 본다면 사회적 혼란을 가중시킬 위험이 있는 바 부정함이 타당하다.

논점 004 손실보상의 요건

I. 개설

손실보상 요건으로는 ①공공필요, ②재산권의 공용침해(재산권에 대한 공권적 침해), ③재산권 침해의 적법성, ④특별한 희생, ⑤보상규정의 존재가 있다.

II. 구체적인 요건 검토

1. 공공필요

공공의 필요는 일정한 공익사업을 시행하거나 공공복리를 달성하기 위해 재산권의 제한이 불가피한 것을 말한다. 재산권에 대한 침해로 얻게되는 공익과 사인이 재산권을 보유함으로서 얻게 되는 사익간의 이익형량을 통해 판단한다.

2. 재산권의 공용침해(재산권에 대한 공권적 침해)

재산권은 민법상 소유권 뿐만 아니라, 재산적 가치가 있는 사법상의 물권, 채권 등 모든 권리를 포함하며, 공법상의 권리도 포함한다. 공용침해는 공용수용·공용사용·공용제한을 의미한다.

3. 침해의 적법성

손실보상의 원인으로서 개인의 재산권에 대한 공권적 침해는 적법한 것이어야 한다. 즉, 공공의 필요만으로 공용침해가 가능한 것은 아니며 법률에 근거가 있어야 한다.

4. 특별한 희생

(1) 개설

분리이론이란 공용침해와 재산권의 한계규정이 입법자의 의사에 따라 구분된다는 이론이고, 경계이론은 수용과 제한은 별개의 제도가 아니라 내용규정의 경계를 벗어나면 공용침해로 전환된다고 보는 이론이다. 헌법 제23조 제3항에서는 수용, 사용, 제한을 모두 규정하고 있고, 침해의 정도에 따라서 손실보상을 해줄 수 있는바, 이하에서는 경계이론의 입장에서 검토한다.

(2) 의의 및 사회적 제약과 구별실익

특별한 희생이란 타인과 비교하여 불균형하게 과하여진 권익의 박탈로서, 사회적 제약을 넘는 손실을 의미한다. 특별한 희생은 보상대상으로 인정되나, 사회적 제약은 공공복리를 위한 수인 의무로서 보상대상이 되지 않으므로 양자는 구별된다.

(3) 특별한 희생 판단기준

1) 학설

①형식설은 침해행위의 인적범위를 특정할 수 있는지 여부를 기준으로 형식적으로 판단한다. ②실질설은 침해행위의 성질과 정도를 기준으로 판단하는 견해로, ㉠보호할 만한 가치가 있는 재산권 침해를 기준으로 판단하는 보호가치성설, ㉡수인할 수 없는 제한에 대해서만 특별한 희생이라고 보는 수인한도설, ㉢본래의 기능이나 목적대로 사용할 수 없게 된 경우 특별한 희생이라고 보는 목적위배설, ㉣주관적인 이용목적에 따라 구분하는 사적효용설, ㉤재산권의 위치·상황에 따라 구분하는 상황구속성설 등이 대립된다.

2) 판례

대법원은 개발제한구역지정은 공공복리에 적합한 합리적인 제한이라 판시한 바 있다.

3) 검토

우리나라의 통설은 형식적 기준설과 각 실질적 기준설이 일면의 타당성만을 갖는다고 보고, 형식적 기준설과 실질적 기준설(특히 사적 효용설, 목적위배설, 상황구속설, 수인한도설)을 종합하여 특별한 희생과 사회적 제약을 구별하여야 한다고 본다. 즉, 토지 등을 종래의 목적대로 사용할 수 없거나 재산권의 이용이 제한되었음에도 손실보상을 하지 않는 것이 가혹한 경우 특별한 희생에 해당한다.

cf. 참고(간단하게 검토하는 경우) : 생각건대, 재산권 제한의 목적, 태양, 정도, 평등의 원칙 등을 종합 고려하여 개별·구체적으로 결정하여야 한다고 본다.

5. 보상규정의 존재

(1) 문제점

공용침해로 인하여 특별한 손해가 발생하여 손실보상을 하여야 하지만, 보상규정의 흠결이 있는 경우에 국민의 권익 구제 방안과 관련하여 견해가 대립한다.

(2) 학설

①〈방침규정설〉은 법률에 보상규정을 두지 않으면 손실보상청구를 할 수 없다고 하며, ②헌법 제23조 3항을 직접근거로 손실보상청구가 가능하다고 하는 〈직접효력설〉, ③헌법 제23조 제1항 및 헌법 제11조에 근거하고 헌법 제23조 3항 및 관계 규정을 유추 적용할 수 있다는 〈유추적용설〉 ④헌법 제23조 제3항은 불가분조항이므로 보상규정이 없는 경우 헌법규정에 반하여 위헌무효인바 손해배상으로 해결하자고 하는 〈위헌무효설〉이 있다. ⑤〈보상입법부작위위헌소원설〉은 손실보상을 규정하지 않은 입법부작위가 위헌인바, 헌법소원을 제기한다는 견해이다.

(3) 판례

대법원은 시대적 변화에 따라 직접효력설, 유추적용설 등 태도를 달리하여 판시하였으며, 헌법재판소는 보상입법의무의 부과를 통해 보상규정이 없는 경우의 문제를 해결하였다.

(4) 검토

- 유추적용설: 손실보상의 문제는 원칙적으로 입법적으로 해결해야 하나 입법자의 헌법적 의무가 해태되거나 국가배상법의 과실요건이 완화되기 전까지는 관련 규정을 유추적용하여 해결함이 타당하다. 또한 특별한 희생에 해당한다면 공평부담의 견지에서 보상해주는 것이 손실보상의 취지에 부합하므로 관련 규정 등을 유추적용함이 타당하다고 본다.

- 직접효력설: 국민의 권리구제 관점에서 유추적용 할 규정이 있다면 이를 유추하여 보상하고, 개별규정이 없다면 헌법 제23조 제3항에 근거하여 직접 손실보상을 청구할 수 있을 것이다.

논점 005 손실보상 기준

Ⅰ. 헌법상 기준

1. 문제점

헌법 제23조 제3항에서는 '정당한 보상'이라고 규정하고 있으나 정당보상의 의미가 추상적이어서 해석이 문제된다.

2. 학설

①완전보상설은 피침해 재산이 가지는 완전한 가치를 보상해야 한다는 견해로, 객관적 가치를 기준으로 한다는 객관적 가치설, 부대적 손실까지 포함해야 한다는 손실전부 보상설이 있다. ②상당보상설은 독일의 바이마르헌법에서 발전한 견해로, 사회통념에 비추어 타당한 보상이면 된다는 합리적인 보상설, 합리적인 이유가 있으면 하회할 수 있다는 완전보상원칙설이 있다. ③절충설은 손실보상의 원인이 되는 재산권 침해를 완전보상을 필요로 하는 경우와 상당보상을 필요로 하는 경우로 나누어 생각하는 견해등이 있다.

3. 판례

①대법원은 보상의 시기·방법 등에 어떠한 제한도 없는 완전보상을 의미한다고 판시하였으며, ②헌법재판소는 피수용자의 객관적 재산 가치를 완전하게 보상해야 한다고 판시한 바 있다.

4. 검토

생각건대, 손실보상의 이론적 근거를 공평부담의 원칙으로 볼때, 재산권 침해 보상은 부대적 손실을 포함하는 완전한 보상이어야 한다. 즉, 정당한 보상이라 함은 재산권보장의 관점에서 볼 때 완전한 보상을 의미하는 것으로 보아야 한다.

Ⅱ. 손실보상의 구체적 내용과 기준(토지보상법상 기준)

1. 개관

(1) 보상의 당사자

토지보상법상 보상의 대상이 되는 자는 공익사업에 필요한 토지의 소유자 및 관계인이다. 보상 주체는 사업시행자가 된다.

(2) 보상기준과 정당보상의 관계

침해된 재산가치에 대한 보상의 정도는 손실보상의 기준에 따라 결정된다. 손실의 보상이 정당보상에 이르기 위해서는 보상액 산정의 기준이 적정성을 지녀야 한다. 보상기준이 정당보상에 합치하는가에 대하여는 두 가지 점에서 검토할 수 있다. 하나는 보상의 기준시점과 관련한 시가보상과 개발이익배제에 관한 보상액의 산정방법이고 다른 하나는 공시지가에 의한 보상액의 산정이다.

2. 시가보상(토지보상법 제67조 제1항)

시가보상이란 협의성립당시의 가격 및 재결 당시의 가격을 기준으로 보상하는 것을 말한다(토지보상법 제67조 제1항). 이는 개발이익의 배제, 보상액의 적정성 등에 취지가 있다. 대법원은 토지 등을 수용함으로 인하여 그 소유자에게 보상하여야 할 손실액은 수용재결 당시의 가격을 기준하여 산정할 것이고, 이와 달리 이의재결일을 그 평가기준일로 하여 보상액을 산정해야 한다는 상고이유는 받아들일 수 없다고 판시하였다(대판 2007두13845).

3. 개발이익배제(토지보상법 제67조 제2항)

(1) 개념 및 근거

①개발이익이란 공익사업의 계획 또는 시행이 공고 또는 고시되거나 공익사업의 시행, 그 밖에 공익사업의 시행에 따른 절차로서 행하여진 토지이용계획의 설정·변경·해제 등으로 인하여 토지소유자가 자기의 노력에 관계없이 지가가 상승되어 현저하게 받은 이익으로서 정상지가 상승분을 초과하여 증가된 부분을 말한다(표준지조사평가기준 제2조 제2호). ②개발이익 배제란 보상액의 산정에 있어서 당해 공익사업으로 인하여 토지 등의 가격에 변동이 있는 때에는 이를 고려하지 않는 것을 말한다.

(2) 개발이익 배제방법 및 내용

1) 적용공시지가의 적용(사업인정고시일 전 공시지가 기준)

　토지보상법이 사업인정고시일 전의 공시지가를 기준으로 보상액을 결정하고 있는 것은 손실보상에서 공익사업으로 인한 개발이익을 배제하기 위한 것이다. 보상액의 산정을 사업인정고시일 전의 공시지가를 기준으로 함으로써 사업인정 이후 재결시까지의 수용의 원인이 된 공익사업으로 인한 개발이익이 배제되게 된다.

2) 해당 공익사업으로 인한 가격변동 배제 및 지가변동률의 적용

　보상액을 산정할 경우에 해당 공익사업으로 인하여 토지 등의 가격이 변동되었을때에는 이를 고려하지 아니한다(동법 제67조 제2항). 보상액을 산정함에 있어서 당해 공익사업으로 인한 지가의 영향을 받지 않는 지역의 지가변동률을 참작하여야 한다(동법 제70조 제1항).

3) 해당 공익사업의 시행을 직접 목적으로 하는 공법상 제한의 배제 등

　①공법상 제한을 받는 토지에 대하여는 제한받는 상태대로 평가하되, 그 공법상 제한이 당해 공익사업의 시행을 직접 목적으로 하여 가하여진 경우에는 제한이 없는 상태를 기준으로 평가한다(시행규칙 제23조 제1항). ②또한 개발이익 배제의 방법으로 감정평가시 그 밖의 요인 보정의 방법이 있다.

(3) 개발이익 배제에 대한 논쟁(개발이익 배제의 정당성)

1) 학설

　①위헌설은 인근토지소유자와의 형평성문제와 주변토지로 대토할 수 없다는 측면에서 개발이익 배제의 정당성을 부정한다. ②합헌설은 미실현이익은 보상대상이 아니고 이는 사업시행으로 인한 주관적 가치이므로 개발이익은 배제되어야 한다고 한다.

2) 판례

　헌법재판소는 "공익사업의 시행으로 지가가 상승하여 발생하는 개발이익은 기업자의 투자에 의하여 발생하는 것으로서 피수용자인 토지소유자의 노력이나 자본에 의하여 발생한 것이 아니며, 개발이익은 형평의 관념에 비추어 볼 때, 토지소유자에게 당연히 귀속되어야 할 성질의 것은 아니고, 오히려 투자자인 기업자 또는 궁극적으로는 국민 모두에게 귀속되어야 할 성질의 것이다"라고 판시한 바 있다.

3) 검토

생각건대 재산권에 내재된 객관적 가치가 아니므로, 이를 배제하여도 형평의 관념상 정당보상에 반하지 않는다고 보인다.

(4) 판단기준(개발이익 범위)

판례는 당해 공공사업의 시행을 직접목적으로 하는 개발이익은 이를 고려함이 없이 적정가격을 정해야 하나, 관계 없는 다른 사업의 시행으로 인한 개발이익은 이를 배제하지 아니한 가격으로 평가하여야 한다고 한다.

4. 공시지가 기준보상(토지보상법 제70조 제1항)

(1) 공시지가 기준보상의 의의 및 취지

협의나 재결에 의하여 취득하는 토지에 대하여는 공시지가를 기준으로 하여 보상하되, 그 공시기준일부터 가격시점까지의 관계 법령에 따른 그 토지의 이용계획, 해당 공익사업으로 인한 지가의 영향을 받지 아니하는 지역의 대통령령으로 정하는 지가변동률, 생산자물가상승률과 그 밖에 그 토지의 위치·형상·환경·이용상황 등을 고려하여 평가한 적정가격으로 보상하여야 한다. 이는 개발이익 배제에 취지가 인정된다.

(2) 공시지가 기준보상의 정당성

1) 문제점

공시지가를 기준하여 보상금을 산정하는 것이 보상방법의 제한인지와 공시지가가 시가에 못미치는 경우 그러한 공시지가를 기준으로 한 보상금액이 정당보상인지 문제된다.

2) 학설 및 판례

공시지가기준 보상에 대해 ①보상방법의 제한이며, 시가에 미치지 못하므로 위헌이라는 견해(시가설)와 ②개발이익 배제 등을 위해 공시지가기준 보상이 합헌이라고 하는 견해(정책가격설)가 대립한다. ③대법원은 공시지가기준은 개발이익을 배제함을 목적으로 하고, 헌법재판소는 공시지가가 적정가격을 반영하지 못하는 것은 제도 운영상 잘못이라고 하므로 정당보상과 괴리되는 것은 아니라고 판시한 바 있다.

3) 검토

생각건대, 공시지가를 기준으로 결정된 가치는 인근토지의 가격 등 제 요소를 종합 고려한 객관적 가치이고, 개발이익은 주관적 가치인 바, 개발이익을 배제하여 공시지가를 산정하여도 정당보상에 합치한다고 보인다.

(3) 그밖의 요인 보정의 정당성

1) 문제점

현행 토지보상법 제70조 제1항에서는 구)토지수용법과 달리 기타사항의 참작할 수 있는 조항을 삭제함에 따라 현행법하에서 정상거래가격 또는 보상선례 등을 참작할 수 있는지 여부가 문제된다.

2) 정당성

①긍정설은 토지보상법 규정을 예시적 규정으로 해석하며 정당한 보상을 하기 위해 필요하다고 본다. ②부정설은 기타사항 참작 규정의 삭제 취지를 고려하여 토지보상법의 위치·형상 등의 규정은 개별요인 비교항목에 한정된 것으로 본다. ③대법원은 인근 유사토지의 정상거래가격, 보상선례, 호가 및 자연적인 지가상승분을 참작할 수 있으며, 기타사항을 참작하여야 적정한 보상이 이루어진다는 것은 주장하는 자가 입증해야 한다고 판시한 바 있다. ④생각건대, 공시지가 기준보상이 완전보상에 미치지 못한다고 인정되는 경우에 정상거래가격, 보상선례 등을 참작하여 보상하는 것이 완전보상관점에서 타당하다.

5. 생활보상의 지향

재산권보상만으로 메워지지 않는 종전 생활이익에 대한 보상으로, 이주대책 등 주거의 총체적 가치의 보상으로 생활보상이 지향되어야 한다.

논점 006 손실보상 방법(원칙)

Ⅰ. 사업시행자 보상(토지보상법 제61조)

공익사업에 필요한 토지등의 취득 또는 사용으로 인하여 토지소유자나 관계인이 입은 손실은 사업시행자가 보상하여야 한다.

Ⅱ. 사전보상(토지보상법 제62조)

사업시행자는 해당 공익사업을 위한 공사에 착수하기 이전에 토지소유자와 관계인에게 보상액 전액(全額)을 지급하여야 한다. 다만, 제38조에 따른 천재지변시의 토지 사용과 제39조에 따른 시급한 토지 사용의 경우 또는 토지소유자 및 관계인의 승낙이 있는 경우에는 그러하지 아니하다.

Ⅲ. 현금보상(토지보상법 제63조)

1. 의의 및 취지

손실보상은 다른 법률에 특별한 규정이 있는 경우를 제외하고는 현금으로 지급하여야 한다. 이는 자유로운 유통보장 등에 취지가 인정된다.

2. 현금보상의 예외

(1) 현물보상

도시개발법의 환지처분 등, 토지보상법 대토보상제도

(2) 채권보상

1) 채권보상의 의의 및 취지

채권보상이라 함은 현금보상 원칙에 대한 예외로서 채권으로 하는 손실보상으로, 공익사업의 원활한 수행 및 과도한 투기자금 공급방지에 취지가 있다.

2) 채권보상의 요건

① 임의적 채권보상(토지보상법 제63조 제7항)

사업시행자가 국가, 지방자치단체, 그 밖에 대통령령으로 정하는 「공공기관의 운영에 관한 법률」에 따라 지정·고시된 공공기관 및 공공단체이어야 한다.

또한 ㉠토지소유자나 관계인이 원하는 경우, ㉡사업인정을 받은 사업의 경우에는 대통령령으로 정하는 부재부동산 소유자의 토지에 대한 보상금이 대통령령으로 정하는 일정 금액을 초과하는 경우로서 그 초과하는 금액에 대하여 보상하는 경우로서, 둘 중 하나에 해당하는 경우에는 채권으로 보상할 수 있다.

② 의무적 채권보상(토지보상법 제63조 제8항)
토지투기가 우려되는 지역으로서 대통령령으로 정하는 지역에서 일정한 공익사업(택지개발사업, 산업단지개발사업, 그 밖에 대규모 개발사업으로서 대통령령으로 정하는 사업)을 시행하는 공공기관 및 공공단체는 부재부동산 소유자의 토지보상액이 일정금액(1억)에 대한 초과분에 대해 반드시 채권으로 보상하여야 한다.

3) 채권보상의 방법

보상채권은 액면금액으로 무기명증권으로 발행하되, 멸실·도난의 경우에도 재발행하지 않으며, 채권상환기간은 5년 이내로 하되 원리금 상환일에 일시 상환한다.

4) 위헌성 여부 및 개선책

①채권보상은 보상방법의 제한, 부재부동산의 경우에는 평등의 원칙 위반 여부 등과 관련하여 견해가 대립한다. ②위헌설은 채권보상을 허용하는 목적과 취지가 위헌적이며 정당보상원칙에 위배되고 부재지주의 경우 채권보상이 강제적이어서 평등원칙에 반한다고 한다. ③합헌설은 손실보상 취지에 부합하며 채권보상은 정당보상에 해당하고 부재지주의 자산증식 목적 등 차별의 합리성이 인정되어 평등원칙에 반하지 않는다고 본다. ④생각건대, 채권보상의 필요성 및 요건을 강화하고 있는 점, 차별의 합리성이 인정되는 점 등을 고려할 때 합헌이라 보인다.

(3) 대토보상

1) 의의 및 취지

현금보상의 예외로서 공익사업의 시행으로 조성한 토지로 보상하는 것을 말한다. 이는 개발이익의 일정 부분을 공유하고, 인근의 대토수요 억제를 통한 지가상승 완화 및 방지 등에 취지가 있다.

2) 대토보상의 요건

토지소유자가 원하는 경우로서 사업시행자가 해당 공익사업의 합리적인 토지이용계획과 사업계획 등을 고려하여 토지로 보상이 가능한 경우에는 토지소유자가 받을 보상금 중 현금 또는 채권으로 보상받는 금액을 제외한 부분에 대하여 공익사업의 시행으로 조성한 토지로 보상할 수 있다.

3) 대토보상의 내용

① 대토보상의 범위 : 보상금 중 현금 채권 보상 받는 나머지
② 가격 및 면적 : 일반분양가기준, 주택용지 990㎡, 상업용지1100㎡를 초과할 수 없음.
③ 전매제한 등 : 계약체결일~소유권이전등기시까지 전매제한(상속 및 「부동산투자회사법」에 따른 개발전문 부동산투자회사에 현물출자를 하는 경우는 제외한다)이 되며, 이를 위반하거나 해당 공익사업과 관련하여 다음 각 호의 어느 하나에 해당하는 경우에 사업시행자는 토지로 보상하기로 한 보상금을 현금으로 보상하여야 한다. 이 경우 현금보상액에 대한 이자율은 제9항제1호가목에 따른 이자율의 2분의 1로 한다
   1. 동법 제93조, 제96조 및 제97조제2호의 어느 하나에 해당하는 위반행위를 한 경우
   2. 「농지법」제57조부터 제61조까지의 어느 하나에 해당하는 위반행위를 한 경우
   3. 「산지관리법」제53조, 제54조제1호·제2호·제3호의2·제4호부터 제8호까지 및 제55조제1호·제2호·제4호부터 제10호까지의 어느 하나에 해당하는 위반행위를 한 경우
   4. 「공공주택 특별법」제57조제1항 및 제58조제1항제1호의 어느 하나에 해당하는 위반행위를 한 경우
   5. 「한국토지주택공사법」제28조의 위반행위를 한 경우

Ⅳ. 개인별 보상(토지보상법 제64조)

손실보상은 토지소유자나 관계인에게 개인별로 하여야 한다. 다만, 개인별로 보상액을 산정할 수 없을 때에는 그러하지 아니하다.

Ⅴ. 일괄보상(토지보상법 제65조)

사업시행자는 동일한 사업지역에 보상시기를 달리하는 동일인 소유의 토지등이 여러 개 있는 경우 토지소유자나 관계인이 요구할 때에는 한꺼번에 보상금을 지급하도록 하여야 한다.

Ⅵ. 사업시행 이익 상계금지(토지보상법 제66조)

사업시행자는 동일한 소유자에게 속하는 일단(一團)의 토지의 일부를 취득하거나 사용하는 경우 해당 공익사업의 시행으로 인하여 잔여지(殘餘地)의 가격이 증가하거나 그 밖의 이익이 발생한 경우에도 그 이익을 그 취득 또는 사용으로 인한 손실과 상계(相計)할 수 없다.

Ⅶ. 기타

①보상액의 가격시점과 관련하여 협의에 의한 경우에는 협의 성립 당시의 가격을, 재결에 의한 경우에는 수용 또는 사용의 재결 당시의 가격을 기준으로 한다(동법 제67조 조 제1항). ②보상액을 산정할 경우에 해당 공익사업으로 인하여 토지등의 가격이 변동되었을 때에는 이를 고려하지 아니한다(동법 제67조 제2항). 또한 보상액 산정에 대한 내용이 있다(동법 제68조).

논점 007 생활보상

Ⅰ. 의의 및 필요성

생활보상이란 피수용자가 종전과 같은 생활을 유지할 수 있도록 실질적으로 보장하는 보상을 말한다. 생활보상은 생활재건을 위한 조치라고도 한다. 이는 재산권에 대한 금전보상의 한계를 극복하기 위해 등장하였다.

Ⅱ. 생활보상의 근거

1. 견해의 대립

①통일설(결합설)은 생활권보상의 근거를 헌법 제23조 제3항과 제34조 제1항에서 찾는 견해로, 우리나라의 손실보상이 대물보상을 주축으로 하되 생활권보상을 지향하는 것으로 이해한다. ②생존권설은 헌법 제34조 제1항의 사회권적 기본권조항에서 찾는 견해이다. 이 견해는 생활권보상이 헌법 제23조 제3항의 정당보상의 범위에 포함되지 않는 것으로 보고 있다. ③정당보상설은 헌법 제23조 제3항에서 찾는 견해이다. 이 견해는 완전보상이 피수용자가 종전과 같은 생활을 유지하도록 하는 보상을 의미하는 것으로 이해한다.

2. 판례

①대법원 판례(대판 2001다57778)가 생존권설을 취하고 있다고 보는 견해가 다수견해이지만, 통일설에 입각하고 있다고 보는 것이 타당하다. 다만, 주거용 건축물의 세입자에 대한 주거이전비와 이사비는 사회보장적 성격의 금원으로 본다(대판 2006두2435). ②헌법재판소는 생존권설에 근거한 것으로 보인다.

3. 검토

이론상 완전보상을 피수용자가 종전과 같은 생활을 유지하도록 하는 보상을 의미한다고 이해하면 생활보상은 완전보상을 의미한다고 보는 것이 타당하다. 다만, 현행 실정법령상 생활보상은 정당보상의 범주를 넘어 생활보상을 포함하는 경우가 적지 않으므로 현행법상 통일설이 타당하다.

Ⅲ. 생활보상의 대상과 내용

1. 생활보상의 대상

①협의설(협의의 생활보상)은 당해 지역에서 생활함으로써 사실상 누려왔던 이익에 대한 보상을 생활보상으로 보고 있다. ②광의설(광의의 생활보상)은 부대적 가치 손실과 생활함으로써 누리던 생활보상을, ③최광의설(최광의 생활보상)은 생활보상을 객관적가치 및 부대적가치 손실과 생활함으로 누리던 이익에 대한 보상을 모두 포함한다. ④생각건대, 생활권보상의 범위를 좁히는 것이 국민의 권리구제에 보다 더 적합한바 협의설이 타당하다고 보인다.

2. 내용

생활보상에는 주거의 총체적 가치보상, 생활재건조치, 소수잔존자보상, 이어·이농비보상 등이 있다.

논점 008 이주대책의 개관

I. 의의 및 취지(토지보상법 제78조 및 시행령 제40조 등)

①이주대책이란 주거용 건축물을 제공함에 따라 생활의 근거를 상실하게 되는 자를 위하여 이주대책을 수립·실시하거나 이주정착금을 지급하는 것을 말한다. ②이는 생활 안정 기능, 원활한 사업수행에 취지가 인정된다.

II. 이주대책의 내용

1. 이주대책의 수립·실시 의무 및 요건

(1) 수립·실시 의무

사업시행자는 법령에서 정한 일정한 경우(토지보상법 시행령 제40조 제2항)에 이주대책을 수립·실시할 의무가 있다.

사업시행자의 이주대책 수립·실시의무를 정하고 있는 토지보상법 제78조 제1항과 이주대책의 내용을 정하고 있는 같은 조 제4항 본문은 당사자의 합의 또는 사업시행자의 재량에 의하여 적용을 배제할 수 없는 강행법규이다(대판 전원합의체 2011. 6. 23, 2007다63089, 63096).

(2) 수립·실시 요건

이주대책은 국토교통부령이 정하는 부득이한 사유가 있는 경우(공익사업시행지의 인근에 택지 조성에 적합한 토지가 없는 경우, 이주대책에 필요한 비용이 당해 공익사업의 본래의 목적을 위한 소요비용을 초과하는 등 그 밖에 이주대책의 수립·실시로 인하여 당해 공익사업의 시행이 사실상 곤란하게 되는 경우)를 제외하고 이주대책대상자 중 이주정착지에 이주를 희망하는 자의 가구 수가 10호(戸) 이상인 경우에 수립·실시한다. 다만, 사업시행자가 「택지개발촉진법」 또는 「주택법」 등 관계 법령에 따라 이주대책대상자에게 택지 또는 주택을 공급한 경우(사업시행자의 알선에 의하여 공급한 경우를 포함한다)에는 이주대책을 수립·실시한 것으로 본다.

2. 이주대책의 재량행위성 및 이주대책기준

사업시행자는 법령에서 정한 일정한 경우 이주대책을 수립할 의무를 지지만, 이주대책의 내용·결정에 있어서는 재량권을 갖는다. 이주대책의 기준은 법령(주택공급에 관한 규칙)으로 정해진 경우도 있고, 재량준칙으로 정해진 경우도 있다.

3. 이주대책의 당사자

(1) 이주대책 수립자

이주대책을 수립하는 자는 사업시행자로, 사인이 사업시행자인 경우 당해 사인은 공무수탁사인에 해당한다.

(2) 이주대책대상자

1) 법령이 정한 이주대책대상자(토지보상법 제78조 제1항)

주거용건축물을 제공함에 따라 생활의 근거를 상실한 주거용건축물의 소유자가 대상이다. 그러나 ①무허가건축물등 소유자(동법 시행령 부칙 제6조: 89.1.24 이전 건축시 무허가 건축물 소유자는 대상자임), ②고시일부터 계약체결일(수용재결일)까지 계속하여 거주하고 있지 않는 건축물의 소유자, ③타인소유건축물에 거주하는 세입자는 제외된다(토지보상법 시행령 제40조 제5항).

2) 시혜적인 이주대책대상자

사업시행자는 법상 이주대책대상자가 아닌자도 임의로 이주대책대상자에 포함시킬 수 있다. 이주대책 수립에 의해 이주대책대상자에 포함된 세입자 등은 영구임대주택입주권 등 이주대책을 청구할 권리를 가지며 이를 거부한 것은 거부처분이 된다(대판93누15120).

3) 판단기준시점

법령이 정하는 이주대책대상자를 정하는 기준일은 각 법령에 정한다. 토지보상법령상 이주대책대상자를 정하는 기준일은 관계 법령에 의한 고시 등이 있은 날이다.

(3) 이주대책대상자의 판단기준

①판례는 이주대책기준에 대해 사업시행자 내부의 사무처리준칙을 정한것에 불과하고 대외적으로 국민을 기속하는 효력은 없다고 하며, 다만 구속력이 없어도 이주대책 내용에 대해 재량을 가지므로 그 기준이 객관적으로 합리적이 아니라

거나 타당하지 않다고 볼만한 특별한 사정이 없는 한 존중되어야 한다고 판시한 바 있다. ②또한 사업시행자가 대상자의 범위를 확대하는 기준의 수립·실시는 가능하나 반대로 범위를 축소하는 것은 할 수 없다고 판시한 바 있다.

4. 이주대책의 내용

(1) 개설

실시될 수 있는 이주대책으로는 집단이주, 특별분양, 아파트 수분양권의 부여, 개발제한구역 내 주택건축 허가, 대체상가·점포·건축용지의 분양, 이주정착금 지급, 생활안정지원금 지급, 직업훈련 및 취업알선, 대토알선, 공장이전 알선 등이 있을 수 있다.

(2) 생활기본시설

이주정착지의 조성, 공급을 내용으로 하고, 이주정착지에 대한 도로, 급수시설, 배수시설, 그 밖 공공시설 등 통상적인 수준의 생활기본시설이 포함되어야 하며 이는 원칙적으로 사업시행자가 부담한다. 판례는 토지보상법 제78조 제4항은 강행법규이므로 이에 반하는 당사자 합의는 무효라고 판시하였다.

Ⅲ. 이주대책의 수립 및 시행절차

1. 사업시행자와 관할 지방자치단체의 장과 협의

사업시행자는 이주대책을 수립하려면 미리 관할 지방자치단체의 장과 협의하여야 한다(토지보상법 제78조 제2항).

2. 통지

사업시행자가 이주대책을 수립하려는 경우에는 미리 그 내용을 이주대책대상자에게 통지하여야 한다(토지보상법 시행령 제40조 제1항).

3. 보상협의회의 심의

보상협의회에서 이주대책의 방법, 이주자를 위한 이주자택지 및 이주자주택의 공급 대상, 위치, 선정방법 등이 협의된다.

논점 009 이주대책대상자의 법적 지위

I. 법상의 이주대책대상자의 이주대책계획수립청구권

토지보상법 제78조 제1항은 사업시행자에게 이주대책을 실시할 의무만을 부여하고 있다고 보아야 하므로(토지보상법 시행령 제40조의 예외가 인정되고 있는 경우는 제외), 상기 규정만으로 법상의 이주대책대상자에게 특정한 이주대책을 청구할 권리는 발생하지 않지만, 이주대책을 수립할 것을 청구할 권리는 갖는다고 보아야 한다.

법상의 이주대책대상자가 이주대책계획의 수립을 청구하였음에도 불구하고 사업시행자가 이주대책을 수립하지 않는 경우에는 의무이행심판 또는 부작위위법확인소송을 제기할 수 있고, 이주대책의 수립을 거부한 경우에는 의무이행심판(또는 거부처분취소심판) 또는 거부처분취소소송을 제기할 수 있다고 보아야 한다.

II. 분양신청권

이주대책계획이 수립되면 이주대책대상자는 분양신청권을 취득한다.

III. 이주대책대상자의 수분양권 등 특정한 실체법상의 권리의 취득

1. 취득시기

(1) 문제점

수분양권이란 대상자가 분양을 받을 수 있는 권리로서, 특정한 실체법상의 권리를 말한다. 이주대책대상자에게 이러한 권리가 언제 취득되는지 문제된다.

(2) 학설

①이주대책계획수립이전설은 토지보상법 제78조 및 동법 시행령 제40조의 요건을 충족하는 경우에 수분양권이 취득된다고 본다. ②이주대책계획수립시설은 사업시행자가 이주대책에 관한 구체적인 계획을 수립하여 이를 해당자에게 통지 내지 공고한 경우 이것으로 이주자에게 수분양권이 취득된다고 보는 견해이다. ③확인·결정시설은 이주대책계획 수립 후 이주대책대상자는 이주대책대상자 선정신청권(분양신청권)만을 취득하고, 이주자가 이주대책대상자 선정을 신청하

고 사업시행자가 이를 확인·결정하여만 비로소 수분양권 발생한다고 보는 견해이다.

(3) 판례 및 검토

판례는 수분양권의 발생에 관해 확인·결정시설을 취하고 있다. 생각건대, 법상 이주대책대상자의 경우 법상의 추상적인 이주대책권이 이주대책계획이 수립됨으로써 구체적인 권리로 되는 것이므로 이주대책계획수립시설이 타당하다. 다만, 법상 이주대책대상자가 아닌 이주자는 이주대책대상자 선정 신청을 하고 사업시행자가 이를 받아들여 확인·결정하여야 비로소 실체적 권리를 취득한다고 보아야 한다.

2. 취득시기별 권리구제 방법

(1) 확인결정시설의 경우

①확인·결정시설을 취하는 경우, 이주대책대상자 선정신청에 대한 거부는 거부처분이 되므로 이에 대해 취소소송을 제기하고, 부작위인 경우 부작위위법확인 소송을 제기하여야 한다. ②이주자가 확인·결정 전에 민사소송이나 공법상 당사자소송으로 이주대책상의 수분양권의 확인 등을 구하는 것은 허용될 수 없고, 나아가 그 공급대상인 택지나 아파트 등의 특정 부분에 관해 수분양권의 확인을 소구하는 것은 더더욱 불가능하다고 본다. ③확인·결정 후에는 실체적인 권리를 취득한 상태이므로 수분양권에 대한 확인을 구하는 당사자소송도 가능하며, 거부 또는 부작위시에 항고쟁송도 가능할 것이다.

(2) 이주대책계획수립시설

①〈이주대책계획수립 전〉에는 수분양권은 추상적인 권리인바 확인의 이익이 인정되지 않아 권리나 지위의 확인을 구할 수 없다. 사업시행자가 이주대책계획을 수립하지 아니하는 경우에는 사업시행자에게 이를 청구하여 거부 또는 부작위가 있는 경우 항고쟁송으로 다툴 수 있다. 그러나 ②〈이주대책 계획을 수립한 이후〉에는 대상자의 추상적인 수분양권이 구체적인 권리로 바뀌게 되므로, 이주대책에서 제외된 대상자는 분양을 신청하여 거부를 당한 경우 거부처분취소송을 (행정심판의 경우 거부처분취소심판 및 의무이행심판), 확인소송이 권리구제에 유효 적절한 수단이 될 수 있는 경우에는 당사자소송으로 수분양권 또는 그 법률상 지위의 확인을 구할 수 있다고 보아야 한다.

(3) 이주대책계획수립 이전설(법상 취득설)

①구체적인 이주대책의 이행을 신청하고 그 이행이 없을 때 부작위위법확인소송을 제기하여 권리구제가 가능하며, 그 권리를 포기한 것으로 볼 수 없는 한 언제나 신청이 가능하고 구체적인 이주대책이 종료한 경우에도 추가적인 이주대책을 요구 할 수 있다. ②또한 법상 요건 충족시 실체적인 분양권이 취득된다고 보기 때문에, 법상 요건을 모두 충족 한 자는 부작위 또는 거부가 있는 경우 항고쟁송으로 다툴 수 있다. ③그리고 이주대책대상자로서 분양을 받을 권리 또는 그 법률상 지위의 확인을 구할 수 있다고 보아야 한다. 이 때에 확인소송은 확인소송의 보충성이라는 소송법의 일반법리에 따라 그 확인소송이 권리구제에 유효적절한 수단이 될 때에 한하여 그 소의 이익이 인정된다.

(4) 검토

생각건대, 이주자가 법상 요건을 충족할 때는 이주대책대상자로서의 지위를 가질 뿐 실체적인 수분양권이 존재하지 않는다. 이주대책계획에 의해 수분양권이 구체적 권리로 전환되므로 이주대책대상자로 확인·결정되어야 수분양권을 취득한다고는 할 수 없다. 따라서 수분양권의 취득은 이주대책에 관한 구체적인 계획이 수립되고 이주대책대상자에게 통지 내지 공고하면 이주자가 수분양권을 취득한다고 보는 이주대책계획수립시설이 타당하다.

따라서 계획수립이전에는 추상적인 권리에 불과하여 지위확인의 당사자소송은 불가하나, 계획수립이후에는 신청에 대한 거부처분을 항고쟁송으로 다툴 수 있고, 신청기간을 도과한 경우에는 예외적으로 지위확인의 당사자소송으로 다툴 수 있다. 판례의 확인·결정시설에 의하면 계획수립 이후에도 사업시행자의 확인·결정 전에는 구체적인 수분양권이 발생하지 않았으므로 지위확인의 당사자소송은 불가하다.

Ⅳ. 이주대책의 수립 및 집행

이주대책의 수립 및 집행은 공행정사무로 보아야 하므로 수분양권은 공법상 권리로 보는 것이 타당하다. 따라서, 수분양권의 확인을 구하는 소송은 공법상 당사자소송으로 제기하여야 할 것이다.

논점 010 주거이전비

Ⅰ. 개설

주거이전비는 공익사업의 시행으로 삶의 터전을 박탈당하여 다른 곳으로 주거지를 이전하여야 하는 자에게 지급되는 보상으로, 대상자는 주거용 건축물의 소유자 및 그 세입자로서 실제로 이주하는 자이다.

Ⅱ. 요건 및 산정방법

1. 지급 요건 및 보상평가기준

(1) 소유자에 대한 주거이전비 보상(동법 시행규칙 제54조 제1항)

공익사업시행지구에 편입되는 주거용 건축물의 소유자에 대하여는 해당 건축물에 대한 보상을 하는 때에 가구원수에 따라 2개월분의 주거이전비를 보상하여야 한다. 다만, 건축물의 소유자가 해당 건축물 또는 공익사업시행지구 내 타인의 건축물에 실제 거주하고 있지 아니하거나 해당 건축물이 무허가건축물등인 경우에는 그러하지 아니하다.

(2) 세입자에 대한 주거이전비 보상(동법 시행규칙 제54조 제2항)

공익사업의 시행으로 인하여 이주하게 되는 주거용 건축물의 세입자(법 제78조 제1항에 따른 이주대책대상자인 세입자는 제외한다)로서 사업인정고시일등 당시 또는 공익사업을 위한 관계법령에 의한 고시 등이 있은 당시 해당 공익사업시행지구안에서 3개월 이상 거주한 자에 대하여는 가구원수에 따라 4개월분의 주거이전비를 보상하여야 한다. 다만, 무허가건축물등에 입주한 세입자로서 사업인정고시일등 당시 또는 공익사업을 위한 관계법령에 의한 고시 등이 있은 당시 그 공익사업지구 안에서 1년 이상 거주한 세입자에 대하여는 본문에 따라 주거이전비를 보상하여야 한다.

2. 주거이전비 산정방법

동법 제1항 및 제2항에 따른 주거이전비는 「통계법」 제3조 제3호에 따른 통계작성기관이 조사·발표하는 가계조사통계의 도시근로자가구의 가구원수별 월평균 명목 가계지출비(이하 이 항에서 "월평균 가계지출비"라 한다)를 기준으로 산정한다.

Ⅲ. 주거이전비에 대한 권리구제 방법

1. 주거이전비의 법적 성질

판례는 주거이전비는 당해 공익사업 시행지구 안에 거주하는 세입자들의 조기이주를 장려하여 사업추진을 원활하게 하려는 정책적인 목적과 주거이전으로 인하여 특별한 어려움을 겪게 될 세입자들을 대상으로 하는 사회보장적인 차원에서 지급되는 금원의 성격을 가지므로, 적법하게 시행된 공익사업으로 인하여 이주하게 된 주거용 건축물 세입자의 주거이전비 보상청구권은 공법상의 권리라고 판시한 바있다.

2. 권리구제방법

(1) 주거이전비에 대한 재결을 거치기 전의 방법

판례는 세입자의 주거이전비 보상청구권은 그 요건을 충족하는 경우에 당연히 발생하는 것이므로, 주거이전비 보상청구소송은 행정소송법 제3조 제2호에 규정된 당사자소송에 의하여야 한다고 판시했다.

(2) 주거이전비에 대한 재결을 거친 후

판례는 세입자의 주거이전비 보상에 관하여 재결이 이루어진 다음 세입자가 보상금의 증감 부분을 다투는 경우에는 동법 제85조 제2항에 규정된 행정소송(보상금증감청구소송)에 따라, 보상금 증감 이외의 부분을 다투는 경우에는 같은 조 제1항에 규정된 행정소송(항고소송)에 따라 권리구제를 받을 수 있다고 한다.

논점 011 주거용 건축물의 보상과 관련된 특례규정

I. 개설

주거용 건축물에 대하여는 최저 보상의 한계 등을 정하여, 철거 대상자의 생계대책을 기하고 공익사업의 원활화를 위해 사회정책적 보상을 하도록 하고 있다. 결국 이는 주거의 총체적 가치를 보장하기 위한 것으로 생활보상의 성격을 지닌다.

II. 주거용건축물 보상특례

1. 비준가격보상(토지보상법 시행규칙 제33조 제2항)

건축물의 가격은 원가법으로 평가한다. 다만, 주거용 건축물에 있어서는 거래사례비교법에 의하여 평가한 금액(공익사업의 시행에 따라 이주대책을 수립·실시하거나 주택입주권 등을 당해 건축물의 소유자에게 주는 경우 또는 개발제한구역안에서 이전이 허용되는 경우에 있어서의 당해 사유로 인한 가격상승분은 제외하고 평가한 금액을 말한다)이 원가법에 의하여 평가한 금액보다 큰 경우와 「집합건물의 소유 및 관리에 관한 법률」에 의한 구분소유권의 대상이 되는 건물의 가격은 거래사례비교법으로 평가한다.

2. 최저보상액 600만원 보상(동법 시행규칙 제58조 제1항)

주거용 건축물로서 평가한 금액이 6백만원 미만인 경우 그 보상액은 6백만원으로 한다. 다만, 무허가건축물등에 대하여는 그러하지 아니하다. 그러나 1989년 1월 24일 당시의 무허가건축물등에 대하여는 적법한 건축물로 본다고 규정하고 있으므로(규칙 부칙 제5조), 당시 무허가건축물에 대해서도 이 특례규정이 적용된다.

3. 재편입시 가산금지급(동법 시행규칙 제58조 제2항)

공익사업의 시행으로 인하여 주거용 건축물에 대한 보상을 받은 자가 그 후 당해 공익사업시행지구밖의 지역에서 매입하거나 건축하여 소유하고 있는 주거용 건축물이 그 보상일부터 20년 이내에 다른 공익사업시행지구에 편입되는 경우 그 주거용 건축물 및 그 대지(보상을 받기 이전부터 소유하고 있던 대지 또는 다른 사람 소유의 대지위에 건축한 경우에는 주거용 건축물에 한한다)에 대하여는 당해 평가액의 30퍼센트를 가산하여 보상한다. 다만, 무허가건축물등을 매입 또는 건축한 경우와 다른 공익사업의 사업인정고시일등 또는 다른 공익사업을 위한 관계법령에 의한 고시 등이 있은 날 이후에 매입 또는 건축한 경우에는 그러하지 아니하다. 그러나 1989년 1월 24일 당시의 무허가건축물등에 대하여는 적법한 건축물로 본다고 규정하고 있으므로(규칙 부칙 제5조), 당시 무허가건축물에 대해서도 이 특례규정이 적용된다. 이 규정에 의한 가산금이 1천만원을 초과하는 경우에는 1천만원으로 한다(시행규칙 제58조 제3항).

4. 주거이전비의 보상(동법 시행규칙 제54조)

(1) 소유자에 대한 주거이전비 보상

공익사업시행지구에 편입되는 주거용 건축물의 소유자에 대하여는 해당 건축물에 대한 보상을 하는 때에 가구원수에 따라 2개월분의 주거이전비를 보상하여야 한다. 다만, 건축물의 소유자가 해당 건축물 또는 공익사업시행지구 내 타인의 건축물에 실제 거주하고 있지 아니하거나 해당 건축물이 무허가건축물등인 경우에는 그러하지 아니하다(동법 시행규칙 제54조 제1항).

(2) 세입자에 대한 주거이전비 보상

공익사업의 시행으로 인하여 이주하게 되는 주거용 건축물의 세입자(법 제78조 제1항에 따른 이주대책대상자인 세입자는 제외한다)로서 사업인정고시일등 당시 또는 공익사업을 위한 관계법령에 의한 고시 등이 있은 당시 해당 공익사업시행지구안에서 3개월 이상 거주한 자에 대하여는 가구원수에 따라 4개월분의 주거이전비를 보상하여야 한다. 다만, 무허가건축물등에 입주한 세입자로서 사업인정고시일등 당시 또는 공익사업을 위한 관계법령에 의한 고시 등이 있은 당시 그 공익사업지구 안에서 1년 이상 거주한 세입자에 대하여는 본문에 따라 주거이전비를 보상해야 한다(동법 시행규칙 제54조 제2항).

(3) 주거이전비 산정방법

주거이전비는 「통계법」 제3조 제3호에 따른 통계작성기관이 조사·발표하는 가계조사통계의 도시근로자가구의 가구원수별 월평균 명목 가계지출비(이하 "월평균 가계지출비"라 한다)를 기준으로 산정한다(동법 시행규칙 제54조 제4항).

5. 이사비(동법 시행규칙 제55조)

공익사업시행지구에 편입되는 주거용 건축물의 거주자가 해당 공익사업시행지구 밖으로 이사를 하는 경우에는 이사비(가재도구 등 동산의 운반에 필요한 비용)를 보상하여야 한다.

6. 이주정착금

(1) 이주정착금의 지급(동법 시행령 제41조)

사업시행자는 법 제78조제1항에 따라 ①이주대책을 수립·실시하지 아니하는 경우, ②이주대책대상자가 이주정착지가 아닌 다른 지역으로 이주하려는 경우, ③이주대책대상자가 공익사업을 위한 관계 법령에 따른 고시 등이 있는 날의 1년 전부터 계약체결일 또는 수용재결일까지 계속하여 해당 건축물에 거주하지 않은 경우, ④이주대책대상자가 공익사업을 위한 관계 법령에 따른 고시 등이 있은 날 당시 국토교통부, 사업시행자 등의 소속되어 있거나 퇴직한 날부터 3년이 경과하지 않은 경우 중 어느 하나에 해당하는 경우에는 이주대책대상자에게 국토교통부령으로 정하는 바에 따라 이주정착금을 지급해야 한다.

(2) 이주정착금 보상(동법 시행규칙 제53조)

사업시행자는 부득이한 사유의 경우 이주정착금으로 보상한다. 부득이한 사유라 함은 ①공익사업시행지구의 인근에 택지 조성에 적합한 토지가 없는 경우, ②이주대책에 필요한 비용이 당해 공익사업의 본래의 목적을 위한 소요비용을 초과하는 등 이주대책의 수립·실시로 인하여 당해 공익사업의 시행이 사실상 곤란하게 되는 경우를 말한다.

이때, 이주정착금은 보상대상인 주거용 건축물에 대한 평가액의 30퍼센트에 해당하는 금액으로 하되, 그 금액이 1천2백만원 미만인 경우에는 1천2백만원으로 하고, 2천4백만원을 초과하는 경우에는 2천4백만원으로 한다.

논점 012 간접손실보상의 개관

Ⅰ. 간접손실보상의 개관

1. 의의 및 구별개념 등

간접손실이란 공익사업의 시행으로 인하여 사업시행지 밖에서 필연적으로 발생하는 손실을 말하며, 사업시행지 내 토지소유자가 입은 부대적 손실과 구별된다. 또한 형평의 관념에서 간접손실보상의 필요성이 인정된다.

2. 성질

①간접보상을 생활보상의 한 내용으로 보는 견해와 ②재산권보상의 하나로 보는 견해, 그리고 ③재산권보상 및 생활보상과 구별되는 확장된 보상개념으로 보는 견해로 나누어진다. 생각건대, 공익사업에 편입되는 재산에 대한 보상과는 달리 비록 사업지에 편입되지 않았더라도 발생한 손실을 보상함으로써 종전과 같은 생활을 회복할 수 있도록 하는 생활권보상의 일종으로 봄이 타당하다.

Ⅱ. 간접손실보상의 근거

1. 헌법적 근거

①간접손실은 사업시행으로 인하여 필연적으로 발생한 바, 이를 보상하여야 한다는 견해(긍정설) ②헌법 제23조 제3항에서의 손실보상은 사업구역 내의 재산권자에게 발생하는 직접적 손실만을 의미하므로 구역 밖의 경우 손해배상의 성격을 갖는다고 보는 견해가 있다(부정설). ③판례는 간접손실도 헌법 제23조 제3항에 규정한 손실보상의 대상이 된다고 하였다. ④생각건대, 간접손실도 적법한 공용침해로 인해 예견된 손실이며, 헌법 제23조 제3항을 일반적인 규정으로 보아 손실보상에 포함된다고 보는 것이 타당하다.

2. 법률적 근거

토지보상법 제79조 및 동법 시행규칙 제59조 내지 제65조에서 규정한다.

Ⅲ. 간접손실보상의 요건

1. 사업시행지 밖에 간접손실이 발생할 것

공익사업의 시행으로 사업시행지 밖에 토지소유자가 입은 손실이여야 하고, 그 손실의 발생이 예견 가능할 것을 요하며, 범위가 구체적으로 특정될 수 있어야 한다.

2. 특별한 희생

사회적 제약을 넘는 특별한 희생이 발생하여야 한다. 특별한 희생의 발생여부는 형식설과 실질설을 모두 고려하여 판단하여야 한다.

3. 보상규정의 존재

간접손실보상을 위해서 원칙적으로 간접손실보상에 관한 법령상 규정이 존재해야 한다. 토지보상법 제79조 제1항은 간접손실인 공사비용의 보상을 규정하고 있다. 또한 토지보상법 제79조 제2항은 간접손실보상의 원칙을 규정하고 보상의 기준, 내용, 절차 등을 국토교통부령에 위임하고 있다. 이에 따라 동법 시행규칙은 제59조 내지 제65조에서 간접보상을 유형화하여 열거·규정하고 있다.

Ⅳ. 보상규정의 흠결과 권리구제

1. 토지보상법 제79조 제4항의 효력

(1) 문제점

토지보상법 시행규칙에 정해진 간접손실보상 이외에도 보상규정이 없는 간접손실이 존재할 수 있다. 동법 제79조 제4항은 "그 밖에(제1항부터 제3항까지 에서 규정한 사항 외에) 공익사업의 시행으로 인하여 발생하는 손실의 보상 등에 대하여는 국토교통부령으로 정하는 기준에 따른다"라고 규정하고 있다. 공익사업의 시행으로 인하여 발생하는 손실 중 보상하여야 하지만 법률에 규정되지 못한 경우를 대비한 규정이다. 이 규정을 기타 손실의 보상에 관한 개괄수권조항으로 볼 것인지 아니면 기타 손실의 보상에 관한 일반근거조항이라고 볼 것인지에 관하여 견해가 대립한다.

(2) 학설 및 검토

①개괄수권조항설은 동 규정을 법률에 규정되지 못한 손실에 대한 개괄수권조항일뿐 직접적인 보상규정이 될 수 없다는 견해이며, ②일반근거조항설은 동 규정을 일반근거조항으로 해석해 직접적인 보상규정이 될 수 있다는 견해이다. ③〈생각건대〉일반근거조항설은 토지보상법 제79조 제4항의 입법취지를 지나치게 확장 해석하게 되는점과 포괄적위임금지의 관점에서 타당하지 않다는 점에서 개괄수권조항설이 타당하다. 따라서 동 규정을 직접적인 근거로 하여 간접손실보상은 불가능하다. 이하 보상규정이 없을 경우의 보상청구 가능성을 검토한다.

2. 보상규정이 결여된 경우의 간접보상

(1) 학설

①보상부정설은 시행규칙 제59조 내지 제65조 규정을 제한적 열거규정으로 보지만, ②유추적용설은 헌법 제23조 제3항 및 보상법령상 관련 규정을 유추적용하자는 견해이다. ③직접적용설은 헌법 제23조 제3항의 직접 효력을 인정하며, ④평등원칙 및 재산권보장규정 근거설, ⑤수용적 침해이론은 비의도적 침해에 의해 발생한다고 보며, ⑤손해배상설은 보상규정을 두지 않은 것이 위헌이며, 위헌인 법령에 근거한 행정작용의 위법은 손배배상으로 해결한다는 견해이다.

(2) 판례

대법원은 공공사업의 시행으로 인하여 그러한 손실이 발생하리라는 것을 쉽게 예견할 수 있고, 그 손실의 범위를 특정할 수 있는 경우라면, 토지보상법상 시행규칙의 관련 규정들을 유추적용 할 수 있다고 판시한 바 있다.

(3) 검토

- 직접효력설로 검토하는 경우: 생각건대, 특별한 희생에 대하여 손실보상을 하는 것은 당연한바, 간접손실보상도 헌법 제23조 제3항의 손실보상에 포함된다고 보아 헌법 제23조 제3항의 직접적인 효력을 인정하여 직접 헌법 제23조 제3항에 근거하여 손실보상을 청구할 수 있다고 보는 것이 타당하다.
- 유추적용설로 검토하는 경우: 생각건대, 명시적인 규정이 없는 경우 국민의 권리 보호를 위하여 관련 규정 등을 유추적용하여 해결하는 것이 타당하다고 보인다.

Ⅴ. 간접손실보상 청구절차

1. 손실보상의 청구기한

손실 또는 비용의 보상은 관계 법률에 따라 사업이 완료된 날 또는 제24조의2에 따른 사업완료의 고시가 있는 날("사업완료일")부터 1년이 지난 후에는 청구할 수 없다.

2. 손실보상의 청구절차

(1) 협의

공익사업 시행지구밖의 손실보상은 사업시행자와 손실보상에 관한 협의를 하여야 한다(동법 제80조 제1항).

(2) 재결신청

협의가 성립되지 아니한 경우 사업시행자나 손실을 입은자는 관할 토지수용위원회에 재결을 신청할 수 있다(동법 제80조 제2항). 재결을 신청하고자 하는 자는 국토교통부령이 정하는 손실보상재결신청서에 재결의 신청인과 상대방의 성명 또는 명칭 및 주소, 공익사업의 종류 및 명칭, 손실 발생사실, 손실보상액과 그 명세, 협의의 내용을 기재하여 관할 토지수용위원회에 제출하여야 한다(동법 시행령 제42조 제1항).

(3) 재결

토지수용위원회의 재결심리를 위해 사업시행자·토지소유자·관계인을 출석시켜 의견진술을 하게 할 수 있으며, 이들에게 미리 그 심리의 일시 및 장소를 통지하여야 한다(동법 시행령 제42조 제2항).

3. 손실보상재결에 대한 권리구제 방법

간접손실의 보상은 토지수용위원회의 재결에 의해 결정되고(동법 제80조), 사업시행지구밖의 토지 등을 공익사업시행지구에 편입된 것으로 보고 보상한다고 규정하고 있으므로 간접손실 보상의 가부와 보상액에 관한 다툼은 명시적인 규정은 없지만, 토지보상법상의 이의신청 또는 행정소송으로 하여야 하는 것으로 보아야 한다.

> **참고** 손실보상재결의 처분성이 논점화 되는 경우
>
> ①소정의 기간 내에 소송을 제기하지 않으면 불가쟁력이 발생하므로 행정처분으로 보는 〈처분성 긍정설〉과, ②보상 견적액의 제시에 지나지 않는다는 〈처분성 부정설〉이 대립한다. ③생각건대, 토지수용위원회가 우월적인 지위에서 일방적으로 규율하는 것이며, 재결로 손실보상에 관한 권리의무가 직접 발생하게 되므로 처분성이 인정된다고 볼 것이다. 이에 따라 토지보상법상의 〈이의신청〉과 〈보상금증액청구소송〉을 제기할 수 있다고 보아야 할 것이다.

논점 013 간접손실보상의 내용

Ⅰ. 공사비 보상과 매수 규정

1. 비용의 보상

토지보상법 제79조 제1항은 "사업시행자는 공익사업의 시행으로 인하여 취득하거나 사용하는 토지(잔여지를 포함한다) 외의 토지에 통로·도랑·담장 등의 신설이나 그 밖의 공사가 필요할 때에는 그 비용의 전부 또는 일부를 보상하여야 한다"고 규정하고 있다. 즉, 간접손실인 공사비용의 보상을 규정하고 있다.

2. 사업시행자가 토지를 매수하는 경우

동법 제79조 제1항 단서는 "다만, 그 토지에 대한 공사의 비용이 그 토지의 가격보다 큰 경우에는 사업시행자는 그 토지를 매수할 수 있다"고 규정하고 있다. 매수하는 경우 사업인정과 사업인정고시 의제에 관한 규정(동법 제73조 제3항의 규정)을 준용한다. 즉, 사업인정고시가 있은 후 사업시행자가 공사비용이 토지가격보다 큰 토지를 매수하는 경우 그 토지에 대해서는 사업인정 및 사업인정고시가 있는 것으로 본다. 또한, 그 토지에 대한 공사의 비용이 그 토지의 가격보다 큰 경우에는 사업시행자는 그 토지를 매수할 수 있다는 규정에 따라, 취득하는 토지에 대한 구체적인 보상액 산정 및 평가 방법 등에 대해서는 ①취득하는 토지의 보상(동법 제70조), ②건축물 등 물건에 대한 보상(동법 제75조), ③권리의 보상(동법 제76조), ④영업의 손실 등에 대한 보상(동법 제77조), ⑤이주대책의 내용, 동산 운반비용의 보상, 보상금이 없거나 기준 미달 보상금에 대한 보상(동법 제78조 제4항부터 제6항까지의 규정)에 대한 규정을 준용한다.

Ⅱ. 토지보상법 시행규칙의 간접손실보상 내용

1. 개설

토지보상법 제79조 제2항은 "공익사업이 시행되는 지역 밖에 있는 토지등이 공익사업의 시행으로 인하여 본래의 기능을 다할 수 없게 되는 경우에는 국토교통부령으로 정하는 바에 따라 그 손실을 보상하여야 한다"고 규정하고 있다. 동법 제79조 제2항의 국토교통부령으로 정하는 바에 따라 토지보상법 시행규칙 제59조 내지 제65조까지 검토하기로 한다.

2. 공익사업시행지구밖의 대지 등에 대한 보상(동법 시행규칙 제59조)

공익사업시행지구밖의 대지(조성된 대지를 말한다)·건축물·분묘 또는 농지(계획적으로 조성된 유실수단지 및 죽림단지를 포함한다)가 공익사업의 시행으로 인하여 산지나 하천 등에 둘러싸여 교통이 두절되거나 경작이 불가능하게 된 경우에는 그 소유자의 청구에 의하여 이를 공익사업시행지구에 편입되는 것으로 보아 보상하여야 한다. 다만, 그 보상비가 도로 또는 도선시설의 설치비용을 초과하는 경우에는 도로 또는 도선시설을 설치함으로써 보상에 갈음할 수 있다. 판례는 경작 자체가 불가능한 경우를 의미하며, 사업의 소음진동 등으로 기존 재배 농작물의 비닐하우스 부지로는 부적당해도 다른 농작물을 재배하는데 별다른 지장이 없어 보이는 경우는 아니라고 한다.

3. 공익사업시행지구밖의 건축물에 대한 보상(동법 시행규칙 제60조)

소유농지의 대부분이 공익사업시행지구에 편입됨으로써 건축물(건축물의 대지 및 잔여농지를 포함)만이 공익사업시행지구밖에 남게 되는 경우로서 그 건축물의 매매가 불가능하고 이주가 부득이한 경우에는 그 소유자의 청구에 의하여 이를 공익사업시행지구에 편입되는 것으로 보아 보상하여야 한다.

4. 소수잔존자에 대한 보상(동법 시행규칙 제61조)

공익사업의 시행으로 인하여 1개 마을의 주거용 건축물이 대부분 공익사업시행지구에 편입됨으로써 잔여 주거용 건축물 거주자의 생활환경이 현저히 불편하게 되어 이주가 부득이한 경우에는 당해 건축물 소유자의 청구에 의하여 그 소유자의 토지등을 공익사업시행지구에 편입되는 것으로 보아 보상하여야 한다.

5. 공익사업시행지구밖의 공작물 등에 대한 보상(동법 시행규칙 제62조)

공익사업시행지구밖에 있는 공작물등이 공익사업의 시행으로 인하여 그 본래의 기능을 다할 수 없게 되는 경우에는 그 소유자의 청구에 의하여 이를 공익사업시행지구에 편입되는 것으로 보아 보상하여야 한다.

6. 공익사업시행지구밖의 어업의 피해에 대한 보상(동법 시행규칙 제63조)

공익사업의 시행으로 인하여 해당 공익사업시행지구 인근에 있는 어업에 피해가 발생한 경우 사업시행자는 실제 피해액을 확인할 수 있는 때에 그 피해에 대하여 보상하여야 한다.

7. **공익사업시행지구밖의 영업손실에 대한 보상**(동법 시행규칙 제64조)

   공익사업시행지구밖에서 제45조에 따른 영업손실의 보상대상이 되는 영업을 하고 있는 자가 공익사업의 시행으로 인하여 이 중 〈1. 배후지의 3분의 2 이상이 상실되어 그 장소에서 영업을 계속할 수 없는 경우, 2. 진출입로의 단절, 그 밖의 부득이한 사유로 인하여 일정한 기간 동안 휴업하는 것이 불가피한 경우〉 어느 하나에 해당하는 경우에는 그 영업자의 청구에 의하여 당해 영업을 공익사업시행지구에 편입되는 것으로 보아 보상하여야 한다.

8. **공익사업시행지구밖의 농업의 손실에 대한 보상**(동법 시행규칙 제65조)

   경작하고 있는 농지의 3분의 2 이상에 해당하는 면적이 공익사업시행지구에 편입됨으로 인하여 당해지역에서 영농을 계속할 수 없게 된 농민에 대하여는 공익사업시행지구밖에서 그가 경작하고 있는 농지에 대하여도 영농손실액을 보상하여야 한다.

CHAPTER 03 손실보상 각론

논점 001 토지 보상평가의 기준

Ⅰ. 개설

보상평가시 보상액 산정은 일반원칙을 준수하여야 한다.

공익사업에 제공될 토지에 대한 보상액은 협의취득의 경우 협의성립 당시의 가격을 기준으로 하고, 재결에 의하는 경우 재결 당시의 가격을 기준으로 한다. 보상액의 산정은 공시지가를 기준으로 시점수정과 지역요인·개별요인 비교를 거치고, 이 때 보상평가는 보상액 산정의 일반원칙의 준수를 요구하고 있다.

Ⅱ. 내용

1. 객관적 기준 및 현실적인 이용상황 기준 평가

토지 보상평가는 기준시점에서의 일반적인 이용방법에 따른 객관적 상황을 기준으로 감정평가하며, 토지소유자가 갖는 주관적 가치나 특별한 용도에 사용할 것을 전제로 한 것은 고려하지 아니한다. 객관적 상황이란 사물을 판단함에 있어 자기 자신을 기준으로 하지 않고 제3자의 입장에서 판단한 것을 말한다. 즉, 토지를 특수한 용도에 이용할 것을 전제로 하거나 주위환경이 특별하게 바뀔 것을 전제하는 경우 등은 객관적 상황을 기준으로 하는 것이 아니다. 토지 보상평가는 기준시점에서의 현실적인 이용상황을 기준으로 하여야 한다.

2. 건축물등이 없는 상태 기준 평가

토지에 건축물등이 있는 때에는 그 건축물등이 없는 상태를 상정하여 토지를 평가한다.

3. 개별평가

건축물등이 있는 경우에는 토지와 그 건축물등을 각각 평가하여야 한다. 다만, 건축물등이 토지와 함께 거래되는 사례나 관행이 있는 경우에는 그 건축물등과 토지를 일괄하여 평가하여야 하며, 이 경우 보상평가서에 그 내용을 기재하여야 한다.

4. 공시지가 기준 평가

취득하는 토지를 평가함에 있어서는 평가대상토지와 유사한 이용가치를 지닌다고 인정되는 하나 이상의 표준지의 공시지가를 기준으로 한다.

5. 개발이익 배제

①개발이익이란 공익사업의 계획 또는 시행이 공고 또는 고시되거나 공익사업의 시행, 그 밖에 공익사업의 시행에 따른 절차로서 행하여진 토지이용계획의 설정·변경·해제 등으로 인하여 토지소유자가 자기의 노력에 관계없이 지가가 상승되어 현저하게 받은 이익으로서 정상지가 상승분을 초과하여 증가된 부분을 말한다(표준지조사평가기준 제2조 제2호). ②개발이익 배제란 보상액의 산정에 있어서 당해 공익사업으로 인하여 토지 등의 가격에 변동이 있는 때에는 이를 고려하지 않는 것을 말한다.

논점 002 공법상 제한을 받는 토지의 평가

Ⅰ. 개설

공법상 제한을 받는 토지란 관계 법령에 의해 가해지는 토지 이용규제나 제한을 받는 토지를 말한다. 공법상제한은 국토공간의 효율적 이용을 위하여 필요하며, 공공복리를 증진시키는 수단으로서 기능을 발휘한다.

Ⅱ. 공법상 제한을 받는 토지의 평가기준

1. 관련 규정 검토

토지보상법 시행규칙 제23조 제1항은 "공법상 제한을 받는 토지에 대하여는 제한받는 상태대로 평가한다. 다만, 그 공법상 제한이 당해 공익사업의 시행을 직접 목적으로 하여 가하여진 경우에는 제한이 없는 상태를 상정하여 평가한다"고 규정하고 있다.

2. 평가기준

원칙적으로 공법상 제한을 받는 토지에 대하여는 제한 받는 상태대로 평가한다. 그러나 ①그 공법상 제한이 당해 공익사업의 시행을 직접 목적으로 하여 가하여진 경우에는 제한이 없는 상태를 상정하여 평가한다. ②해당 공익사업의 시행을 직접 목적으로 하여 용도지역 등이 변경된 토지에 대하여는 변경되기 전의 용도지역 등을 기준으로 감정평가한다.

Ⅲ. 유의사항(공법상 제한의 구분에 따른 보상평가)

일반적으로 공법상 제한을 일반적 계획제한과 개별적 계획제한으로 구분하여 보상평가의 기준을 달리 적용하고 있다. 일반적 계획제한이란 제한 그 자체로 목적이 완성되고 구체적인 사업의 시행이 필요하지 않은 제한으로서 반영하여 평가한다. 판례도 당해 공공사업의 시행이전에 이미 당해 공공사업과 관계 없이 도시계획법에 의한 고시 등으로 일반적 계획제한이 가하여진 경우 그러한 제한을 받는 상태대로 평가한다고 판시한 바 있다. 개별적 계획제한이란 그 제한이 구체적 사업의 시행이 필요한 제한으로서, 반영하지 않고 평가한다.

논점 003 현실적인 이용상황의 기준의 평가

I. 의의 및 근거

현실적인 이용상황이란 공부상 지목에도 불구하고 기준시점 실제 이용상황을 말하며, 이는 주위환경이나 대상 토지의 공법상 규제 정도 등으로 보아 인정 가능한 범위의 이용상황을 말한다. 토지보상법 제70조 제2항은 "토지에 대한 보상액은 가격시점에서의 현실적인 이용상황과 일반적인 이용방법에 의한 객관적 상황을 고려하여 산정하되, 일시적인 이용상황과 토지소유자나 관계인이 갖는 주관적 가치 및 특별한 용도에 사용할 것을 전제로 한 경우 등은 고려하지 아니한다"고 규정하고 있다. 또한 동법 시행규칙 제22조는 "취득하는 토지를 평가함에 있어서는 평가대상토지와 유사한 이용가치를 지닌다고 인정되는 하나 이상의 표준지의 공시지가를 기준으로 한다"고 규정하고 있다.

II. 현황평가주의의 예외

①토지보상법 시행령 제38조의 일시적인 이용상황(일시적인 이용상황이란 관계법령에 따른 국가 또는 지방자치단체의 계획이나 명령 등에 따라 해당 토지를 본래의 용도로 이용하는 것이 일시적으로 금지되거나 제한되어 그 본래의 용도와 다른 용도로 이용되고 있거나 해당 토지의 주위환경의 사정으로 보아 현재의 이용방법이 임시적인 것을 말한다), ②무허가건축물등의 부지와(시행규칙 제24조) ③불법형질변경토지(시행규칙 제24조), ④미지급용지(시행규칙 제25조)의 규정이 있다. ⑤또한 건물 등의 부지는 건축물등이 없는 상태를 기준하여 평가한다. ⑥공법상 제한을 받는 토지의 경우 해당 사업을 목적으로 공법상 제한이 변경된 경우, 변경되기 전의 공법상 제한을 기준으로 한다. ⑦또한 용도폐지가 되는 도로 등 공공시설용지인 경우에는 용도폐지 후 인근지역의 표준적 이용상황을 기준한다.

논점 004 무허가건축물등 부지의 평가

Ⅰ. 개설

무허가건축물등이란 관련 법령에 의하여 허가를 받거나 신고를 하고 건축 또는 용도변경을 하여야 하는 건축물을 허가를 받지 아니하거나 신고를 하지 아니하고 건축 또는 용도변경한 건축물을 말한다. 토지보상법 시행규칙 제24조의 취지는 위법한 행위에 기인한 가치의 증가분을 보상액에서 배제하는 무허가건축물등의 부지의 감정평가방법에 대해 규정함으로써 손실보상을 위한 감정평가의 공정성과 신뢰성을 제고하는데 있다.

Ⅱ. 평가기준

1. 원칙 및 취지

무허가건축물등의 부지는 무허가건축물등이 건축 또는 용도변경될 당시의 이용상황을 상정하여 평가한다. 이는 위법의 합법화 방지에 취지가 인정된다.

2. 예외

89.1.24 이전에 건축된 무허가건축물등은 적법한 건축물로 보고 적법한 것으로 평가하며(토지보상법 시행규칙 부칙 제5조 제1항), 이는 종전 구법에 따른 기득권을 인정하기 위함이다.

3. 무허가건축물 부지의 범위(면적 사정)

대법원은 면적사정은 해당 건축물 등의 적정한 사용에 제공되는 면적을 기준으로 한다고 판시했다. 여기서 해당 건축물 등의 적정한 사용에 제공되는 면적은 무허가건축물등의 용도·규모 등 제반 여건과 현실적인 이용상황을 감안하여 무허가건물 등의 사용·수익에 필요한 범위 내의 토지와 무허가건물 등의 용도에 따라 불가분적으로 사용되는 범위의 토지를 말한다(대판 2000두8325). 무허가건축물등의 부지로 사실상 사용되고 있는 면적이 관련 법령에 따른 건폐율을 적용하여 산정한 면적을 초과하는 경우에는 건폐율을 적용하여 산정한 면적을 상한으로 한다.

Ⅲ. 입증책임

1. 입증책임에 대한 견해대립

(1) 문제점

대상토지가 무허가건축물등의 부지라는 점 즉, 대상토지에 소재하는 건축물이 무허가건축물등에 해당되는지 여부와, 만약 무허가건축물이라면 89.1.24 이후에 신축되었는지의 입증책임의 문제가 있다.

(2) 학설

①토지소유자가 입증해야 한다는 견해는 사업시행자가 작성한 조서는 진실의 추정력이 있으며, 그것을 주장하는 자가 입증해야 한다고 한다. ②사업시행자가 입증해야 한다는 견해는 토지평가의 대원칙은 현황평가이며, 그 예외 사유를 주장하는 자가 입증해야 한다고 한다.

(3) 판례

대법원은 토지보상법 시행규칙 제24조의 불법형질변경토지에 대한 입증책임과 관련하여 "수용대상토지의 이용상황이 일시적이라거나 불법형질변경토지라는 이유로 본래의 이용상황 또는 형질변경 당시의 이용상황에 의하여 보상액을 산정하기 위해서는 그와 같은 예외적인 보상액 산정방법의 적용을 주장하는 쪽에서 수용대상토지가 불법형질변경토지임을 증명해야 한다"라고 판시하여 현실적인 이용상황을 기준으로 하지 않고 예외적인 기준을 적용하는 경우는 사업시행자가 이를 입증하도록 하고 있다. 따라서 무허가건축물등의 부지에 대한 입증책임은 사업시행자에게 있다.

(4) 검토

생각건대, 토지보상법의 대원칙인 현실적 이용상황을 고려하여야 하며, 사업시행자가 조서를 작성하는 경우에도 현황평가원칙을 외면할 수 없는바, 사업시행자가 입증책임을 부담하는 것이 타당하다고 본다.

논점 005 불법형질변경토지의 평가

I. 개설

불법형질변경토지란「국토의 계획 및 이용에 관한 법률」등 관계법령에 의하여 허가를 받거나 신고를 하고 형질변경을 하여야 하는 토지를 허가를 받지 아니하거나 신고를 하지 아니하고 형질변경한 토지를 말한다. 이 규정의 취지는 위법한 행위에 기인한 가치의 증가분을 보상액에서 배제하는 불법형질변경토지의 감정평가방법에 대해 규정함으로써 손실보상을 위한 감정평가의 공정성과 신뢰성을 제고하는 데 있다.

II. 평가기준

1. 원칙 및 취지 등

불법형질변경토지에 대하여는 토지가 형질변경될 당시의 이용상황을 상정하여 평가한다. 이는 위법의 합법화 방지에 취지가 있다. 불법의 기준시점은 형질변경당시를 기준으로 하며, 사후에 허가·신고를 추인받은 경우는 불법으로 되지 않는다.

2. 예외(기득권 보호를 위한 현황평가)

다만, 토지보상법 시행규칙 부칙에 따라 1995.1.7 당시 공익사업 시행지구에 편입된 불법형질변경토지는 현실적 이용상황을 기준으로 하여 평가한다.

III. 입증책임의 문제

1. 문제점 및 견해의 대립

불법형질 변경 여부에 입증책임의 분배가 문제된다. ①토지소유자가 입증해야 한다는 견해는 사업시행자가 작성한 조서는 진실의 추정력이 있으며, 그것을 주장하는 자가 입증해야 한다고 한다. ②사업시행자가 입증해야 한다는 견해는 토지평가의 대원칙은 현황평가이며, 그 예외 사유는 주장자가 입증해야 한다고 한다.

2. 판례 및 검토

대법원은 "수용대상토지의 이용상황이 일시적이라거나 불법형질변경토지라는 이유로 본래의 이용상황 또는 형질변경 당시의 이용상황에 의하여 보상액을 산정하기 위해서는 그와 같은 예외적인 보상액의 산정방법의 적용을 주장하는 쪽에서 수용대상토지가 불법형질변경토지임을 증명해야 한다"라고 판시하여 현실적인 이용상황을 기준으로 하지 않고 예외적인 기준을 적용하는 경우는 사업시행자가 이를 입증하도록 하고 있다(대판2011두2521). 생각건대, 토지보상법의 대원칙인 현실적 이용상황을 고려하여야 하며, 사업시행자가 조서를 작성하는 경우에도 현황평가원칙을 외면할 수 없는바, 사업시행자가 입증책임을 부담하는 것이 타당하다고 본다.

> **참고** 심화 논점 : 불법형질변경토지와 관련 문제

1. 법률유보원칙이나 구체적 위임의 원칙에 반하는지 여부

판례도 과거 불법형질변경토지 평가기준과 관련하여, 동 규정의 취지가 불법배제에 의한 적정보상 원칙을 달성하려는 것으로서, 이를 들어 소급입법이라거나 헌법 제13조 제2항이 정하고 있는 법률불소급의 원칙에 반한다고 할 수 없다고 판시한바 있다(대판 2001두7121).

2. 소급입법에 의한 재산권 침해 여부

(1) 소급입법에 의한 재산권박탈금지의 원칙

1) 문제점

진정소급입법은 이미 과거에 완성된 사실 또는 법률관계를 규율의 대상으로 하는 것을 말하며, 부진정소급입법은 이미 과거에 시작하였으나 아직 완성되지 아니하고 진행과정에 있는 사실 또는 법률관계를 규율의 대상으로 하는 것을 말한다. 헌법 제13조 제2항은 "모든 국민은 소급입법에 의하여 재산권을 박탈당하지 아니한다"고 규정하고 있다.

2) 판례의 태도 및 검토

판례는 불법형질변경토지의 평가기준과 관련하여 규정의 취지 등을 비추어 볼 때 소급입법이라거나 헌법 제13조 제2항이 정하고 있는 법률불소급의 원칙에 반한다고 할 수 없다고 판시하였다. 따라서 토지보상법 시행규칙 제24조의 불법형질변경 토지 평가기준은 소급입법에 의한 재산권 박탈금지원칙에 반하지 않는다.

(2) **경과규정이 적용되지 못하는 경우**(동규정이 시행되기 전에 이미 불법형질변경이 되었으나 동규정이 시행된 후 공공사업 시행지구에 편입된 경우)

불법형질변경토지는 불법에 의한 행위로서, 국민이 소급입법을 예상할 수 있고, 보호할만한 신뢰이익이 적고, 불법을 방지하는 공익이 크므로, 예외적으로 소급입법이 가능한 경우인바 정당하다.

논점 006 미지급용지의 평가

I. 개설

미지급용지란 종전에 시행된 공익사업의 부지로서 보상금이 지급되지 아니한 토지를 말한다. 판례는 같은 토지에 대해 둘 이상의 공익사업이 시행되고 새로운 공익사업이 시행되기까지 종전에 시행된 공익사업에 의하여 보상금이 지급되지 아니한 토지라고 판시한바 있다. 종전에 미불용지로 규정되었으나, 토지보상법 시행규칙이 개정되면서 미불용지의 용어가 미지급용지로 개정되었다. 미지급용지는 종전공익사업에 편입되고 보상금이 지급이 되지 않은 상태에서 공익사업에 편입된 토지를 말한다. 반면에 미보상토지는 종전공익사업에 편입이 되고 보상금이 지급되지 않은 상태를 말하며, 이는 미지급용지 규정을 준용하게 된다.

II. 평가기준

1. 평가기준의 취지

사업시행자가 이와 같은 미지급용지를 뒤늦게 평가하여 손실보상액을 산정시 적정가격으로 보상액을 정한 것으로 볼 수 없어 부당한 결과를 구제하기 위하여 현황평가의 예외가 인정된다.

2. 평가기준의 내용

(1) 원칙

①종전 공익사업에 편입될 당시의 이용상황 기준으로 평가한다. ②용도지역 등 공법상 제한도 가격시점을 기준하나 종전 사업시행으로 용도지역이 변경된 경우에는 종전을 기준한다.

(2) 예외

다만, 종전의 공익사업에 편입될 당시의 이용상황을 알 수 없는 경우에는 편입될 당시의 지목과 인근토지의 이용상황 등을 참작하여 평가한다(시행규칙 제25조 제1항). '종전의 공익사업에 편입될 당시의 이용상황'을 상정하는 때에는 편입당시의 지목·실제 용도·지형·지세·면적 등의 개별요인을 고려하여야 한다. 인근지역의 표준적 이용상황이 변경된 경우는 가격시점에서의 인근토지의 표준적 이용상황을 기준으로 판단하되 그 형질변경에 드는 비용을 고려해야 한다.

대법원도 도로에 편입된 이후 대상토지의 위치나 주위 토지의 개발 및 이용상황 등에 비추어 도로가 개설되지 아니하였더라도 당해 토지의 현실적 이용상황이 주위 토지와 같이 변경되었을 것임이 객관적으로 명백하게 된 경우, 변경된 이용상황을 상정하여 토지가격을 감정평가해야 하는 것이 타당하다고 판시하고 있다(대판 2002.10.25. 2002다31483).

3. 가격시점

가격시점은 일반보상과 마찬가지로 계약체결 당시를 기준으로 한다. 따라서 편입될 당시의 가격을 소급평가하여 다시 보상금 지급시로 시점수정하는 것은 아니다.

4. 공법상 제한 등

공법상 제한이나 주위환경 그 밖에 공공시설 등과의 접근성 등은 종전의 공익사업(그 미지급용지가 새로운 공익사업에 편입되는 경우에는 그 사업을 포함한다)의 시행을 직접 목적으로 하거나 당해 공익사업의 시행에 따른 절차 등으로 변경 또는 변동이 된 경우 외에는 가격시점 당시를 기준으로 한다. 용도지역 등이 종전 또는 새로운 공익사업과 관계 없이 변경된 경우에는 가격시점에서의 용도지역 등을 기준으로 감정평가한다.

5. 개발이익의 배제

미지급용지의 평가시 종전 및 당해 공익사업으로 인한 가격변동이 포함되어 있는 경우 이를 모두 배제하고 평가한다.

6. 적용범위

(1) 학설

①공익사업시행의 결과가 토지소유자에게 유리한 경우와 불리한 경우 모두 미지급용지(미불용지) 규정을 적용할 수 있다는 무제한적용설과 ②종전보다 현황이 불리해진 경우에만 미지급용지(미불용지)규정을 적용한다고 보는 제한적용설이 대립된다.

(2) 판례

대법원은 미지급용지(미불용지) 규정 취지가 현황평가의 예외를 인정하여 피보상자가 불리하게 되는 것을 방지하기 위한 것이므로 현황평가하는 것이 오히려

유리하다면 미지급용지(미불용지) 평가규정을 적용하지 말고 현황평가하여야
한다고 판시하였다.

(3) 검토

생각건대, 미지급용지 규정의 취지가 토지소유자의 손해방지 차원에서 이루어
진 것이므로 하락한 경우에만 적용하는 것이 타당하다고 본다.

7. 보상대상자

종전사업과 새로운 사업 사이에 소유자가 변경되면 새로운 소유자에게도 미지급
용지의 평가규정을 적용하는지 논란이 있다. 새로운 소유자에게는 적용되어서
는 안 된다는 견해와 새로운 소유자에게도 적용되어야 한다는 견해가 대립한다.
생각건대, 현행 보상규정에 새로운 소유자에 대해 적용을 제한한다는 규정이 없
는 점 등을 고려하여 새로운 소유자에게도 적용해야한다고 봄이 타당하다.

> **참고 미지급용지 관련 문제**
>
> **1. 미지급용지에 대한 인도청구권 행사**
>
> 「도로법」제3조는 "도로를 구성하는 부지, 옹벽, 그 밖의 물건에 대하여는 사권
> (事權)을 행사할 수 없다. 다만, 소유권을 이전하거나 저당권을 설정하는 것은 그
> 러하지 아니하다"라고 규정하여 도로에 편입된 토지는 사권을 행사할 수 없다.
> 따라서 미지급된 도로부지에 대하여 인도청구를 하지 못한다.
>
> **2. 미지급용지에 대한 부당이득반환청구권 행사**
>
> **(1) 행사여부**
>
> 미지급용지 중 부당이득과 관련하여 주로 문제가 생기는 부분은 미지급된 도로
> 부지이다. 도로를 구성하는 미지급용지부지는 그 사용·수익에 대한 손해에 상당
> 한 금액을 부당이득으로 반환청구할 수 있다.
>
> **(2) 판례 입장**
>
> 대법원은 어느 사유지를 국가 또는 지방자치단체가 점유하여 사실상의 도로로서
> 일반 공중의 교통에 제공함으로써, 그 토지소유자의 독점적·배타적인 사용·수익
> 이 제한되고 있는 경우에는 그 소유자가 그 토지에 대한 독점적·배타적인 사용수
> 익권을 포기하였다는 등의 특별한 사정이 없는 한, 국가 또는 지방자치단체는 그
> 토지를 점유하여 사용·수익하는 이득을 얻고 토지소유자는 그만큼의 손해를 입
> 고 있는 것으로 보아야 한다고 한다고 판시했다(대판 2008.2.1. 2007다8914).

(3) 부당이득 평가

즉 공공이 사인의 토지를 토지소유자의 점유·관리를 배제한 채 일반 공중의 통행로로 제공한 경우에는 임료(차임)상당의 이익을 법률상 원인 없이 이득을 보고 있는 것이므로, 부당이득금 반환의무가 있는 것이다. 부당이득금 산정을 위한 기초가격은 사실상의 공익사업에 의하여 도로로 편입된 경우에는 편입될 당시의 현실적 이용상황에 따라 평가하며, 종전부터 공중의 통행에 이용되던 토지가 편입된 경우에는 도로로서 제한받는 상태대로 평가하도록 판시하고 있다.

3. 미지급용지에 대한 시효취득 여부

(1) 문제점

「민법」제245조 제1항은 20년간 소유의 의사로 평온, 공연하게 부동산을 점유하는 자는 등기함으로써 그 소유권을 취득한다고 규정한다. 미지급용지에 대해서도 국가나 지방자치단체가 시효로 취득할 수 있는지 문제된다. 특히 자주점유 여부가 문제 된다.

(2) 판례의 태도

판례는 도로관리청이 타인의 토지에 도로를 개설하여 일반 공중의 통행에 제공하면서 점유·관리하여 20년이 경과함으로써 도로관리청의 시효취득이 완성된다고 하여 긍정하였다(대판 1994.8.26. 93다61222). 그러나 토지의 점유자가 점유를 시작할 당시 그 토지가 타인의 소유라는 사실을 알고 있었다면, 실제 소유자가 반환을 요구할 경우 이를 반환하는 것이 사회적 통념이므로 이는 소유의 의사로 점유한 것으로 볼 수 없기 때문에, 비록 타인 소유의 토지를 20년 이상 무단으로 점유한 경우라도 소유권을 인정받을 수 없다고 판시하여 과거의 판례를 변경하였다(대판 1997.8.21. 95다28625). 따라서, 국가·지방자치단체의 미불용지에 대한 시효취득은 더 이상 인정받기 어렵게 되었고, 그 이후에 나온 판결에서도 시효취득을 부정하는 일관된 태도를 견지하고 있다.

(3) 검토

생각건대, 미지급용지(미불용지)의 경우 점유원인 자체가 무단점유에 기인한 것으로 타인의 소유권을 배척할 점유의사를 갖고 있다고 보기 어려우므로 자주점유의 추정력은 깨진다고 본다. 따라서, 자주점유가 아닐 경우 시효취득은 할 수 없다고 봄이 타당하다.

논점 007 도로부지의 평가

I. 개설

토지보상법 시행규칙 제26조 규정의 취지는 사도법상 사도 및 사실상의 사도부지의 감정평가방법에 대해 규정함으로써 손실보상을 위한 감정평가의 공정성과 신뢰성을 제고하는 데 있다. 또한 위의 부지들을 낮게 평가하는 취지는 인근토지로의 가치가 화체가 되었다고 볼 수 있기 때문이다.

II. 사도법상 사도

1. 사도법상 사도의 개념

사도법상 사도란 ①「도로법」제2조제1호에 따른 도로, ②「도로법」의 준용을 받는 도로, ③「농어촌도로 정비법」제2조제1항에 따른 농어촌도로, ④「농어촌정비법」에 따라 설치된 도로 등이 아닌 것으로서 그 도로에 연결되는 길로 정의되어 있다. 즉, 사도법에 따른 사도란 그 소유자가 자기 토지의 다른 부분의 효용증진을 위하여 스스로 관할 시장·군수의 사도개설허가를 받아 개설되는 공도에 연결되는 도로를 말하며, 사도관리대장에 등재되고 일반인의 통행을 제한하거나 금지할 수 없는 도로이다. 사도법상의 사도는 사실상의 사도와는 달리 동일한 소유자 간의 가치이전을 요건으로 하지 않는다.

2. 평가방법

인근토지에 대한 감정평가액의 5분의 1 이내로 평가한다.

인근토지란 그 사도부지가 도로로 이용되지 아니하였을 경우에 예상되는 인근지역에 있는 표준적인 이용상황의 토지로서 지리적으로 가까운 것을 말한다. 즉, 사도부지에 대한 감정평가의 기준이 되는 현실적인 이용상황은 인근토지의 표준적인 이용상황이 된다.

III. 사실상의 사도

1. 사실상 사도의 개념

사실상 사도란「사도법」에 의한 사도 외의 도로로서 ①도로개설당시의 토지소유자가 자기 토지의 편익을 위하여 스스로 설치한 도로, ②토지소유자가 그 의사에 의하여 타인의 통행을 제한할 수 없는 도로, ③「건축법」제45조의 규정에 의하여 건축허가권자가 그 위치를 지정·공고한 도로, ④도로개설당시의 토지소유자가 대지 또는 공장용지 등을 조성하기 위하여 설치한 도로 중 어느 하나에 해당하는 도로를 말한다(토지보상법 시행규칙 제26조 제2항).

2. 판단기준

법원은 '도로개설 당시의 토지소유자가 자기 토지의 편익을 위하여 스스로 설치한 도로'에 해당한다고 하려면, 토지 소유자가 자기 소유 토지 중 일부에 도로를 설치한 결과 도로 부지로 제공된 부분으로 인하여 나머지 부분 토지의 편익이 증진되는 등으로 그 부분의 가치가 상승됨으로써 도로부지로 제공된 부분의 가치를 낮게 평가하여 보상하더라도 전체적으로 정당보상의 원칙에 어긋나지 않는다고 볼 만한 객관적인 사유가 있다고 인정되어야 하고, 이는 도로개설 경위와 목적, 주위환경, 인접토지의 획지·면적, 소유관계 및 이용상태 등 제반 사정을 종합적으로 고려하여 한다고 판시하였다(대판2011두7007).

3. 평가기준

인근토지평가액의 1/3 이내로 평가한다. 인근토지란 그 부지가 도로로 이용되지 아니하였을 경우에 예상되는 인근지역에 있는 표준적인 이용상황의 토지로서 지리적으로 가까운 것을 말한다. 또한 사실상의 사도부지에 대한 감정평가는 인근토지에 대한 감정평가액의 3분의 1 이내로 하므로, 3분의 1을 적용할 경우의 단가사정은 반올림하지 않고 절사한다.

4. 판단 시점

도로개설의 자의성 및 동일인 소유 토지로의 가치이전이라는 두 가지 요건은 도로개설 당시를 기준으로 판단한다. 따라서 도로개설 당시는 도로부지와 그 도로를 통하여 출입하는 토지가 동일인이었으나 그 이후 소유권이 달라진 경우에도 사실상의 사도로 본다.

Ⅳ. 공도부지

1. 개설

토지보상법 시행규칙 제26조 제1항 제3호는 일반 토지와 같은 방법으로 감정평가하도록 규정하고 있다. 토지보상법 제70조 제2항은 현실적인 이용상황을 기준으로 평가하도록 규정하고 있으며, 이와 같이 현실적인 이용상황을 기준으로 보상하도록 한 것은 적정가격으로 보상하여 헌법이 정하고 있는 정당한 보상을 실현하기 위함이다. 그러나 특별한 경우 이와 같은 현실적인 이용상황을 기준으로 평가하는 것이 오히려 적정가격으로의 보상이 되지 않는 경우가 발생하기 때문에 현실적인 이용상황을 기준으로 보상하지 않는 예외를 인정하고 있으며, 공도부지도 이러한 예외에 해당한다.

2. 공도의 구분

도로법 제2조에 의한 도로, 도로법에 의한 준용도로, 농어촌정비법 제2조에 의한 농어촌도로, 도시계획사업에 의하여 설치된 도로가 있다.

3. 평가방법

도로로 이용되지 아니하였을 경우에 예상되는 인근지역에 있는 표준적인 이용상황의 표준지공시지가를 기준으로 평가한다. 표준지공시지가에 해당 도로의 개설로 인한 개발이익이 포함되어 있는 경우에는 이를 배제한 가격으로 평가하여야 한다.

Ⅴ. 기타 도로

1. 공익사업의 시행으로 설치된 도로 : 공도의 평가방법 준용
2. 예정공도 : 공도부지의 평가방법 준용

논점 008 구거부지 및 도수로부지

I. 개설

구거는 사람에 의해 만들어지기도 하지만 대부분 물이 높은 곳으로부터 낮은 곳으로 흐름에 따라 자연스럽게 형성되는 것이므로, 구거와 관련된 토지의 합리적인 이용을 위한 상린관계가 성립된다. 도수로에 대한 용어의 정의를 규정하고 있는 법령은 없다. 다만, 일반적으로 도수로란 관행용수권과 관련하여 용수·배수를 목적으로 일정한 형태를 갖춘 인공적인 수로·둑 및 그 부속시설물의 부지를 의미한다. 구거는 물이 자연적으로 흐르든, 사람이 일정한 방향으로 흐르도록 이끌든 그것은 가리지 않고 물이 흐르고 있는 토지를 의미하나, 도수로는 일정한 방향으로 물이 흐르도록 인공적으로 조성하여 물이 흐르고 있는 토지라는 차이가 있다. 즉, 도수로는 구거 중에서 관행용수권에 의하여 농업용수나 생활용수를 취수 또는 인수를 위하여 인공적으로 조성된 것을 의미한다.

II. 관련 규정 검토(토지보상법 시행규칙 제26조 제3항)

구거부지에 대하여는 인근토지에 대한 평가액의 3분의 1 이내로 평가한다. 다만, 용수를 위한 도수로부지(개설당시의 토지소유자가 자기 토지의 편익을 위하여 스스로 설치한 도수로부지를 제외한다)에 대하여는 동법 시행규칙 제22조의 규정에 의하여 평가한다. 여기서 "인근토지"라 함은 당해 구거부지가 구거로 이용되지 아니하였을 경우에 예상되는 표준적인 이용상황과 유사한 토지로서 당해 토지와 위치상 가까운 토지를 말한다. 대법원은 도수로부지의 감정평가를 위해서 그 도수로의 개설경위, 목적, 소유관계, 주위환경, 이용상태 등 객관적인 사유가 있어야 한다고 판시했다.

논점 009 개간비의 평가

Ⅰ. 개설

토지보상법 시행규칙 제27조 규정의 취지는 적법하게 개간한 자가 지출한 비용으로 인하여 국가나 지방자치단체가 자기의 노력과 상관없이 받게 되는 가치의 증가분을 개간한 자에게 되돌려 주도록 하는 개간비 등의 감정평가방법에 대해 규정함으로써 손실보상을 위한 감정평가의 공정성과 신뢰성을 제고하는 데 있다.

Ⅱ. 의의 및 요건

1. 개간비의 의의

개간비란 토지의 매립, 간척, 개간 등에 소요된 비용을 말한다. 이는 실비변상적 성격을 갖는다.

2. 보상요건

①국유지 또는 공유지를 ②적법하게 개간한 자가 ③개간 당시부터 보상 당시까지 계속하여 적법하게 점유(상속인에 한정)할 것을 요한다. 즉, 개간비보상의 대상토지는 국유지 또는 공유지에 한한다. 따라서 사유지는 소유자가 아닌 자가 적법하게 개간한 경우에도 개간비의 보상대상이 아니다. 또한 개간을 위하여 관련 법령에 따라 허가·인가 등을 받아야 하는 경우는 허가·인가 등을 받고 개간한 토지여야 한다. 이러한 허가·인가 등에는 「국토계획법」에 따른 형질변경허가등뿐만 아니라 「국유재산법」 및 「공유재산 및 물품 관리법」에 따른 사용허가 또는 대부계약을 포함한다. 그리고 개간한 자가 개간 당시부터 보상 당시까지 계속하여 적법하게 해당 토지를 점유하고 있어야 한다. 즉, 개간비의 지출자와 보상대상자가 동일인이어야 한다. 따라서 기준시점 당시 개간을 한 자가 사실상 점유하고 있지 아니한 때에는 원칙적으로 보상대상이 되지 않는다.

Ⅲ. 개간비의 보상평가

1. 원칙-개간소요비용, 한도(개간후-개간전)

개간비는 기준시점을 기준으로 개간에 통상 필요한 비용 상당액을 기준으로 감정평가한다. 이 경우 개간 전과 개간 후의 토지의 지세·지질·비옥도·이용상황 및 개간의 난이도 등을 종합적으로 고려한다. 또한 개간비는 기준시점을 기준으로 감정평가하므로, 개간 당시에 실제 지출된 금액이 아니라 기준시점에서 새로이 개간하는 것을 전제로 할 때 통상 필요한 비용 상당액을 기준으로 한다.

2. 예외-가격시점 현재 개간 비용을 알 수 없는 경우는 일정비율

개간에 통상 필요한 비용 상당액을 산정하기 위해서는 먼저 개간 전 토지의 지세·지질·비옥도·이용상황 등의 파악이 가능하여야 하나, 개간 후 장기간이 경과되어 주위환경이 변경된 경우는 기준시점에서 사실상 이를 확인하는 것이 불가능하다. 따라서 이러한 경우 개간비는 인근지역에 있는 표준지공시지가를 기준으로 한 개간 후의 토지에 대한 평가액의 3분의 1 이내로 할 수 있다. 다만, 개간지가 도시지역의 녹지지역 안에 있는 경우에는 5분의 1, 도시지역의 그 밖의 용도지역 안에 있는 경우에는 10분의 1 이내로 할 수 있다.

3. 개간비의 상한(이중보상의 배제)

개간비 한도액은 개간자에게 개간비를 보상하고, 토지소유자에게는 개간 후에서 개간비를 공제하여 잔액을 보상하여 이중보상이 되지 않도록 한다.

4. 토지소유자에 대한 보상

개간지를 보상하는 경우 토지소유자(국가 또는 지방자치단체)에 대한 보상금액은 개간 후의 토지가액에서 개간비를 뺀 금액으로 한다. 즉, 개간 후의 현실적인 이용상황을 기준으로 한 토지의 감정평가액에서 개간비를 뺀 금액으로 한다.

Ⅳ. 유의사항

1. 점용기간이 만료된 경우

개간비는 개간한 자가 개간 당시부터 보상 당시까지 계속하여 적법하게 해당 토지를 점유하고 있어야 하므로, 적법하게 개간하였다고 하여도 점용기간이 만료 후에 점용기간의 갱신 없이 점유하고 있는 경우는 계속하여 적법하게 점유하고 있다고 볼 수 없으므로 개간비의 보상대상이 아니다.

2. 허가 용도와 다른 용도로 개간한 경우

관련 법령에 의하여 허가를 받고 개간하였으나 그 용도가 허가된 용도와 다른 경우에는 이를 적법하게 개간한 경우로 볼 수 없으므로, 개간비의 보상대상이 아닙니다.

3. 점용허가 면적과 상이한 경우

점용허가 면적을 초과하여 개간한 경우 초과 부분은 적법한 개간으로 볼 수 없으므로, 개간비의 보상대상이 아니다. 또한 개간면적이 인·허가 면적보다 작은 경우에는 개간면적에 대해서만 보상한다.

4. 원상회복 또는 보상제한의 부관이 있는 경우

점용허가의 부관으로 점용기간 만료 시에는 원상회복하여야 한다든가, 또는 보상을 청구하지 않는다는 등의 부관이 있는 경우는 개간비의 보상은 인정되지 않는다. 대법원은 "하천점용허가의 부관에서 정하고 있는 '점용기간 만료 또는 점용을 폐지하였을 때에는 즉시 원상복구할 것'의 의미는 원고들이 이 사건 각 하천부지에 대한 점용기간 만료 시 그에 관한 개간비보상청구권을 포기하는 것을 조건으로 하여 이 사건 각 하천점용허가를 한 것으로 해석함이 상당하고, 하천점용허가시 위와 같은 내용의 부관을 붙이는 것은 점용허가관청의 재량에 속하는 것이므로, 위 부관의 내용은 원고들에게 유효하게 그 효력을 미친다"라고 판시하고 있다(대판 2007두25930).

논점 010 토지에 대한 소유권 외의 권리에 대한 보상

Ⅰ. 개설

토지보상법 시행규칙 제28조 제1항은 '취득하는 토지에 설정된 소유권외의 권리에 대하여는 당해 권리의 종류, 존속기간 및 기대이익 등을 종합적으로 고려하여 평가한다. 이 경우 점유는 권리로 보지 아니한다'고 규정하고 있다. 제2항은 '제1항의 규정에 의한 토지에 관한 소유권 외의 권리에 대하여는 거래사례비교법에 의하여 평가함을 원칙으로 하되, 일반적으로 양도성이 없는 경우에는 당해 권리의 유무에 따른 토지의 가격차액 또는 권리설정계약을 기준으로 평가한다'고 규정하고 있다.

이 규정의 취지는 토지에 관한 소유권 외의 권리의 감정평가방법에 대해 규정함으로써 개인별 보상의 원칙에 보다 충실하여 손실보상을 위한 감정평가의 공정성과 신뢰성을 제고하는 데 있다.

Ⅱ. 소유권 외의 권리의 목적이 되고 있는 토지의 평가

1. 소유권 외의 권리가 설정된 토지

소유권 외의 권리가 설정된 토지란 용익물권, 즉 지상권·지역권·전세권과 채권인 임차권 그리고 담보물권인 저당권 등의 권리가 설정된 토지를 말한다. 이 때 소유권 이외의 권리에는 사용대차의 경우를 포함하되, 점유는 이 경우의 권리로 보지 아니한다.

2. 소유권 이외의 권리가 설정된 토지의 평가

취득하는 토지에 설정된 소유권 외의 권리의 목적이 되고 있는 토지에 대하여는 당해 권리가 없는 것으로 하여 취득하는 토지의 평가 규정(시행규칙 제22조), 공법상 제한을 받는 토지의 평가 규정(시행규칙 제23조), 무허가건축물등의 부지 또는 불법형질변경된 토지의 평가 규정(시행규칙 제24조), 미지급용지 평가 규정(시행규칙 제25조), 도로 및 구거부지의 평가 규정(시행규칙 제26조), 개간비 평가 등 규정(시행규칙 제27조)에 의하여 평가한 금액에서 토지에 관한 소유권 외의 권리의 평가 규정(시행규칙 제28조)에 의하여 평가한 소유권 외의 권리의 가액을 뺀 금액으로 평가한다(시행규칙 제29조). 이와 같이 소유권 외의 권리의 목적이 되고 있는 토지의 평가에서 공제주의를 택하고 있는 것은 소유권 외의 권리자를 보호하기 위한 것이다. 또한 개인별 보상원칙을 실현하기 위한 것이라고도 한다.

논점 011 사용하는 토지에 대한 보상 평가

I. 일반 토지의 사용료 평가

1. 의의

공익사업의 시행을 원인으로 타인의 토지를 사용하게 되는 경우 당해 토지의 소유권을 완전하게 취득하는 정도에는 이르지 않으나, 결국 소유권의 행사에 제한을 주게 되므로 이에 대한 보상으로 사용료를 지급하여야 한다. 이 경우 토지사용료의 보상범위는 지표상의 토지사용만이 대상이 되는 것이 아니라, 토지의 입체적 소유권의 개념에 기초하여 토지의 지상 및 지하부분의 사용을 포함하게 된다. 또한 공중공간의 사용에 대한 보상평가는 사용기간이 일시적인가 영구적인가(구분지상권 설정)에 따라 기준을 달리하고 있으므로 설정된 사용기간의 장단(長短)에도 주의하여야 한다.

2. 보상기준

협의 또는 재결에 의하여 사용하는 토지에 대하여는 그 토지와 인근 유사토지의 지료·임대료·사용방법·사용기간 및 그 토지의 가격 등을 고려하여 평가한 적정가격으로 보상하여야 한다(토지보상법 제71조 제1항). 사용하는 토지와 그 지하 및 지상의 공간 사용에 대한 구체적인 보상액 산정 및 평가방법은 투자비용, 예상수익 및 거래가격 등을 고려하여 국토교통부령으로 정한다(동법 제71조 제2항). 토지의 사용이란 토지보상법이 정한 절차에 따른 적법한 사용만을 의미한다. 토지의 사용료는 임대사례비교법으로 평가한다. 다만 적정한 임대사례가 없거나 대상 토지의 특성으로 보아 임대사례비교법으로 평가하는 것이 적정하지 아니한 경우에는 적산법으로 평가할 수 있다(동법 시행규칙 제30조).

II. 토지의 지하·지상공간의 사용에 대한 보상평가

1. 보상평가기준

토지보상법은 토지의 지하사용뿐만 아니라 지상공간 사용에 대한 평가 규정을 신설하고 '입체이용저해율'을 곱하여 산정하되, 사실상 영구적으로 사용하는 경우와 일정한 기간 동안 사용하는 경우로 구분하여 평가하도록 하고 있다(동법 시행규칙 제31조).

2. 영구적으로 사용하는 경우

토지의 지하 또는 지상공간을 사실상 영구적으로 사용하는 경우 당해 공간에 대한 사용료는 표준지의 공시지가를 기준으로 하여 산정한 당해 토지의 가격에 당해 공간을 사용함으로 인하여 토지의 이용이 저해되는 정도에 따른 적정한 비율(이하 "입체이용저해율"이라 함)을 곱하여 산정한 금액으로 평가한다(동법 시행규칙 제31조 제1항).

3. 일시적으로 사용하는 경우

토지의 지하 또는 지상공간을 일정한 기간 동안 사용하는 경우 당해 공간에 대한 사용료는 임대사례비교법이나 적산법 등을 적용하여 산정한 당해 토지의 사용료에 입체이용저해율을 곱하여 산정한 금액으로 평가한다(동법 시행규칙 제31조 제2항).

논점 012 잔여지 가치하락 등(손실)에 대한 평가

I. 잔여지의 의의 및 요건(토지보상법 제73조 제1항)

①잔여지의 가치하락 등에 따른 보상에서 잔여지란 동일한 토지소유자에 속하는 일단의 토지 중 일부만이 공익사업에 편입되고 남은 토지를 말한다. ②동일한 토지소유자란 일단의 토지의 등기명의가 반드시 동일하여야 하는 것은 아니며, 사실상 동일 소유관계일 경우에도 잔여지로 인정한다. ③판례는 "일단의 토지란 연속된 토지로서 그 전체가 어떤 단일의 목적에 공용되고 있는 것으로, 전체로서 경제상의 이용가치를 지니는 것을 말하며, 반드시 공부상의 일필지임을 요하지 않는다"고 하며, ④또한 여러 필지를 일단의 토지로 판단하기 위해서는 '일단으로 이용되고 있는 상황이 사회적·경제적·행정적 측면에서 합리적이고 해당 토지의 가치형성 측면에서도 타당하여 상호 불가분성이 인정되는 관계'에 해당되어야 하며, 또한 부동산시장에서의 거래 관행에서도 그 전체가 일단으로 거래될 가능성이 높은 경우이어야 한다고 판시하였다.

II. 평가 방법

1. 관련 규정 검토

토지보상법 제73조 제1항은 "사업시행자는 동일한 소유자에게 속하는 일단의 토지의 일부가 취득되거나 사용됨으로 인하여 잔여지의 가격이 감소하거나 그 밖의 손실이 있을 때 또는 잔여지에 통로·도랑·담장 등의 신설이나 그 밖의 공사가 필요한 때에는 국토교통부령이 정하는 바에 따라 그 손실이나 공사의 비용을 보상하여야 한다. 다만, 잔여지의 가격 감소분과 잔여지에 대한 공사의 비용을 합한 금액이 잔여지의 가격보다 큰 경우에는 사업시행자는 그 잔여지를 매수할 수 있다"고 규정하고 있다.

2. 구체적인 내용

(1) 편입 전 잔여지의 감정평가

1) 원칙

공익사업시행지구에 편입되기 전의 잔여지 가액은 일단의 토지의 전체가액에서 공익사업시행지구에 편입되는 토지의 가액을 뺀 금액으로 산정한다.

2) 일단의 토지 전체가액

편입토지의 가액은 일단의 토지 전체가액을 기준으로 하여 산정하는 것이 원칙이므로, 일단의 토지 전체가액의 적용단가와 편입토지의 적용단가는 같은 것이 일반적이다. 다만, 편입토지와 잔여지의 용도지역·이용상황 등이 달라 구분감정평가한 경우에는 각각 다른 적용단가를 적용하여 일단의 토지 전체가액을 산정한다.

3) 해당 공익사업으로 인한 가액 변동의 배제

대상토지가 공익사업시행지구에 편입됨으로 인하여 잔여지의 가치가 변동된 경우에는 변동되기 전의 가액으로 한다. 즉, 공익사업시행지구에 편입되기 전의 잔여지 가액은 일단의 토지 전체가 공익사업에 편입되는 것을 기준으로 한 가액에서 실제 편입되는 부분의 가액을 공제하여 산정한다.

(2) 편입 후 잔여지의 감정평가

1) 원칙

공익사업시행지구에 편입된 후의 잔여지 가액은 잔여지만이 남게 되는 상태에서의 잔여지 감정평가액으로 한다. 즉, 잔여지의 개별요인을 기준으로 감정평가한다.

2) 개별요인 비교에서의 고려사항

공익사업시행지구에 편입된 후의 잔여지의 감정평가에서 잔여지의 개별요인은 잔여지의 면적·형상 및 지세, 잔여지와 인접한 본인 소유 토지의 유·무 및 일단지 사용의 가능성 등을 고려한다.

3) 사업시행이익과의 상계금지(토지보상법 제66조)

공익사업시행지구에 편입된 후의 잔여지 가치를 감정평가하는 경우에도 해당 공익사업의 시행으로 인하여 잔여지의 개별요인 등이 개선되어 잔여지의 가치가 증가하거나 그 밖의 이익이 발생한 때에도 그 이익을 잔여지의 가치하락에 따른 보상액과 상계할 수 없다.

4) 사업손실 반영 여부

일반적으로 수용손실이란 분필 등으로 인하여 형태·면적 등의 잔여지의 개별요인이 나빠짐으로 인한 하락을 의미하며, 사업손실은 해당 공익사업 자체로부터 발생하는 소음·진동·악취 등으로 인한 하락을 말한다. 사업손실에 관하여 견해대립은 있으나, 〈대법원〉은 잔여지의 가치하락에 따른 보상에서 보상할 손실에는 토지 일부의 취득 또는 사용으로 인하여 그 획지조건이나 접근조건 등의 가치형성요인이 변동됨에 따라 발생하는 손실뿐만 아니라 그 취득 또는 사용 목적 사업의 시행으로 설치되는 시설의 형태·구조·사용 등에 기인하여 발생하는 손실도 포함되는 것으로 판시하고 있다. 따라서 공익사업시행지구에 편입된 후의 잔여지 가액의 감정평가에서는 사업손실로 인한 가치의 하락도 반영한다.

5) 장래 이용가능성 등에 따른 가치하락의 반영 여부

대법원은 잔여지의 가치하락에 따른 보상에서 보상할 손실에는 장래의 이용가능성이나 거래의 용이성 등에 의한 사용가치 및 교환가치상의 하락 모두가 포함된다고 판결하고 있다. 따라서 공익사업시행지구에 편입된 후의 잔여지 가치의 감정평가에서는 잔여지로 인한 장래의 이용가능성이나 거래의 용이성 등에 의한 사용가치 및 교환가치상의 하락으로 인한 가치의 하락을 반영한다. 다만, 이러한 가치하락이 수용손실과 사업손실로 인한 가치하락에 포함되었다고 판단될 때에는 별도로 구분하여 감정평가하지 않는다.

Ⅲ. 잔여지에 대한 공사비 등의 보상

1. 잔여지에 대한 공사비 보상

잔여지에 통로·구거·담장 등의 신설 그 밖의 공사가 필요하게 된 경우의 손실은 그 시설의 설치나 공사에 필요한 비용으로 평가한다(동법 시행규칙 제32조 제2항). 이는 사업으로 인해 발생한 피해를 구제하기 위한 조치로서 사업보상 또는 비용보상의 성격을 갖는다.

2. 잔여지가치하락에 따른 보상에 갈음하는 매수보상

(1) 내용

잔여지의 가치하락에 따른 보상과 잔여지에 대한 공사비 등의 보상을 동시에 하는 경우로서 잔여지의 가치하락에 따른 보상액과 잔여지에 대한 공사비 보상액을 합한 금액이 잔여지의 가액보다 큰 경우에는 잔여지의 가액으로 보상한다.

(2) 잔여지 매수의 효과

사업인정고시가 된 후 사업시행자가 잔여지를 매수하는 경우 그 잔여지에 대해서는 사업인정 및 사업인정고시가 된 것으로 본다(동법 제73조 제3항).

(3) 권리구제

잔여지의 손실 또는 비용의 보상이나 토지의 취득에 관하여는 손실에 대한 협의 및 협의 불성립시 재결신청에 관한 규정을 준용한다(동법 제73조 제4항). 즉 손실보상은 사업시행자와 손실을 입은 자가 협의하여 결정하며, 협의가 성립되지 아니하면 사업시행자나 손실을 입은 자는 관할 토지수용위원회에 재결을 신청할 수 있다.

3. 관련 판례

대법원은 이 규정의 내용 및 입법 취지 등을 종합하여 보면 토지소유자가 사업시행자로부터 잔여지 가격감소 등으로 인한 손실보상을 받기 위해서는 재결절차를 거친 다음 그 재결에 대하여 불복이 있는 때에 비로소 토지보상법 규정에 따라 권리구제를 받을 수 있을 뿐, 이러한 재결절차를 거치지 않은 채 곧바로 사업시행자를 상대로 손실보상을 청구하는 것은 허용되지 않는다고 한다.

논점 013 잔여지의 매수·수용

Ⅰ. 개설(매수대상 잔여지의 개념)

잔여지의 매수·수용 보상에서 잔여지란 동일한 토지소유자에 속하는 일단의 토지 중 일부가 협의에 의하여 매수되거나 수용됨으로 인하여 남은 잔여지로서, 종래의 목적에 사용하는 것이 현저히 곤란하게 된 토지를 말한다(토지보상법 74조 제1항). 즉, 잔여지의 가치하락 등에 따른 보상에서 잔여지는 일단의 토지 중에서 공익사업용지로 사업시행자가 취득하고 남은 토지를 의미하나, 매수·수용 보상 대상인 잔여지는 이러한 요건 외에 종래의 목적에 사용하는 것이 현저히 곤란하게 되어야 한다는 요건이 추가된다. 따라서 잔여지가 매수·수용보상의 대상이 되지 않을 경우에도 잔여지의 가치하락 등에 따른 보상대상은 될 수 있다.

Ⅱ. 잔여지 매수·수용청구의 요건

1. 토지보상법 제74조 제1항

동일한 소유자에게 속하는 일단의 토지의 일부가 협의에 의하여 매수되거나 수용됨으로 인하여 잔여지를 종래의 목적에 사용하는 것이 현저히 곤란할 때에는 해당 토지소유자는 사업시행자에게 잔여지를 매수하여 줄 것을 청구할 수 있으며, 사업인정 이후에는 관할 토지수용위원회에 수용을 청구할 수 있다. 이 경우 수용의 청구는 매수에 관한 협의가 성립되지 아니한 경우에만 할 수 있으며, 그 사업완료일까지 하여야 한다.

2. 구체적인 요건

①동일한 토지소유자에게 속하는 일단의 토지 일부가 협의에 의해 매수되거나 수용됨으로 인하여 잔여지를 종래의 목적에 사용하는 것이 현저히 곤란할 것을 요한다. ②〈판례〉는 종래의 목적이라 함은 수용재결 당시에 당해 잔여지가 현실적으로 사용되고 있는 구체적인 용도를 의미하고, ③사용하는 것이 현저히 곤란한 때라고 함은 물리적으로 사용하는 것이 곤란하게 된 경우는 물론 사회적·경제적으로 사용하는 것이 곤란하게 된 경우, 즉 절대적으로 이용 불가능한 경우만이 아니라 이용은 가능하나 많은 비용이 소요되는 경우를 포함한다고 판시했다.

3. 종래의 목적에 사용하는 것이 현저히 곤란하게 된 경우

잔여지가 종래의 목적에 사용하는 것이 현저히 곤란하게 되어 매수·수용 보상의 대상이 되기 위해서는 ①대지로서 면적이 너무 작거나 부정형 등의 사유로 건축물을 건축할 수 없거나 건축물의 건축이 현저히 곤란한 경우, ②농지로서 농기계의 진입과 회전이 곤란할 정도로 폭이 좁고 길게 남거나 부정형 등의 사유로 영농이 현저히 곤란한 경우, ③공익사업의 시행으로 교통이 두절되어 사용이나 경작이 불가능하게 된 경우, ④위의 사항과 유사한 정도로 잔여지를 종래의 목적대로 사용하는 것이 현저히 곤란하다고 인정되는 경우 중 어느 하나에 해당되어야 한다(동법 시행령 제39조 제1항).

4. 잔여지의 판단기준

잔여지를 판단할 때에는 ①잔여지의 위치·형상·이용상황 및 용도지역, ②공익사업 편입토지의 면적 및 잔여지의 면적 사항을 종합적으로 고려하여야 한다(토지보상법 시행령 제39조 제2항). 또한 잔여지와 인접한 본인 소유토지의 유·무 및 일단지 사용의 가능성 등도 고려한다.

III. 평가 방법

①매수·수용하는 잔여지는 일단의 토지 전체가액에서 편입되는 토지의 가액을 뺀 금액으로 감정평가하므로, 잔여지 매수·수용 보상에서도 전·후비교법이 적용된다. 여기서 일단의 토지 전체가액이란 잔여지를 포함한 일단의 토지 전체가액을 말한다. ②또한 잔여지 매수보상은 잔여지를 포함한 일단의 토지 전체의 가액에서 공익사업시행지구에 편입되는 토지가액을 뺀 금액으로 보상하는 것이므로, 잔여지가 종래의 목적에 이용될 수 없어 가치가 하락하거나 최유효이용 면적에 미달하여 가치가 하락하였더라도 그 하락되 아니한 가치로 보상액을 결정한다. 따라서 해당 공익사업으로 인한 가치의 변동이 있는 경우에도 이러한 변동은 매수보상금액에 포함하여서는 안 된다.

IV. 권리구제 방법

1. 매수·수용 절차

동일한 소유자에게 속하는 일단의 토지의 일부가 협의에 의하여 매수되거나 수용됨으로 인하여 잔여지를 종래의 목적에 사용하는 것이 현저히 곤란할 때에는 해당 토지소유자는 사업시행자에게 잔여지를 매수하여 줄 것을 청구할 수 있으며, 사업인정 이후에는 관할 토지수용위원회에 수용을 청구할 수 있다. 이 경우 수용의 청구는 매수에 관한 협의가 성립되지 아니한 경우에만 할 수 있으며, 사업완료일까지 하여야 한다.

2. 잔여지수용청구권의 성질 및 소송방법

판례는 요건을 구비한 때에는, 잔여지를 수용하는 토지수용위원회의 재결이 없더라도 그 청구에 의하여 수용의 효과가 발생하는 형성권적 성질을 가지므로, 잔여지 수용청구를 받아들이지 않은 토지수용위원회의 재결에 대하여 토지소유자가 불복하여 제기하는 소송은 보상금의 증감에 관한 소송에 해당하여 사업시행자를 피고로 하여야 한다고 판시하였다.

V. 관련 논점(확장수용)

1. 확장수용의 법적성질

(1) 학설

①사법상 매매설은 확장수용은 피수용자의 청구에 의하여 사업시행자가 피수용자의 재산권을 취득하는 것이므로, 사업시행자의 재산권 취득은 피수용자와의 임의적 합의로서 사법상의 매매행위라고 한다. ②공법상 특별행위설은 확장수용은 공익사업의 시행에 있어서 필요한 최소한도를 넘어서 행해지고 피수용자의 청구에 의해 이루어지는 점을 비추어 볼 때, 수용이 아닌 일종의 특별한 공법행위라고 한다. ③공용수용설은 확장수용이 공용수용에 있어서 하나의 특수한 예이기는 하나, 그 본질에 있어서 일반의 공용수용과 다른 점이 없어 공용수용이라 본다.

(2) 판례(공용수용설의 입장)

잔여지수용청구권은 그 요건을 구비한 때에는 토지수용위원회의 조치를 기다릴 것 없이, 청구에 의하여 수용의 효과가 발생하므로 이는 형성권적 성질을 갖는다고 판시한바 공용수용설의 입장이다.

(3) 검토

〈생각건대〉 확장수용은 피수용자의 청구를 요건으로 하는 사업시행자의 일방적인 권리취득행위로 볼 수 있으므로, 그 본질은 다른 일반적인 수용과 다를 것이 없다. 따라서 공용수용설이 타당하다.

2. 확장수용재결에 대한 불복

(1) 문제점

확장수용은 공용수용의 성질을 갖고, 확장수용청구권의 법적성질은 공권으로서, 토지보상법 체계상 확장수용은 토지수용위원회의 재결에 의하여 이루어진다. 따라서 확장수용재결에 대한 불복은 토지보상법 제83조 및 제85조의 규정에 따르면 된다.

(2) 이의신청(토지보상법 제83조)

토지보상법 제34조에 따른 재결에 이의가 있는 자는 토지보상법 제83조에 따라 재결서 정본 송달일로부터 30일 이내에 이의신청을 할 수 있다.

(3) 취소소송 및 보상금증감청구소송(토지보상법 제85조)

사업시행자, 토지소유자 또는 관계인은 제34조에 따른 재결에 불복할 때에는 재결서를 받은 날부터 90일 이내에, 이의신청을 거쳤을 때에는 이의신청에 대한 재결서를 받은 날부터 60일 이내에 각각 행정소송을 제기할 수 있다. 이 경우 사업시행자는 행정소송을 제기하기 전에 제84조에 따라 늘어난 보상금을 공탁하여야 하며, 보상금을 받을 자는 공탁된 보상금을 소송이 종결될 때까지 수령할 수 없다. 또한 보상금액의 다툼이 있는 경우에는 보상금증감청구소송 제기도 가능할 것이다.

(4) 확장수용청구 거부시 권리구제(행정소송형태)

1) 문제점

확장수용청구에 대하여 거부하는 경우 어떠한 소송을 제기하여야 하는지 공용수용의 성질 등과 관련하여 문제 되며, 또한 보상금증감청구소송의 범위와도 연관 된다.
(토지소유자가 잔여지수용거부재결에 대해 소송을 제기하는 경우 견해가 대립한다)

2) 학설

①취소소송설 및 무효등확인소송설은 보상금증감청구소송은 문언에 충실하게 보상금액 다과만을 대상으로 하며, 확장수용은 수용의 범위 문제인바, 먼저 재결에 대해 다투어야 하므로 취소소송 내지 무효등확인소송을 제기해야 한다고 한다. ②보상금증감청구소송설은 확장수용은 손실보상의 일환으로서, 궁극적으로 보상금 증감에 관한 문제이며, 1회적 해결에 취지를 갖는다고 본다. ③손실보상청구소송설은 손실보상청구권에 대한 존부를 당사자소송으로 다투어야 한다고 본다.

3) 판례(보상금증감청구소송)

판례는 요건을 구비한 때에는, 잔여지를 수용하는 토지수용위원회의 재결이 없더라도 그 청구에 의하여 수용의 효과가 발생하는 형성권적 성질을 가지므로, 잔여지 수용청구를 받아들이지 않은 토지수용위원회의 재결에 대하여 토지소유자가 불복하여 제기하는 소송은 보상금의 증감에 관한 소송에 해당하여 사업시행자를 피고로 하여야 한다고 판시하였다.

4) 검토

잔여지수용청구권은 형성권인바 잔여지수용청구로 수용의 효과는 이미 발생하며, 잔여지 수용청구를 토지수용위원회가 거부한다 하여도 궁극적으로 남은 문제는 보상금의 증감이다. 취소소송설은 분쟁의 일회적 해결이라는 측면에서 문제가 있는바, 분쟁의 1회적 해결을 위하여 보상금증감청구소송설이 타당하다.

(5) 민사소송가능여부

잔여지 수용청구에 대한 불복방법으로 민사소송이 제기가 가능한가와 관련하여, 잔여지수용청구권을 공권으로 볼 때 민사소송의 제기는 불가능하다. 대법원도 곧바로 기업자를 상대로 하여 민사소송으로 잔여지에 대한 보상금의 지급을 구할 수 없다고 하여 이를 부정하였다.

논점 014 건축물등 물건에 대한 보상평가

I. 개설

건축물·입목·공작물과 그 밖에 토지에 정착한 물건(이하 "건축물등"이라 한다)에 대하여는 이전에 필요한 비용(이하 "이전비"라 한다)으로 보상하여야 한다. 다만, 일정한 경우에는 해당 물건의 가격으로 보상하여야 한다(토지보상법 제75조 제1항). "이전비"라 함은 대상물건의 유용성을 동일하게 유지하면서 이를 당해 공익사업시행지구밖의 지역으로 이전·이설 또는 이식하는데 소요되는 비용(물건의 해체비, 건축허가에 일반적으로 소요되는 경비를 포함한 건축비와 적정거리까지의 운반비를 포함하며, 「건축법」 등 관계법령에 의하여 요구되는 시설의 개선에 필요한 비용을 제외한다)을 말한다(동법 시행규칙 제2조 제4호).

II. 건축물에 대한 보상평가 기준(토지보상법 제75조 제1항)

1. 원칙

이전비에 의한 보상을 원칙으로 하고 있다. 그러나 이전비 보상에 의거하는 것이 불합리하거나 타당하지 아니한 경우 예외적으로 취득가격에 의해 보상하도록 하고 있다.

2. 취득가격으로 보상하는 경우

①건축물등을 이전하기 어렵거나 그 이전으로 인하여 건축물등을 종래 목적대로 사용할 수 없게 된 경우, ②건축물등의 이전비가 그 물건의 가격을 넘는 경우 ③사업시행자가 공익사업에 직접 사용할 목적으로 취득하는 경우 중 하나에 해당하는 경우에는 물건의 가격으로 보상할 수 있다. ④이전 가능성의 여부는 경제적인 관점에서 판단하여야 하며, 주관적인 의사가 아닌 객관적인 타당성을 기준으로 판단하여야 한다.

3. 건축물의 가격으로 평가하는 경우

건축물의 가격은 원가법으로 평가한다. 다만, 주거용 건축물에 있어서는 거래사례비교법에 의하여 평가한 금액(공익사업의 시행에 따라 이주대책을 수립·실시하거나 주택입주권 등을 당해 건축물의 소유자에게 주는 경우 또는 개발제한구역안에서 이전이 허용되는 경우에 있어서의 당해 사유로 인한 가격상승분은 제외하고 평가한 금액을 말한다)이 원가법에 의하여 평가한 금액보다 큰 경우와

「집합건물의 소유 및 관리에 관한 법률」에 의한 구분소유권의 대상이 되는 건물의 가격은 거래사례비교법으로 평가한다(동법 시행규칙 제33조 제2항).

4. 건축물의 사용료

건축물의 사용료는 임대사례비교법으로 평가한다. 다만, 임대사례비교법으로 평가하는 것이 적정하지 아니한 경우에는 적산법으로 평가할 수 있다(동법 시행규칙 제33조 제3항).

5. 건축물의 철거 비용

물건의 가격으로 보상한 건축물의 철거비용은 사업시행자가 부담한다. 다만, 건축물의 소유자가 당해 건축물의 구성부분을 사용 또는 처분할 목적으로 철거하는 경우에는 건축물의 소유자가 부담한다(동법 시행규칙 제33조 제4항).

6. 주거용 건축물 등의 보상에 관한 특례

비준가격보상(토지보상법 시행규칙 제33조 제2항), 최저보상액 600만원 보상(동법 시행규칙 제58조 제1항), 재편입시 가산금지급(동법 시행규칙 제58조 제2항), 주거이전비의 보상(동법 시행규칙 제54조), 이사비(동법 시행규칙 제55조), 이주정착금(동법 시행규칙 제53조)이 있다.

Ⅲ. 보상 절차

1. 수용재결의 신청

사업시행자는 사업예정지에 있는 건축물등이 ①건축물등을 이전하기 어렵거나 그 이전으로 인하여 건축물등을 종래의 목적대로 사용할 수 없게 된 경우(동법 제75조 제1항 1호), ②건축물등의 이전비가 그 물건의 가격을 넘는 경우에 해당하는 경우(동법 제75조 제1항 2호)에는 관할 토지수용위원회에 그 물건의 수용재결을 신청할 수 있다(동법 제75조 제5항).

2. 관련 판례

대법원은 "지장물의 이전비가 취득가격을 상회하는 경우 취득가격을 상한으로 이전비로 보상하도록 되어있다. 취득가격으로 보상하였기에 소유권을 취득한다고 생각할 여지도 있으나, 토지보상법상 소유권을 취득하기 위해서는 소유권 취득을 위한 수용절차가 있어야 한다"고 판시하였다. 즉, 이 경우 소유권을 취득하고자 한다면 토지보상법 제75조 제5항에 따라 수용신청을 하면된다.

논점 015 무허가건축물등에 대한 보상

I. 무허가건축물의 의의

무허가건축물이란 「건축법」등 관계법령에 의하여 허가를 받거나 신고를 하고 건축 또는 용도변경을 하여야 하는 건축물을 허가를 받지 아니하거나 신고를 하지 아니하고 건축 또는 용도변경한 건축물을 말한다.

II. 무허가건축물의 보상 여부

1. 학설

①모든 무허가건축물은 보상대상이 아니라는 견해가 있으나, ②무허가건축물도 적법한 건축물과 같이 보상대상이라는 견해, ③사업인정고시일 전에 건축한 무허가 건축물은 보상의 대상이 된다는 견해가 대립된다.

2. 판례

판례는 사업인정고시 전에 건축한 건축물은 그 건축물이 적법하게 건축허가를 받아 건축한 것인지 또는 허가를 받지 아니하고 건축한 무허가건축물에 해당하는지 관계없이 손실보상의 대상이 된다고 하였다.

3. 검토

상기 ①의 견해는 명문의 근거 없이 보상대상을 축소하여 기득권 보호 차원에 문제가 있다. 또한 ②의 견해는 보상 범위를 확대하여 사업시행자의 비용 부담을 안겨주는바, 판례 및 ③의 견해처럼 사업인정고시일을 기준으로 보상여부를 판단함이 타당하다.

III. 관련 문제 : 가설건축물 보상평가

국토계획법에 의하여 설치된 가설건축물은 국토계획법에 의하면 도시군계획시설사업의 시행 예정일의 일정기간 전까지 가설건축물의 소유자의 부담으로 그 가설건축물을 철거 등 원상회복에 필요한 조치를 해야 한다. 이러한 가설건축물은 사업인정고시일 이전에 건축되거나 설치되었다고 하여도 보상대상이 아니다.

논점 016 건축물의 잔여 부분에 대한 보상

Ⅰ. 건축물의 잔여부분에 대한 보상

1. 잔여 건축물의 가격이 감소한 경우 손실

동일한 건축물소유자에 속하는 일단의 건축물의 일부가 취득 또는 사용됨으로 인하여 잔여 건축물의 가격이 감소된 경우의 잔여 건축물의 손실은 공익사업시행지구에 편입되기 전의 잔여 건축물의 가격(해당 건축물이 공익사업시행지구에 편입됨으로 인하여 잔여 건축물의 가격이 변동된 경우에는 변동되기 전의 가격을 말한다)에서 공익사업시행지구에 편입된 후의 잔여 건축물의 가격을 뺀 금액으로 평가한다(동법 시행규칙 제35조 제1항).

2. 잔여 건축물의 보수가 필요한 경우 보수비

동일한 건축물소유자에 속하는 일단의 건축물의 일부가 취득 또는 사용됨으로 인하여 잔여 건축물에 보수가 필요한 경우의 보수비는 건축물의 잔여부분을 종래의 목적대로 사용할 수 있도록 그 유용성을 동일하게 유지하는데 통상 필요하다고 볼 수 있는 공사에 사용되는 비용(「건축법」등 관계법령에 의하여 요구되는 시설의 개선에 필요한 비용은 포함하지 아니한다)으로 평가한다(동법 시행규칙 제35조 제2항).

Ⅱ. 잔여 건축물의 손실에 대한 보상 등

1. 잔여 건축물의 가격 감소에 대한 보상과 매수

사업시행자는 동일한 소유자에게 속하는 일단의 건축물의 일부가 취득되거나 사용됨으로 인하여 잔여 건축물의 가격이 감소하거나 그 밖의 손실이 있을 때에는 국토교통부령으로 정하는 바에 따라 그 손실을 보상하여야 한다. 다만, 잔여 건축물의 가격 감소분과 보수비(건축물의 나머지 부분을 종래의 목적대로 사용할 수 있도록 그 유용성을 동일하게 유지하는 데에 일반적으로 필요하다고 볼 수 있는 공사에 사용되는 비용을 말한다. 다만, 「건축법」등 관계 법령에 따라 요구되는 시설 개선에 필요한 비용은 포함하지 아니한다)를 합한 금액이 잔여 건축물의 가격보다 큰 경우에는 사업시행자는 그 잔여 건축물을 매수할 수 있다(토지보상법 제75조의2 제1항).

2. 매수 및 수용청구

동일한 소유자에게 속하는 일단의 건축물의 일부가 협의에 의하여 매수되거나 수용됨으로 인하여 잔여 건축물을 종래의 목적에 사용하는 것이 현저히 곤란할 때에는 그 건축물소유자는 사업시행자에게 잔여 건축물을 매수하여 줄 것을 청구할 수 있으며, 사업인정 이후에는 관할 토지수용위원회에 수용을 청구할 수 있다. 이 경우 수용 청구는 매수에 관한 협의가 성립되지 아니한 경우에만 하되, 사업완료일까지 하여야 한다(토지보상법 제75조의2 제2항).

3. 보상의 절차

잔여건축물의 손실 또는 보수비 보상은 사업완료일부터 1년이 지난후에는 청구할 수 없다.

4. 효과

잔여건축물의 손실 및 보수비가 잔여건축물의 가격을 초과하여 사업인정고시가 있은 후 사업시행자가 잔여건축물을 매수하는 경우 그 잔여건축물에 대하여 사업인정고시가 있는 것으로 본다.

5. 권리구제

잔여 건축물의 가격감소에 따른 보상 및 잔여 건축물의 취득에 관하여는 제9조 제6항 및 제7항을 준용한다. 즉, 손실의 보상은 사업시행자와 손실을 입은 자가 협의하여 결정하며, 협의가 성립되지 아니하면 사업시행자나 손실을 입은 자는 관할 토지수용위원회에 재결을 신청할 수 있다. 수용재결의 불복방법과 같이 이의신청이나 보상금증감청구소송를 제기할 수 있다.

논점 017 기타 지장물에 대한 보상 평가

Ⅰ. 지장물의 의의

지장물이라 함은 공익사업시행지구 내의 토지에 정착한 건축물·공작물·시설·입목·죽목 및 농작물 그 밖의 물건 중에서 당해 공익사업의 수행을 위하여 직접 필요하지 아니한 물건을 말한다(토지보상법 시행규칙 제2조 제3호). 공익사업의 원활한 수행을 위해 지장물은 이전하거나 취득하여 제거하도록 하고 있다.

Ⅱ. 공작물 등에 대한 보상평가

1. 의의 및 평가기준

공작물은「건축법」등 법령에서 개념 정의를 하고 있지 않으나, 용어의 사용에 비추어보면 인공적인 힘이 가해진 토지에 정착한 구조물로서 건축물이 아닌 것으로 정의할 수있다. 건축물 평가(동법 시행규칙 제33조), 건축물에 관한 소유권 외의 권리 등의 평가(동법 시행규칙 제34조), 잔여 건축물에 대한 평가(동법 시행규칙 제35조) 규정은 공작물 등의 평가에 준용한다.

2. 보상하지 않는 공작물등

①공작물등의 용도가 폐지되었거나 기능이 상실되어 경제적 가치가 없는 경우, ②공작물등의 가치가 보상이 되는 다른 토지등의 가치에 충분히 반영되어 토지 등의 가격이 증가한 경우, ③사업시행자가 공익사업에 편입되는 공작물등에 대한 대체시설을 하는 경우 중 어느 하나에 해당하는 공작물등은 이를 별도의 가치가 있는 것으로 평가하여서는 아니된다.

Ⅲ. 수목에 대한 보상평가

1. 의의 및 평가기준

수목이라 함은 토지 위에 식생하고 있는 모든 식물군을 말한다. 공익사업이 시행되는 지역 안에 존재하는 수목은 직접 당해 공익사업에 제공되지 않는 것이 일반적이다. 따라서 이들 수목은 지장물에 해당되어 공익사업에 지장이 없도록 제거하여야 하고, 이를 위해 이전비를 보상하고 이전하여야 할 것이다. 그러나 수목은 다른 물건과는 달리 살아있는 생물이기 때문에 이식하여야 할 것이다. 또한 이전비에 의한 보상의 예외로서 취득가격에 의해 지장물을 보상하도록 하고 있는 규정은 수목의 경우에도 타당하다. 즉 이식이 어렵거나 이식으로 인하여 수목을 종래의 목적대로 사용할 수 없게 된 경우, 이식비가 수목의 가격을 넘는 경우, 사업시행자가 직접 공익사업에 사용할 목적으로 취득하는 경우 이전비로 보상할 것이 아니라 취득비로 보상하여야 한다.

2. 수목의 수량 산정방법

(1) 그루별 조사산정과 표본추출방식에 의한 산정 (동법 시행규칙 제40조 제1항)

수목의 수량은 평가의 대상이 되는 수목을 그루별로 조사하여 산정한다. 다만, 그루별로 조사할 수 없는 특별한 사유가 있는 경우에는 단위면적을 기준으로 하는 표본추출방식에 의한다.

(2) 수목보상액의 평가 한도 (동법 시행규칙 40조 제2항)

수목의 손실에 대한 보상액은 정상식(경제적으로 식재목적에 부합되고 정상적인 생육이 가능한 수목의 식재상태를 말한다)을 기준으로 한 평가액을 초과하지 못한다.

3. 수익수 및 관상수의 보상평가

(1) 보상평가의 일반적 기준

과수 그 밖에 수익이 나는 나무(이하 이 조에서 "수익수"라 한다) 또는 관상수(묘목을 제외한다. 이하 이 조에서 같다)에 대하여는 수종·규격·수령·수량·식수면적·관리상태·수익성·이식가능성 및 이식의 난이도 그 밖에 가격형성에 관련되는 제요인을 종합적으로 고려하여 평가한다.

(2) 과수의 경우

지장물인 과수에 대하여는 이식가능성·이식적기·고손율 및 감수율에 관하여는 별표 2의 기준을 참작하여 평가한다. 과수외의 수익수 및 관상수에 대한 평가에 관하여 과수평가를 준용하되, 관상수의 경우에는 감수액을 고려하지 아니한다.

(3) 이식이 불가능한 수익수등의 벌채비용

이식이 불가능한 수익수 또는 관상수의 벌채비용은 사업시행자가 부담한다. 다만, 수목의 소유자가 당해 수목을 처분할 목적으로 벌채하는 경우에는 수목의 소유자가 부담한다.

4. 묘목의 보상평가(동법 시행규칙 제38조)

묘목에 대하여는 상품화 가능여부, 이식에 따른 고손율, 성장정도 및 관리상태 등을 종합적으로 고려하여 평가한다.

5. 입목(동법 시행규칙 제39조)

입목(죽목 포함)은 벌기령·수종·주수·면적 및 수익성 그 밖에 가격형성에 관련되는 제요인을 종합적으로 고려하여 평가한다.

Ⅳ. 농작물에 대한 보상평가(토지보상법 시행규칙 제41조)

농작물을 수확하기 전에 토지를 사용하는 경우의 농작물의 손실은 농작물의 종류 및 성숙도 등을 종합적으로 고려하여 평가한다.

Ⅴ. 분묘에 대한 보상평가(토지보상법 시행규칙 제42조)

공익사업지 내의 분묘는 지장물로서 이전의 대상이 되며 사업시행자는 분묘의 이장을 위해 이장비를 지급하여야 한다.

논점 018 권리의 보상액 산정과 평가

Ⅰ. 광업손실 보상

1. 의의 및 근거(토지보상법 제76조 및 동법 시행규칙 제43조)

광업권이란 광업법에 따라 등록을 한 일정한 토지의 구역에서 등록을 한 광물 등을 채굴 및 취득하는 권리를 말한다.

2. 평가방법

수익성을 참작한 광산평가액을 기준으로 이전 또는 전용이 가능한 시설물의 잔존가치를 뺀 금액에서 이전비를 더한다.

Ⅱ. 어업손실보상(토지보상법 제76조 및 동법 시행규칙 제44조)

1. 개념 및 성격 등

어업권이라 함은 수산업법에 의한 면허를 받아 어업을 경영할 수 있는 권리를 말한다. 어업권 등은 면허, 허가, 신고를 말하며, 어업보상이란 공익상 필요에 의해 면허, 신고어업에 대해 관계청이 어업의 취소, 제한, 정지 또는 면허기간 연장의 거부처분에 의한 어업손실과 공공사업으로 인하여 사실상 발생하는 피해에 대하여 보상하는 것을 말한다. 어업보상은 어업권등의 소멸보상으로 재산권 보상에 해당하며, 공공사업 시행으로 인근어업의 간접보상과 생활보상 성격도 포함한다.

2. 보상기준

(1) 재산권 보상

면허, 허가, 신고어업에 대하여 취소, 정지된 경우 평년수익액을 기준으로 보상하며, 시설물에 대해 실비로 보상(동법 시행규칙 제44조)한다.

(2) 간접보상

공익사업의 시행으로 인하여 해당 공익사업시행지구 인근에 있는 어업에 피해가 발생한 경우 사업시행자는 실제 피해액을 확인할 수 있는 때에 그 피해에 대하여 보상하여야 한다. 이 경우 실제 피해액은 감소된 어획량 및 「수산업법 시행령」 별표 4의 평년수익액 등을 참작하여 평가한다(동법 시행규칙 제63조).

(3) 생활보상

무허가 영업등이 폐업하는 경우 4월분의 주거이전비, 이어비 등 있다.

3. 평가방법

- 면허 : 평년수익액÷12% +어선·어구 등 시설물 가액
- 허가·신고 : 평년수익액×3년 +어선·어구 등 시설물 가액

4. 관행입어권의 보상인정여부

(1) 의의

관행입어권이란 일정한 공유수면에서 계속적으로 수산, 동식물포획 등 사실이 대다수 사람들에게 인정되는 경우의 권리를 말한다. 수산업법 개정으로 어업권부에 98.2.1까지 등록된 경우에 한하여 인정한다.

(2) 판례의 태도

현행 대법원은 관행어업을 권리로 인정받기 위해 어업권원부에 등록을 요하므로 어업권원부에 등록하지 않으면 관행입어권은 그 권리가 소멸된다고 한다.

논점 019 영업손실보상 대상

I. 의의와 성격

1. 영업 및 영업손실의 의의

영업이라 함은 일정한 장소에서 인적·물적시설을 갖추고 행하는 일체의 경제활동이다. 영업손실이란 수용대상이 된 토지·건물 등을 이용하여 영업을 하다가 그 토지·건물 등이 수용됨으로 인하여 영업을 할 수 없거나 제한을 받게 됨으로 인하여 생기는 직접적인 손실을 말한다.

2. 영업손실에 대한 보상의 범위와 성격

영업손실보상에서 소득 또는 이익이란 영업활동에 따라 발생한 것을 의미하고, 이는 장래에 소득이 계속 유지될 것을 전제하여 일정기간 이를 보장해 주는 것으로서 일실손실보상에 해당한다.

II. 영업의손실 보상대상의 요건

1. 요건(토지보상법 시행규칙 제45조)

영업손실을 보상하여야 하는 영업은 다음 모두에 해당하는 영업으로 한다. ①사업인정고시일등 전부터 적법한 장소(무허가건축물등, 불법형질변경토지, 그 밖에 다른 법령에서 물건을 쌓아놓는 행위가 금지되는 장소가 아닌 곳을 말한다)에서 인적·물적시설을 갖추고 계속적으로 행하고 있는 영업이어야 한다. 다만, 무허가건축물등에서 임차인이 영업하는 경우에는 그 임차인이 사업인정고시일 등 1년 이전부터 「부가가치세법」 제8조에 따른 사업자등록을 하고 행하고 있는 영업을 말한다. ②영업을 행함에 있어서 관계법령에 의한 허가 등을 필요로 하는 경우에는 사업인정고시일등 전에 허가 등을 받아 그 내용대로 행하고 있는 영업을 말한다.

2. 요건의 구체적인 의미

(1) 시간적 요건

'사업인정고시일등'이라 함은 보상계획의 공고 또는 사업인정고시가 있은 날을 말하며(동법 시행규칙 제44조 제3항), 개별법이 정한 행위제한일이 사업인정고시일등 이전인 경우에는 이 날을 기준으로 한다고 보아야 한다.

(2) 장소적 요건

1) 원칙

영업이 보상대상이 되기 위해서는 적법한 장소에서 행하여야 한다. 즉, 따라서 무허가건축물 등이나 불법형질변경 토지 그 밖에 다른 법령에서 물건을 쌓아놓는 행위가 금지되는 장소에서 하는 자유영업도 보상대상에서 제외된다.

2) 관련 논점

① 무허가건축물 등의 임차인의 영업

공익사업으로 인하여 생계에 지장을 받을 수 있는 영세 서민을 보호하기 위하여 무허가 건축물 등의 임차인이 사업인정고시일등 1년 이전부터「부가가치세법」제8조에 따른 사업자등록을 하고 행하고 있는 영업은 영업보상 대상으로 본다.

② 가설건축물에서의 영업 보상 여부

적법한 장소라고 하여도 건축법에 따른 가설건축물 안에서 행하던 영업은 보상대상이 되지 아니한다. 이러한 가설건축물은「국토계획법」에 따라 도시·군계획시설사업이 시행되는 경우에는 가설건축물 소유자의 부담으로 그 가설건축물을 철거하여야 하기 때문이다. 즉, 보상당시에는 가설건축물은 물론 영업도 존재하지 않는 것으로 본다.

③ 1989.1.24. 당시 무허가건축물등에서 영업

1989.1.24. 당시의 무허가건축물 등에 대하여는 부칙에 따라 보상을 함에 있어 이를 적법한 건축물로 보도록 규정하고 있다.

④ 불법용도변경 건축물에서의 영업

부칙에서 토지보상법 시행규칙 제24조의 개정규정은 이 규칙 시행 후 최초로 보상계획을 공고하거나 토지소유자 및 관계인에게 보상계획을 통지하는 공익사업부터 적용하도록 규정하고 있으므로, 2012. 1. 2. 이전에 보상계획을 공고하거나 토지소유자 및 관계인에게 보상계획을 통지한 공익사업에서는 불법용도변경 건축물에서의 영업도 보상대상으로 보아야 한다.

(3) 시설적 요건

영업이 보상대상이 되기 위해서는 일정한 정도의 인적·물적시설을 갖추어야 한다. 다만, 어느 정도의 인적·물적시설을 갖추어야 하는지에 대해서는 일률적인 기준이 없으므로, 해당 사업의 성격 등을 종합적으로 고려하여 객관적으로 결정한다. 대법원은 5일 중 3일정도 영업에 전력을 다하였고, 가설물이었더라도 상행위의 지속성, 시설물등 고정성을 충분히 인정할 수 있으므로 인적·물적시설을 갖추고 계속적으로 영업을 하였다고 봄이 상당하다고 하여 시설적 요건을 완화하고 있다(대판 2010두26513).

(4) 계속성 요건

영업이 보상대상이 되기 위해서는 계속적으로 영업행위를 해야 한다. 다만, 어느 정도까지 영업을 계속 행하여야 하는지에 대해서는 일률적인 기준을 적용할 수 없으며 해당 사업의 성격 등을 종합적으로 고려하여 객관적으로 결정한다. 또한 계속성 요건의 판단도 단순히 시간적인 길고 짧음으로 판단할 것이 아니고 영업으로서의 계속성과 실질적인 손실발생을 기준으로 판단한다.

(5) 허가등의 요건

관계 법령에 의한 허가 등을 받아 행하고 있는 영업이어야 한다(대판 1998.2.10. 96누12665). 영업이 보상대상이 되기 위해서는 영업을 행함에 있어서 관련 법령에 따른 허가등을 필요로 하는 경우에는 사업인정고시일등 전에 허가등을 받아 그 내용대로 행하고 있어야 한다.

그러나 관계 법령에 의하여 허가 등이나 일정한 자격이 없이도 행할 수 있는 자유영업이나 행위 또는 공익사업 시행을 위한 고시 등에 불구하고 금지되지 않거나 허가를 받을 필요가 없는 영업이나 행위는 영업보상의 대상으로 제한을 받지 않는다.

① 허가등

허가등이란 허가·면허·신고 등을 의미한다(동법 시행규칙 제15조 제2항 제1호). 또한 허가등을 받아 그 내용대로 행하고 있어야 하므로, 허가등을 받지 않고 행한 경우는 물론 허가등을 받은 경우에도 허가등의 내용을 벗어났거나 다른 사람이 행하는 영업 또는 다른 장소에서 행하는 영업은 보상대상이 되지 아니한다.

② 허가등의 시점

2007. 4. 12 「토지보상법 시행규칙」 개정 이전에는 언제까지 허가등을 받아야 하는지에 대해서는 별도로 규정하지 않았으나, 현행 규칙은 사업인정고시일등 전에 허가등을 받도록 규정하고 있다. 그러므로 사업인정고시일 등 이후

에 허가등을 받고 영업을 개시한 경우는 물론이고, 사업인정고시일등 전에 허가등을 받지 않고 영업하다가 사업인정고시일등 이후에 허가등을 받은 영업도 보상대상이 아니다.

③ 예외

가. 부가가치세법 제8조에 따른 사업자등록

「부가가치세법」제8조에 따른 사업자등록은 조세행정의 편의를 위한 것일 뿐 영업의 적법성과는 관련이 없으므로, 사업자등록을 하지 않았다고 하여 영업보상의 대상에서 제외되지 않는다. 다만, 무허가건축물 등에서 보상계획의 공고·통지 또는 사업인정의 고시가 있기 1년 이전부터 임차인이 영업하는 경우로서 그 임차인에게 영업보상을 하는 경우에는 그 임차인이 사업자등록을 하여야 영업보상대상이 된다.

나. 자기완결적 신고

신고영업의 경우 신고의 성격에는 전형적 신고(자기완결적 신고)와 수리를 요하는 신고로 구분된다. 전형적 신고 즉 자기완결적 신고란 특정의 사실·법률관계에 관하여 행정청에 단순히 알림으로써 그 의무를 다하는 보통의 신고를 말하며, 이러한 신고행위는 그 자체로 법적 효과를 완성시키는 것이므로 따로 행정청의 수리를 전제로 하지 않는 개념이다. 원칙적으로 행정청에 대하여 일정한 사항을 통지함으로써 최종적인 법률효과가 발생하는 자기완결적 신고는 신고에 의해 어떤 창설적 효과가 생기는 것이 아니므로, 이러한 신고영업을 신고하지 않았다고 하여 일률적으로 보상대상에서 제외함은 타당하지 않다는 지적이 있어 왔다. 이에 대하여 〈대법원〉은 신고영업의 경우 영업종류에 따라서는 관련 행정법규에서 일정한 사항을 신고하도록 규정하고는 있지만 그러한 신고를 하도록 한 목적이나 관련 규정의 체제 및 내용 등에 비추어 볼 때 신고를 하지 않았다고 하여 영업 자체가 위법성을 가진다고 평가할 것은 아닌 경우도 적지 않고, 이러한 경우라면 신고 등을 하지 않았다고 하더라도 그 영업손실 등에 대해서는 보상을 하는 것이 헌법상 정당보상원칙에 합치하므로, 시행규칙의 규정은 그러한 한도에서만 적용되는 것으로 제한하여 새겨야 한다고 하였다(대판 2012.12.13. 2010두12842). 따라서 앞으로 자기완결적 신고에 해당하는 신고영업은 신고를 하지 않은 경우에도 영업보상대상에 포함하여야 할 것이다.

논점 020 영업의 폐지와 휴업의 구분

I. 개설

「토지보상법 시행규칙」제46조 및 제47조는 영업을 폐지하는 경우와 휴업하는 경우로 나누고 「토지보상법 시행규칙」제46조에서 영업폐지의 기준을 정하여 여기에 해당하면 영업폐지에 대한 보상을 하고, 그 외의 영업은 휴업에 대한 보상을 하도록 규정하고 있다. 따라서 영업의 폐지 및 휴업의 구분은 영업폐지의 기준에 따라 결정한다.

II. 영업 폐지에 대한 판단 기준

1. 토지보상법상 기준(동법 시행규칙 제46조 제2항)

(1) 해당 영업을 할 수 없는 경우(시행규칙 제46조 제2항 제1호)

①영업장소 또는 배후지(당해 영업의 고객이 소재하는 지역을 말한다. 이하 같다)의 특수성으로 인하여 당해 영업소가 소재하고 있는 시·군·구(자치구를 말한다. 이하 같다) 또는 인접하고 있는 시·군·구의 지역안의 다른 장소에 이전하여서는 당해 영업을 할 수 없는 경우에 영업폐지에 해당한다. ②해당 영업을 할 수 없는 경우란 법적이나 물리적으로 할 수 없는 경우는 물론, 다른 장소에 이전하여서는 수익의 감소로 사실상 영업을 할 수 없는 경우를 포함한다. ③배후지란 당해 영업의 수익을 올리는 고객이 소재하는 지역적 범위를 말하고, 배후지의 특수성이란 도정공장·양수장·창고업 등과 같이 제품원료 및 취급품목의 지역적 특수성으로 인하여 배후지가 상실되면 영업행위를 할 수 없는 경우와 같이 배후지가 당해 영업에 갖는 특수한 성격을 말한다고 할 것이다. ④다른 장소에 이전하여서는 당해 영업을 할 수 없는 경우란 법적으로나 물리적인 제약으로 불가능한 경우는 물론이고, 다른 장소에 이전하여서는 수익의 감소로 사실상 영업을 할 수 없는 경우도 포함한다. ⑤인접하고 있는 시·군·구란 해당 영업소가 소재하고 있는 시·군·구와 접하고 있는 모든 시·군·구를 말한다(대판 94누 8822).

(2) 법적으로 이전이 불가능한 경우(시행규칙 제46조 제2항 제2호)

①당해 영업소가 소재하고 있는 시·군·구 또는 인접하고 있는 시·군·구의 지역안의 다른 장소에서는 당해 영업의 허가 등을 받을 수 없는 경우에 영업폐지에 해당한다. ②해당 영업소가 소재하고 있는 시·군·구 또는 인접하고 있는 시·군·

구의 지역 안의 다른 장소에서는 해당 영업의 허가등을 받을 수 없어 법적으로 이전이 불가능한 경우이다. 여기에는 해당 영업소가 소재하고 있는 시·군·구 또는 인접하고 있는 시·군·구의 지역에서 관련 법령의 제한으로 해당 영업의 허가 또는 면허를 받을 수 없거나 신고가 수리되지 않는 경우와 「국토계획법」등 관련 법령에 따른 용도지역 등의 제한으로 해당 영업의 허가·신고 자체가 불가능한 경우가 여기에 해당된다. 예를 들어, 문화재보호법, 산림법 등에 의한 지역제한이나 규제로 허가를 받을 수 없는 경우는 물론이고, 영업허가를 받은 관계 법령에 의한 제한으로 허가 또는 면허를 받을 수 없는 경우 및 당해 영업의 신고가 수리되지 않는 경우 등이 있다.

(3) 사실상 이전이 불가능한 경우(시행규칙 제46조 제2항 제3호)

①도축장 등 악취 등이 심하여 인근 주민에게 혐오감을 주는 영업시설로서 해당 영업소가 소재하고 있는 시·군·구 또는 인접하고 있는 시·군·구의 지역안의 다른 장소로 이전하는 것이 현저히 곤란하다고 특별자치도지사·시장·군수 또는 구청장(자치구의 구청장을 말한다)이 객관적인 사실에 근거하여 인정하는 경우에 영업폐지에 해당한다. ②현저히 곤란하다는 것은 이전하여 영업을 계속하는 것이 사실상 불가능한 경우를 말한다. 즉, 이 경우는 배후지의 상실도 없고 법적으로도 이전이 가능하므로 이전보상의 대상이 되어야 함에도, 영업의 폐지로 보상하는 것이므로 영업이 사실상 불가능한 정도에 이르러야 한다. ③객관적인 사실에 근거하여 인정하는 경우란 단순히 이전이 불가능하다는 공문만으로는 부족하고, 실제적으로 해당 시·군·구에서 동종 영업의 허가등이 이루어지지 않고 있는 등의 사실의 적시가 필요하다는 의미이다. 대법원은 주민들의 반대가 있을 가능성이 있다는 가정만으로 양돈장을 이전하는 것이 현저히 곤란하다고 단정하기는 어렵다고 판시하고 있다(대판 2002두 5498). ④다른 장소로 이전하여 영업하는 것이 현저히 곤란한 경우에 해당한지 여부는 특별자치도지사·시장·군수·구청장이 판단하여야 한다. 대법원은 양돈장이 이전·신축될 경우, 악취, 해충발생, 농경지 오염 등 환경공해를 우려한 주민들의 반대가 있을 가능성이 있다는 가정적인 사정만으로 양돈장을 인접지역으로 이전하는 것이 현저히 곤란하다고 단정짓기는 어렵다고 판시하였다.

2. 영업폐지의 요건에 해당되지 않는 경우

인근지역에 이전 장소가 없다거나, 이전 소요비용이 기존 토지나 시설 등에 대한 보상액의 합계액을 초과함으로써 다른 장소로 이전하여서는 사실상 해당 영업을 계속하기 곤란하다 등의 사유 등은 영업폐지의 요건에 해당되지 않는다.

3. 폐지와 휴업에 대한 구별기준

대법원은 영업의 폐지로 볼 것인지 아니면 영업의 휴업으로 볼 것인지를 구별하는 기준은 당해 영업을 그 영업소 소재지나 인접 시·군·구 또는 그 지역 안의 다른 장소로 이전하는 것이 가능한지 여부에 달려 있고, 이러한 이전 가능성 여부는 법령상의 이전 장애 사유 유무와 당해 영업의 종류와 특성, 영업시설의 규모, 인접 지역의 현황과 특성, 그 이전을 위하여 당사자가 들인 노력 등과 인근 주민들의 반대 등과 같은 사실상의 이전 장애 사유 유무 등을 종합하여 판단하여야 한다고 한다.

논점 021 농업손실보상 대상

I. 의의 및 취지

농업손실이란 공익사업 시행으로 인하여 당해 토지가 공익사업시행지구에 편입되어 영농을 계속할 수 없게 됨에 따라 발생하는 손실로서, 농업손실보상이란 농민에게 영농손실액을 보상하는 것을 말한다. 농업손실에 대하여 보상하는 취지에 대하여는 공익사업 시행 전의 생활유기체가 복원되는 데 필요한 생활재건조치의 실시라는 면, 대체농지의 구입에 소요되는 기간 동안의 일실손실의 지급이라는 면, 영업보상과 균형유지를 위하여 상실된 기대이익의 전보라는 면 등이 있다.

II. 보상대상

1. 물적 대상

(1) 농지의 의미

지목에 불구하고 「농지법」 제2조 제1호 가목 및 같은 법 시행령 제2조 제3항 제2호 가목에 해당하는 토지를 말한다(토지보상법 시행규칙 제48조 제1항). "농지"란 전·답, 과수원, 그 밖에 법적 지목(地目)을 불문하고 실제로 농작물 경작지 또는 다년생식물 재배지로 이용되는 토지(「초지법」에 따라 조성된 초지 등 대통령령으로 정하는 토지는 제외한다)를 말한다.

(2) 보상대상이 아닌 농지

①사업인정고시일등 이후부터 농지로 이용되고 있는 토지, ②토지이용계획·주위환경 등으로 보아 일시적으로 농지로 이용되고 있는 토지, ③타인소유의 토지를 불법으로 점유하여 경작하고 있는 토지, ④농민이 아닌 자가 경작하고 있는 토지, ⑤토지의 취득에 대한 보상 이후에 사업시행자가 2년 이상 계속하여 경작하도록 허용하는 토지중 어느 하나에 해당하는 토지는 보상대상인 농지로 보지 아니한다(토지보상법 시행규칙 제48조 제3항).

2. 인적 대상

자경농지의 경우 농지 소유자에게 지급한다. 자경농지가 아닌 농지에 대하여는 농지 소유자가 해당 지역에 거주하는 농민인 경우 농지소유자와 실제 경작자의 협의 내용에 따라 보상하는 것이 원칙이나, 협의 불성립시 별도의 기준으로 보상한다(토지보상법 시행규칙 제48조 제4항).

3. 관련 판례

①사업시행자가 보상금 지급이나 토지소유자 등의 승낙 없이 공사에 착수하여 영농을 계속할 수 없게 한 경우 농업손실보상과 별도로 손해배상책임이 있다. ②화분에 난을 재배하는 경우는 농경지의 지력을 이용한 재배가 아니므로 농업손실보상 대상이 아니다.

III. 농기구의 매각손실에 대한 보상

당해 지역에서 경작하고 있는 농지의 3분의 2 이상에 해당하는 면적이 공익사업시행지구에 편입됨으로 인하여 농기구를 이용하여 해당 지역에서 영농을 계속할 수 없게 된 경우 해당 농기구에 대해서는 매각손실액을 평가하여 보상하여야 한다. 다만, 매각손실액의 평가가 현실적으로 곤란한 경우에는 원가법에 의하여 산정한 가격의 60퍼센트 이내에서 매각손실액을 정할 수 있다(동법 시행규칙 제48조 제6항). 농업폐지의 경우뿐만 아니라 종전의 농업경영형태를 계속하기 어려운 경우도 포함된다. 따라서 소유 농지의 3분의 2 이상이 공익사업시행지구에 편입되더라도 농업을 계속할 수 있는 경우에는 농기구의 매각손실액은 별도로 보상하지 않는다.

IV. 공익사업시행지구 밖의 농업손실에 대한 보상

경작하고 있는 농지의 3분의 2 이상에 해당하는 면적이 공익사업시행지구에 편입됨으로 인하여 당해 지역에서 영농을 계속할 수 없게 된 농민에 대하여는 공익사업시행지구 밖에서 그가 경작하고 있는 농지에 대하여도 영농손실액을 보상하여야 한다(동법 시행규칙 제65조).

CHAPTER 04 부동산공시법

논점 001 표준지공시지가

Ⅰ. 의의 및 취지(부동산공시법 제3조 제1항)

표준지공시지가라 함은 국토교통부장관이 토지이용상황이나 주변 환경, 그 밖의 자연적·사회적 조건이 일반적으로 유사하다고 인정되는 일단의 토지 중에서 선정한 표준지에 대하여 매년 공시기준일 현재의 단위면적당 적정가격을 말한다. 즉, 국토교통부장관이 조사·평가하여 공시한 표준지의 단위면적당 가격을 말한다. 이는 적정가격형성도모 및 국민경제발전의 이바지 등에 취지가 인정된다.

Ⅱ. 표준지공시지가의 법적성질

1. 학설

①〈법규명령의 성질을 갖는 고시설〉은 개별공시지가 등 행정처분의 구속력 있는 기준이 되므로 구속력은 있으나 형식은 고시로 본다. ②〈행정규칙설〉은 표준지공시지가는 지가 정책 집행을 위해 일반적, 추상적 기준을 설정하는 것으로 보며, ③〈행정계획설〉은 행정목적 실현 수단으로서 목적에 따라 가감적용이 가능하며, 당사자의 권리의무에 영향을 미치지 않는다고 본다. ④〈행정행위설〉은 보상액 산정 등에서 구속력을 가진다고 본다.

2. 판례

판례는 표준지공시지가의 처분성을 인정하고 있다. 표준지공시지가의 처분성을 인정하는 이유에 대해 언급은 없으나, 공시지가에 불복하기 위해서는 처분청을 상대로 그 공시지가결정의 취소를 구하는 행정소송을 제기하여야 한다고 판시하였다(대판 96누6851).

3. 검토

표준지공시지가를 전제로 국민의 권익에 영향을 미치는 처분이 예정되어 있으므로, 법률관계를 조기에 확정하여야 하는바 처분성을 긍정함이 타당하다. 또한, 표준지공시지가는 표준지에 대한 관계에서는 동시에 개별공시지가이므로 처분으로 보아야 한다.

III. 표준지공시지가 공시절차

표준지공시지가는 ①표준지의 선정, ②표준지의 조사·평가 및 의견 청취, ③중앙부동산평가위원회의 심의 및 공시, ④표준지공시지가의 열람 절차 등을 거쳐 결정된다.

IV. 적용

①〈주체〉국가 또는 지방자치단체, 「공공기관의 운영에 관한 법률」에 따른 공공기관, 그 밖에 대통령령으로 정하는 공공단체의 자가 ②〈지가 산정의 목적〉공공용지의 매수 및 토지의 수용·사용에 대한 보상, 국유지·공유지의 취득 또는 처분, 그 밖에 대통령령으로 정하는 지가의 산정을 위하여 지가를 산정할 때에는, ③그 토지와 이용가치가 비슷하다고 인정되는 하나 또는 둘 이상의 표준지의 공시지가를 기준으로, ④토지가격비준표를 사용하여 지가를 직접 산정하거나, ⑤감정평가법인등에게 감정평가를 의뢰하여 산정할 수 있다. ⑥다만, 필요하다고 인정할 때에는 산정된 지가를 위의 지가산정의 목적에 따라 가감(加減) 조정하여 적용할 수 있다(부동산공시법 제8조).

V. 불복

1. 이의신청(부동산공시법 제7조)

(1) 문제점(부동산공시법상 이의신청이 행정심판인지 여부)

행정심판법 제51조는 재심판청구를 금지하고 있다. 따라서 표준지공시지가에 대한 이의신청이 특별행정심판에 해당한다면 당해 이의신청을 거친 후에는 다시 행정심판을 제기할 수는 없다. 그러나, 강학상 이의신청에 해당한다면 당해 이의신청을 거친 후에도 행정심판을 제기할 수 있게 된다.

(2) 행정심판과 강학상 이의신청과의 구별기준

1) 문제점

개별법상 이의신청이 행정심판이 아닌 단순 이의신청인지, 행정심판인 이의신청인지 여부를 판단하는 기준에 관하여 견해의 대립이 있다.

2) 학설

① 심판기관기준설

이 견해는 처분청 자체에 제기하는 이의신청(행정불복)을 행정심판이 아닌 이의신청으로 보고, 처분청의 직근상급행정청 또는 행정심판위원회에 제기하는 이의신청을 행정심판인 이의신청으로 보는 견해이다.

② 불복절차기준설

이 견해는 헌법 제107조 제3항은 행정심판절차는 사법심판절차가 준용되어야 한다고 규정하고 있는 점에 비추어 개별법률에서 정하는 이의신청 중 준사법절차가 보장되는 것만을 행정심판으로 보고, 그렇지 않은 것은 행정심판이 아닌 것으로 보는 견해이다.

3) 판례

판례는 절차 및 담당기관을 기준으로 구분하고 있으므로 불복절차기준설을 취하고 있는 것으로 보인다(대판 2008두19987).

4) 검토

생각건대, 헌법 제107조 제3항은 행정심판절차는 사법심판절차가 준용되어야 한다고 규정하고 있는바, 이를 근거로 준사법절차가 보장된 경우만 행정심판으로 보는 견해가 타당하다. 따라서 개별법률에서 정하는 이의신청 중 준사법절차가 보장되는 것만이 행정심판이며, 그렇지 않은 것은 행정심판이 아니다.

(3) 부동산공시법상 이의신청이 행정심판인지 여부

1) 학설 및 판례

①이의신청의 실질적 내용에 비추어 특별행정심판의 성격을 갖는다는 견해, ②국민의 권리구제 확립을 위해 강학상 이의신청으로 보는 견해가 있다. ③대법원은 행정심판의 제기를 배제하는 명시적인 규정이 없다고 판시하였다.

2) 검토

생각건대, 이의신청은 부동산공시법의 규정에 의해 인정되는 제도이며, 국민의 권익구제를 위하여 강학상 이의신청으로 봄이 타당하다.

2. 항고심판

부동산공시법 제7조의 이의신청이 특별행정심판에 해당하고, 그 제기기간이 도과되었을 경우, 행정심판 재청구 금지(행정심판법 제51조) 규정에 따라 항고심판의 청구가 불가능하게 된다. 따라서 이의신청의 성격에 대한 논의가 중요한 논점이 된다. 다만, 최근에 개별공시지가 판례에서 이의신청을 강학상 이의신청이라 보았고, 표준지공시지가의 재결례에서도 강학상 이의신청이라 보았으므로, 강학상 이의신청이라 볼 경우에는 행정심판 재청구금지와 관련 없이 행정심판의 청구기간 내라면 행정심판의 제기가 가능하다. 이때에는 행정심판법을 따른다(행정심판법 제4조 제2항).

3. 항고소송

표준지공시지가 결정에 중대·명백한 하자가 존재하는 경우 무효확인소송을, 그에 이르지 않은 경우는 취소소송을 제기할 수 있고, 이때에는 행정소송법을 따른다(행정소송법 제8조 제1항).

논점 002 개별공시지가

Ⅰ. 의의 및 근거

개별공시지가란 표준지의 공시지가를 기준으로 산정한 개별토지의 단위면적당 가격을 말한다. 부동산공시법 제10조 제1항은 "시장·군수 또는 구청장은 국세·지방세 등 각종 세금의 부과, 그 밖의 다른 법령에서 정하는 목적을 위한 지가산정에 사용되도록 하기 위하여 부동산공시법 제25조에 따른 시·군·구부동산가격공시위원회의 심의를 거쳐 매년 공시지가의 공시기준일 현재 관할 구역 안의 개별토지의 단위면적당 가격(이하 "개별공시지가"라 한다)을 결정·공시하고, 이를 관계 행정기관 등에 제공하여야 한다"고 규정하고 있다.

Ⅱ. 법적성질

1. 학설

①〈행정행위설〉은 개별토지가격은 가감조정 없이 그대로 과세기준이 되므로, 그 자체에 의하여 국민의 권리·의무에 직접적인 영향을 미친다고 한다. ②〈행정규칙설〉은 직접 국민의 권리·의무에 영향이 없고, 후행 행정처분의 부과기준으로서 역할을 하는 일반적·추상적 규율에 불과하다고 한다. ③〈행정계획설〉은 개별공시지가가 대내적으로 행정청에 대해서만 법적 의무를 부과하는 구속적 행정계획에 해당한다는 견해이다. ④〈사실행위설〉은 지가정보를 제공하는 의사작용을 요소로 하는 정신적 사실행위에 해당한다고 한다.

2. 판례

대법원은 개별토지가격 결정은 과세의 기준이 되는 등 국민의 권리·의무에 직접적으로 관계되는 것으로서 행정소송법 제2조 제1항 제1호 소정의 행정청이 행하는 구체적 사실에 관한 법집행으로서의 공권력의 행사이므로 항고소송의 대상이 되는 행정처분에 해당한다고 하였다.

3. 검토

개별공시지가는 이후 과세처분의 직접적 기준이 되어 국민의 권리·의무에 직접 영향을 미치므로 항고소송의 대상인 처분으로 보아 항고쟁송으로 다툴 수 있도록 해야 할 것이다.

III. 공시절차

①〈개별공시지가의 산정〉 개별공시지가는 토지특성조사 및 비교표준지 선정이 이루어지고, 이에 따른 특성 비교 및 가격배율 산정 후 지가를 산정한다. ②〈개별공시지가의 검증 및 의견제시〉 시장·군수 또는 구청장은 개별공시지가를 결정·공시하기 위하여 개별토지의 가격을 산정할 때에는 그 타당성에 대하여 감정평가법인등의 검증을 받고 토지소유자, 그 밖의 이해관계인의 의견을 들어야 한다. ③〈시·군·구부동산가격공시위원회의 심의 및 결정·공시 등〉 개별공시지가를 결정하기 위하여 시·군·구부동산가격공시위원회의 심의를 거쳐 매년 공시지가의 공시기준일 현재 관할 구역 안의 개별공시지가를 결정·공시하고, 이를 관계 행정기관 등에 제공하여야 한다(동법 제10조 제1항).

IV. 적용

개별공시지가는 국세·지방세 등 각종 세금의 부과, 그 밖의 다른 법령에서 정하는 목적을 위한 지가산정에 사용한다(부동산공시법 제10조). 개별공시지가는 토지 관련 국세인 양도소득세 등의 부과기준과 지방세인 토지분 재산세 과세표준액의 결정 자료로 활용됨은 물론 각종 부담금이나 국·공유재산의 대부료·사용료의 기준으로 사용된다.

V. 개별공시지가를 공시하지 아니할 수 있는 토지

표준지로 선정된 토지, 농지보전부담금·개발부담금 등의 부과대상이 아닌 토지, 국세 또는 지방세의 부과대상이 아닌 토지(국·공유지의 경우에는 공공용 토지만 해당한다)는 개별공시지가를 결정·공시하지 아니할 수 있다. 다만, 관계법령에 의하여 지가의 산정 등에 개별공시지가를 적용하도록 규정되어 있는 토지와 시장 등이 관계행정기관의 장과 협의하여 개별공시지가를 결정·공시하기로 한 토지는 제외한다(부동산공시법 시행령 제15조).

VI. 정정

1. 정정 사유

시장·군수 또는 구청장은 개별공시지가에 틀린 계산, 오기, 표준지 선정의 착오 그 밖에 대통령령이 정하는 명백한 오류가 있음을 발견한 때에는 지체 없이 이를 정정하여야 한다(부동산공시법 제12조). "그 밖에 대통령령이 정하는 명백한 오류"라 함은 ①공시절차를 완전하게 이행하지 아니한 경우, ②용도지역 등 토지가격에 영향을 미치는 주요 요인의 조사를 잘못한 경우, ③토지가격비준표의 적용에 오류가 있는 경우를 말한다(부동산공시법 시행령 제23조 제1항).

2. 정정 절차

시장·군수 또는 구청장이 오류를 정정하고자 하는 때에는 시·군·구 부동산가격공시위원회의 심의를 거쳐 정정사항을 결정·공시하여야 한다. 다만, 틀린 계산 또는 오기의 경우에는 시·군·구부동산가격공시위원회의 심의를 거치지 아니할 수 있다(부동산공시법 시행령 제23조 제2항).

3. 입법적 평가

(1) 신청에 의한 정정규정이 없는 것

행정청은 처분에 오기(誤記), 오산(誤算) 또는 그 밖에 이에 준하는 명백한 잘못이 있을 때에는 직권으로 또는 신청에 따라 지체 없이 정정하고 그 사실을 당사자에게 통지하여야 한다(행정절차법 제25조). 행정절차법에서는 직권 또는 신청에 의하여 처분의 정정을 규정하는 바, 이는 국민의 권익구제 및 행정의 적법성 보장을 위하여 필요하다. 개별공시지가 정정규정에 신청에 의한 정정규정이 없는데, 이는 일반법인 행정절차법에서 신청을 따른 정정을 인정하므로, 개별공시지가 정정에서도 이를 인정함이 타당하다.

(2) 소송단계에 이르지 않고 권리구제를 위한 것

개별공시지가의 정정사유에 공시절차를 완전하게 이행하지 아니한 경우도 부동산공시법 시행령에서는 포함하고 있다. 이는 절차의 일부라도 불이행된 경우, 개별공시지가의 위법성을 소송단계에 이르지 않고 정정할 수 있도록 규정한 것으로 이해된다.

4. 정정신청에 대한 행정청의 거부행위에 대한 불복가능성

거부행위가 행정쟁송법상 처분이기 위해서는 판례의 요건인 공권력행사의 거부일 것, 그 거부가 신청인의 권리·의무에 영향을 미칠 것, 법규상·조리상 신청권이 있을 것의 요건과 관계된다. 특히 신청권 존부와 관련해서 판례는 신청권을 부정하였고, 국민의 정정신청은 행정청의 직권 발동을 촉구하는 것에 지나지 않는다고 하여 이른바 관념의 통지에 불과할 뿐 항고소송의 대상이 되는 처분이 아니라고 판시하였다. 그러나 행정절차법 제25조에 따를 때 신청권이 인정될 수 있어 판례 태도는 비판의 여지가 있다.

5. 토지특성조사 착오가 명백한 경우만 정정결정을 할 수 있는지 여부

(1) 관련 판례

대법원은 개별토지가격 합동조사지침 제12조의3 규정에서 토지특성조사의 착오 또는 위산, 오기는 지가산정에 명백한 잘못이 있는 경우의 예시로서, 이러한 사유가 있으면 경정·결정할 수 있는 것으로 보아야 하고, 그 착오가 명백하여야 비로소 경정·결정할 수 있다고 해석할 것은 아니라고 판시한 바 있다.

(2) 검토

부동산공시법 시행령 제23조 제1항은 명백한 오류의 예시규정이다. 여기서 제시된 사유가 명백한 경우에 한하여만 정정할 수 있다고 보는 것은 법규정에 대한 해석의 오류라고 볼 수 있다. 따라서 판례처럼 이 규정에 예시된 사유가 발생한 경우에는 명백한 오류인지를 불문하고 정정할 수 있다고 보는 것이 타당하다.

VII. 불복

1. 이의신청

(1) 의의 및 취지

개별공시지가에 대하여 이의가 있는 자가 시장·군수 또는 구청장에게 이의를 신청하고 시장·군수 또는 구청장이 이를 심사하는 제도이다(부동산공시법 제11조). 이는 지가로서의 객관성을 확보하고, 공시지가의 공신력을 높이기 위한 제도이다.

(2) 성격

1) 학설 및 판례

①이의신청의 실질적 내용에 비추어 특별행정심판의 성격을 갖는다고 보는 견해, ②이의신청은 개별공시지가의 처분성을 전제하는 것은 아니고, 국민의 권리구제 확립을 위해 강학상 이의신청으로 보는 견해가 있다. ③최근 개별공시지가 이의신청에 대하여 강학상 이의신청으로 본 판례가 등장하였다.

2) 검토

이의신청은 부동산공시법 규정에 의해 인정되는 제도이고, 국민의 권리구제 확립을 위하여 강학상 이의신청으로 봄이 타당하다.

(3) 제기요건

개별공시지가에 이의가 있는 자는 그 결정·공시일부터 30일 이내에 서면으로 시장·군수 또는 구청장에게 이의를 신청할 수 있다(부동산공시법 제11조 제1항).

(4) 심리 등

시장·군수 또는 구청장은 이의신청기간이 만료된 날부터 30일 이내에 이의신청을 심사하여 그 결과를 신청인에게 서면으로 통지하여야 한다. 이 경우 시장·군수 또는 구청장은 이의신청의 내용이 타당하다고 인정될 때에는 해당 개별공시지가를 조정하여 다시 결정·공시하여야 한다(부동산공시법 제11조 제2항).

2. 항고심판

부동산공시법 제11조의 이의신청이 특별행정심판에 해당하고, 그 제기기간이 도과한 경우, 행정심판 재청구 금지(행정심판법 제51조) 규정에 따라 항고심판의 청구가 불가능하게 된다. 따라서 항고심판 제기가능 여부에서 이의신청의 성격 논의가 중요한 논점이 된다. 다만, 최근에 개별공시지가 판례에서 이의신청을 강학상 이의신청이라 보았고, 표준지공시지가의 재결례에서도 강학상 이의신청이라 보았으므로, 강학상 이의신청이라 볼 경우에는 행정심판 재청구금지와 관련 없이 행정심판의 청구기간 내라면 행정심판의 제기가 가능하다. 이때에는 행정심판법을 따른다(행정심판법 제4조 제2항).

3. 항고소송

개별표준지공시지가 결정에 중대·명백한 하자가 존재하는 경우 무효확인소송을, 그에 이르지 않은 경우는 취소소송을 제기할 수 있고, 이때에는 행정소송법을 따른다(행정소송법 제8조 제1항).

논점 003 토지가격비준표

I. 개설

토지가격비준표란 표준지와 개별토지의 지가형성요인에 관한 표준적인 비교표이다. 이는 표준지를 기준으로 개별토지의 대량평가를 위하여 작성된 객관적인 지가산정표이며, 평가 전문가가 아니라도 누구나 신속하게 지가를 산정할 수 있는 계량화된 평가 잣대이다. 대량 토지에 대한 지가 산정시 결여되기 쉬운 지가산정의 객관성과 합리성을 일정 수준 이상으로 끌어올릴 수 있고, 신속히 지가를 산정할 수 있는 장점을 지닌다.

II. 토지가격비준표의 근거

부동산공시법 제3조 제8항은 "국토교통부장관은 제10조에 따른 개별공시지가의 산정을 위하여 필요하다고 인정하는 경우에는 표준지와 산정대상 개별 토지의 가격형성요인에 관한 표준적인 비교표(이하 "토지가격비준표"라 한다)를 작성하여 시장·군수 또는 구청장에게 제공하여야 한다"고 규정하고 있다. 동법 제10조 제4항에서는 "시장·군수 또는 구청장이 개별공시지가를 결정·공시하는 경우에는 해당 토지와 유사한 이용가치를 지닌다고 인정되는 하나 또는 둘 이상의 표준지의 공시지가를 기준으로 토지가격비준표를 사용하여 지가를 산정하되, 해당 토지의 가격과 표준지공시지가가 균형을 유지하도록 하여야 한다"고 규정하고 있다.

III. 법적 성질 – 법령보충적행정규칙 논점과 연결

토지가격비준표는 부동산공시법 제3조 제8항 및 동법 제10조 제4항과 결합하여 상위법령의 내용을 구체화하여 법규명령으로 인정할 수 있다고 본다. 즉, 토지가격비준표는 개별공시지가 산정과 개별 법률에서 토지가격비준표를 활용하도록 하고 있는 과세 산정 등에서는 구속력을 가지는 것으로 봄이 타당하다. 그러나 보상액 산정에 있어서는 참작자료로서, 대외적 구속력이 없다고 봄이 타당하다.

Ⅳ. 하자와 권리구제

1. 문제점

개별공시지가는 표준지를 기준으로 비교방식에 의해 산정한다. 즉 조사대상 필지의 토지특성을 조사하고, 비교표준지와 개별 토지의 특성 차이에 따른 토지가격비준표상의 가격배율을 산출하여 산출된 총 가격배율을 표준지공시지가에 곱하여 산정된다. 따라서 개별공시지가의 적정성은 토지가격비준표의 적정성과 직결되는 바, 토지가격비준표에 하자가 있을 때 국민의 권리구제가 문제된다.

2. 작성상의 하자

토지가격비준표는 그 작성 자체가 국민의 권리·의무에 직접 영향을 미친다고 보이지는 않으므로, 작성상 하자가 있더라도 쟁송의 제기는 불가능하다 할 것이다. 판례 역시 가격배율이나 토지특성 항목의 변경을 이유로 하는 행정쟁송의 제기를 부정하였다. 또한 비준표상의 토지의 특성 및 평가요소 등이 추가 또는 제외됨으로 인하여 가격상승 또는 가격하락이 있게 되었다는 것만으로는 개별토지가격결정이 부당하다고 하여 이를 다툴 수 없다고 하였다.

3. 활용상의 하자

① 판례는 토지가격비준표상의 가격배율은 비교표준지와 당해 토지의 특성을 비교하여 추출하고, 이를 개별토지의 가격을 산정할 때 모두 반영하여야 한다고 하고, 따라서 그 비교된 토지특성 중 임의로 일부 항목에 관한 가격배율만을 적용하여 산정한 지가를 기초로 하여 결정공고된 개별토지가격결정은 위법하다고 하였다.

② 또한 가격조정률은 토지가격비준표상의 것을 적용하여야 하며, 이와는 다른 조정률을 적용하여 개별토지가격을 결정하게 되면 그 처분은 위법한 것이 된다고 하였다(대판 1998.7.10. 97누1051).

③ 국토교통부장관이 작성하여 관계행정기관에 제공하는 '지가형성요인에 관한 표준적인 비교표(토지가격비준표)'는 개별토지가격을 산정하기 위한 자료로 제공되는 것으로, 토지수용에 따른 보상액 산정의 기준이 되는 것은 아니고 단지 참작자료에 불과할 뿐이다(대판 2007.7.12. 2006두11507).

④ 판례는 부동산공시법의 취지와 문언에 비추어 보면, 시장 등은 표준지공시지가에 토지가격비준표를 사용하여 산정된 지가와 감정평가법인등의 검증의견 및 토지소유자 등의 의견을 종합하여 당해 토지에 대하여 표준지공시지가와

균형을 유지한 개별공시지가를 결정할 수 있고, 그와 같이 결정된 개별공시지가가 표준지공시지가와 균형을 유지하지 못할 정도로 현저히 불합리하다는 등의 특별한 사정이 없는 한, 결과적으로 토지가격비준표를 사용하여 산정한 지가와 달리 결정되었거나 감정평가사의 검증의견에 따라 결정되었다는 이유만으로 그 개별공시지가 결정이 위법하다고 볼 수는 없다고 판시했다(대판 2012두15364).

논점 004 개별공시지가의 검증제도

Ⅰ. 개설(부동산공시법 제10조 제5항)

검증제도란 개별토지가격에 대하여 검증을 의뢰받은 감정평가법인등이 토지특성조사, 비교표준지선정, 토지가격비준표의 적용 등을 종합적으로 검토하여 지가의 적정성을 판단하는 과정이다. 감정평가법인등은 검증을 함으로써 개별토지가격이 적정하지 못하다고 인정될 경우 적정한 가격을 제시한다. 검증제도는 개별공시지가의 전문성을 제고시키기 위해 도입되었다. 또한 개별공시지가 조사·산정 기준의 미비점을 보완하여 적정한 지가를 결정하는데 취지가 있다.

Ⅱ. 법적 성질

검증 자체는 사실행위로서 법적 효과를 가져오지는 않는다. 따라서 항고쟁송의 대상이 될 수는 없다. 감정평가법인등이 국가의 지도·감독을 수탁하여 행하는 행정지도적 성질을 가지고 있다. 검증절차는 개별공시지가 결정·공시의 필수적 절차로서, 검증을 거치지 않은 개별공시지가 결정행위는 하자 있는 행정처분이 된다.

Ⅲ. 주체 및 책임

검증은 감정평가법인등이 행하고, 시장·군수 또는 구청장이 검증을 받으려는 때에는 해당 지역의 표준지의 공시지가를 조사·평가한 감정평가법인등 또는 감정평가실적 등이 우수한 감정평가법인등에게 의뢰하여야 한다. 검증업무를 행하는 자는 당해 업무에 있어 공무원으로 의제되므로, 감정평가법 제48조에 따라 형법 제129조부터 제132조까지 규정이 적용된다.

Ⅳ. 유형 및 절차

1. 유형

검증에는 시·군·구의 장이 산정한 개별토지가격에 대하여 지가열람 전에 실시하는 검증(산정지가 검증)과 토지소유자 등의 의견제출에 대한 검증(의견제출 검증), 이의신청에 따른 검증(이의신청 검증)이 있다. 개별공시지가 결정·공시 전에 검증하고 토지소유자 등에게 열람하게 함으로써 이의신청을 최소화시키고,

행정의 효율성을 제고하고자 하며, 토지소유자 등이 제출한 의견을 존중하여 지가의 적정성을 기하기 위해 검증을 단계별로 구분한다.

2. **절차**(부동산공시법 시행령 제18조 제2항)

   검증의뢰를 받은 감정평가법인등은 ①비교표준지 선정의 적정성에 관한 사항, ②개별토지 가격 산정의 적정성에 관한 사항, ③산정한 개별토지가격과 표준지공시지가의 균형 유지에 관한 사항, ④산정한 개별토지가격과 인근토지의 지가와의 균형 유지에 관한 사항, ⑤표준주택가격, 개별주택가격, 비주거용 표준부동산가격 및 비주거용 개별부동산가격 산정 시 고려된 토지 특성과 일치하는지 여부, ⑥개별토지가격 산정 시 적용된 용도지역, 토지이용상황 등 주요 특성이 공부(公簿)와 일치하는지 여부, ⑦그 밖에 시장·군수 또는 구청장이 검토를 의뢰한 사항을 검토·확인하고 의견을 제시하여야 한다. 산정지가 검증은 도면 등을 통한 약식검증이나, 의견제출 검증 및 이의신청 검증은 현장조사를 요하는 정밀검증이다.

3. **생략 및 생략의 예외**(동법 시행령 제18조 제3항)

   시장·군수 또는 구청장은 감정평가법인등의 검증을 생략하고자 하는 때에는 개별토지의 지가변동률과 국토교통부장관이 조사·공표하는 해당 토지의 읍·면·동의 연평균 지가변동률간의 차이가 작은 순으로 대상 토지를 선정하여 검증을 생략한다. 다만, 개발사업이 시행되거나 용도지역·용도지구가 변경되는 등의 사유가 있는 토지는 검증을 실시하여야 한다.

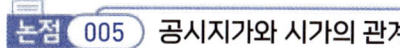

Ⅰ. 개설

시가란 불특정 다수의 시장에서 자유로이 거래가 이루어지는 경우에 통상 성립한다고 인정되는 가액이다. 시가와 현저히 차이가 나는 공시지가 결정은 위법한지와 관련하여 견해의 대립이 있다.

Ⅱ. 학설

①〈시가설〉은 공시지가는 각종 세금이나 부담금의 산정기준이 되는 토지가격으로 현실시장의 가격을 반영한 가격이어야 한다고 한다. ②〈정책가격설〉은 부동산공시법 제1조에서 나타나는 바와 같이 공시지가의 공시를 통하여 부동산의 적정한 가격형성을 도모하는 기능이 있으므로, 이는 투기억제 또는 지가안정이라는 정책적 목적을 위하여 결정·공시되는 가격이라고 한다.

Ⅲ. 판례

개별토지가격의 적정성 여부는 규정된 절차와 방법에 의하여 이루어진 것인지 여부에 따라 결정될 성질의 것이지, 당해 토지의 시가와 직접적 관련이 있는 것은 아니므로 단지 개별지가가 시가를 초과한다는 사유만으로는 그 가격의 결정이 위법하다고 단정할 것은 아니라고 판시하여 공시지가를 정책적으로 결정한 가격으로 보고 있다.

Ⅳ. 검토

① 〈정책가격설의 결론〉 공시지가가 통상적 시장에서 형성되는 시가를 반영하는 것이 바람직하나, 공시지가 제도를 둔 취지상 공시지가와 시가가 현저한 차이가 난다는 사유만으로 그 위법을 인정할 수는 없다. 단지, 공시지가의 산정절차나 비교표준지선정 등에 위법이 있을 때 이러한 위법을 이유로 다툴 수 있을 것이다.

② 〈시가설의 결론〉 공시지가의 산정절차 및 방법은 공시지가가 시가와 부합하여 시가를 담보하고 있는 것으로 보이고, 각종 세금 등의 산정기준으로서 정책적으로 결정되는 것이라면 조세형평의 원칙에 반할 위험이 있다. 또한 정책가격으로 볼 때 공시지가 수준에 대한 사법적 통제가 불가능하여 단지 절차·방식의 위반만을 다툴 수 있어 불복제도가 유명무실해질 것이다.

논점 006 타인토지출입

Ⅰ. 의의

관계 공무원 또는 부동산가격공시업무를 의뢰받은 자(이하 "관계공무원등"이라 한다)는 표준지가격의 조사·평가 또는 개별공시지가의 산정을 위하여 필요한 때에는 타인의 토지에 출입할 수 있다(부동산공시법 제13조 제1항).

Ⅱ. 출입절차 및 제한 등

①시장·군수 또는 구청장의 허가(부동산가격공시업무를 의뢰받은 자에 한정한다)를 받아 출입할 날의 3일 전에 그 점유자에게 일시와 장소를 통지하여야 한다. 다만, 점유자를 알 수 없거나 부득이한 사유가 있는 경우에는 그러하지 아니하다(부동산공시법 제13조 제2항). ②일출 전·일몰 후에는 그 토지의 점유자의 승인 없이 택지 또는 담장이나 울타리로 둘러싸인 타인의 토지에 출입할 수 없다(동조 제3항). 출입을 하고자 하는 자는 그 권한을 표시하는 증표와 허가증을 지니고 이를 관계인에게 내보여야 한다(동조 제4항).

Ⅲ. 토지보상법상 타인토지출입과의 비교

1. 공통점

(1) 법적 성질

타인토지의 출입행위는 행정작용을 적정하게 실행함에 필요로 하는 자료 및 정보 등을 수집 하기 위한 행정상 권력적 사실행위로서 행정조사라 할 것이다. 또한 사업의 준비 성격 측면에서, 타인토지출입을 공용제한으로 이해하는 견해와 공용사용으로 이해하는 견해로 나누어지고 있다.

(2) 출입 제한 및 증표 등 제시

일출 전·일몰 후에는 그 토지의 점유자의 승인 없이 택지 또는 담장이나 울타리로 둘러싸인 타인의 토지에 출입할 수 없고, 출입을 하고자 하는 자는 그 권한을 표시하는 증표와 허가증을 지니고 이를 관계인에게 내보여야 한다.

2. 차이점

(1) 입법취지

토지보상법상 타인토지출입은 공익 목적의 공익사업의 준비를 위함이며, 부동산공시법상 타인토지출입은 공시가격의 조사·평가를 위한 목적에 있다.

(2) 보상규정

토지보상법상 타인토지출입으로 인한 손실에 대하여는 보상규정을 두고 있으나, 부동산공시법은 보상규정이 없어 논란이 있다. 특별한 희생이 발생했음에도 보상규정이 없다는 이유로 보상을 배제해야 하는지 여부에 대해 문제가 제기되는 경우 논의가 필요하다.

(3) 토지점유자의 인용의무

토지보상법은 인용의무를 규정하고(토지보상법 제11조), 위반 시 벌칙규정(동법 제97조)을 두고 있다. 부동산공시법은 인용의무에 대한 규정이 없다. 부동산공시법상 타인토지출입은 토지보상법과 같은 장해물 제거행위 등의 행위가 필요 없으므로, 토지점유자로서는 출입자의 행위를 방해할 이유가 없기 때문에 규정을 두지 않은 것으로 해석된다.

 **주택가격의 공시 및 비주거용 부동산 가격공시제도**

I. 개설

주택가격공시제도는 정부의 조세형평주의의 일환으로 종합부동산세를 부과하기 위한 기준을 마련하기 위하여 도입된 제도이다. 종전 지가공시법에는 표준지공시지가와 개별공시지가가 담겨 있었고, 주택공시제도가 함께 포함되어 부동산공시법(구 부동산 가격공시 및 감정평가에 관한 법률)이 새로이 입법되었었다. 부동산공시법 중 부동산 가격공시에 관한 내용이 「부동산 가격공시에 관한 법률」로 분리되면서 비주거용 부동산에 대한 가격공시제도가 입법적으로 마련되어 이를 고찰하는 것은 의미있는 일이다.

II. 표준주택가격 공시제도

표준주택가격이란 국토교통부장관이 용도지역, 건물구조 등이 일반적으로 유사하다고 인정되는 일단의 단독주택 중에서 선정한 표준주택에 대한 매년 공시기준일 현재의 적정가격을 말한다(부동산공시법 제16조 제1항).

III. 개별주택가격 공시제도

개별주택가격이란 시장·군수·구청장이 시·군·구 부동산가격공시위원회의 심의를 거쳐 결정·공시한 매년 공시기준일 현재 관할 구역 안의 개별주택의 가격을 말한다(부동산공시법 제17조 제1항).

IV. 공동주택가격 공시제도

공동주택가격이란 국토교통부장관이 조사·산정하여 중앙부동산가격공시위원회의 심의를 거쳐 공시한 공동주택에 대한 매년 공시기준일 현재의 적정가격을 말한다(부동산공시법 제18조 제1항).

V. 비주거용 표준부동산 가격공시제도

1. 의의

비주거용 표준부동산가격이란 국토교통부장관이 용도지역, 이용상황, 건물구조 등이 일반적으로 유사하다고 인정되는 일단의 비주거용 일반부동산 중에서 선정한 비주거용 표준부동산에 대하여 조사·산정한 매년 공시기준일 현재의 적정가격을 말한다(부동산공시법 제20조 제1항).

2. 법적 성질

비주거용 표준부동산가격의 법적 성질은 개별공시지가와 유사하게 국민의 권리·의무에 직접 영향이 있다고 볼 수 있어 처분으로 봄이 타당하다.

3. 공시절차

국토교통부장관은 일단의 비주거용 일반부동산 중에서 대표할 수 있는 비주거용 표준부동산을 선정하여야 하고, 감정평가법인등 또는 대통령령으로 정하는 부동산 가격의 조사·산정에 관한 전문성이 있는 자에게 의뢰한다. 의뢰받은 자는 공시기준일 현재의 적정가격을 조사·산정하고, 중앙부동산가격공시위원회의 심의를 거쳐 비주거용 표준부동산가격을 공시한다. 비주거용 표준부동산가격을 공시할 때는 지번, 가격, 대지면적 및 형상, 용도, 연면적, 구조, 사용승인일(임시사용승인일을 포함한다), 그 밖에 대통령령으로 정하는 사항을 공시하여야 한다.

4. 효력 및 불복

비주거용 표준부동산가격은 국가 등 기관이 그 업무와 관련하여 비주거용 개별부동산가격을 산정하는 경우 기준이 된다(부동산공시법 제23조 제1항). 불복은 표준지공시지가 이의신청을 준용하도록 규정하고 있다(부동산공시법 제20조 제7항). 비주거용 표준부동산가격의 처분성을 인정하면 항고소송을 제기할 수 있다.

VI. 비주거용 개별부동산 가격공시제도

비주거용 개별부동산가격이란 시장·군수·구청장이 시·군·구 부동산가격공시위원회의 심의를 거쳐 결정·공시한 관할 구역 안의 비주거용 개별부동산에 대한 매년 공시기준일 현재의 가격을 말한다(부동산공시법 제21조 제1항).

VII. 비주거용 집합부동산 가격공시제도

비주거용 집합부동산가격이란 국토교통부장관이 조사·산정하여 중앙부동산가격공시위원회의 심의를 거쳐 공시한 비주거용 집합부동산가격에 대한 매년 공시기준일 현재의 적정가격을 말한다(부동산공시법 제22조 제1항).

CHAPTER 05 감정평가법

 논점 001 감정평가사 등록

1. 의의 및 취지(감정평가법 제17조)

감정평가사의 등록이란 감정평가사 자격이 있는 사람이 감정평가법인등의 업무(감정평가법 제10조)를 하려는 경우 국토교통부장관에게 등록신청을 하고, 국토교통부장관은 자격요건 등 등록요건 구비사실을 유효한 것으로 받아들이는 것을 말한다. 등록제도는 감정평가사를 효율적으로 관리하고, 자격취득 이후 감정평가사의 결격사유의 해당여부를 판단함으로써, 감정평가사 자격이 있는 자로 하여금 감정평가업무를 담당하게 하여 감정평가사 자격에 대한 신뢰성을 제고하기 위한 취지가 있다.

2. 법적 성질

(1) 강학상 수리여부

국토교통부장관의 등록에 대하여 강학상 수리로 보는 견해와 강학상 허가로 보는 견해, 등록은 장부에 기재하는 것이므로 강학상 수리와 구별된다는 견해가 있다. 수리는 요건에 대한 형식적 심사만 거치지만 허가의 경우는 형식적 심사 외에 실질적 심사까지 거쳐야 한다. 감정평가사 등록은 등록신청에 대하여 국토교통부장관이 등록거부사유가 있지 않은지 확인하는 절차가 필요하다. 이러한 확인은 감정평가법 시행령 제17조 및 제18조 규정의 취지를 고려할 때, 실질적 심사가 아닌 형식적 심사로 판단되는 바, 국토교통부장관의 등록은 강학상 수리로 봄이 타당하다.

(2) 기속행위 여부

감정평가법 제17조에서는 "감정평가사 자격이 있는 사람이 국토교통부장관에게 등록하여야 한다"라고 되어 있어 명확하지 않으나, 감정평가법 시행령 제17조 및 제18조에 의하면 "국토교통부장관은 등록거부사유를 제외하고는 감정평가사 등록부에 등재하고, 신청인에게 등록증을 교부하여야 한다"고 되어 있어 기속행위로 판단된다. 따라서 감정평가법에서 정한 사유 외의 사유를 들어 등록을 거부하는 것은 감정평가법에 위반되는 위법한 거부처분이 된다.

3. 등록거부에 대한 권리구제(등록거부의 처분성)

등록신청에 대한 거부를 항고소송으로 다투기 위하여 그 대상적격의 논의는 거부가 처분이 되기 위한 요건의 논의에 따라 그 처분성 여부가 결정된다. 적법한 등록신청을 하였으나 등록이 거부된 자는 법률상 이익의 침해를 받는 것이 된다. 따라서 항고쟁송을 통해 다툴 수 있다.

4. 갱신등록과 관련한 논의

갱신등록은 등록에 기한이 있을 때, 종전 등록의 법적 효과를 유지시키는 행정청의 행위이다. 감정평가법상 갱신등록은 5년마다 행하는데, 주기적으로 검증된 감정평가사로 하여금 감정평가업무를 수행하게 하여 감정평가의 신뢰성을 제고할 목적으로 도입되었다. 자격등록의 내용과 동일하다. 다만, 갱신등록을 거부할 때 취소소송을 제기하면서 집행정지가 가능할 것인지, 사전통지를 해야 하는지 등의 논점이 존재한다.

논점 002 감정평가사의 법적 지위

I. 개설

감정평가사는 감정평가법이 정한 요건에 의하여 자격을 취득한 자로서 타인의 의뢰를 받아 토지 등을 감정평가하는 것을 그 직무로 하는 자(감정평가법 제4조 제1항)이다. 감정평가사가 수행하는 업무는 국민의 재산권과 관련하여 사회성·공공성·윤리성이 강조되므로, 감정평가법은 감정평가사에 대한 권리와 의무 및 책임을 규정하고 있으며, 의무 위반에 대한 일정한 제재조치를 규정하고 있다.

II. 권리 및 의무 등

1. 권리

감정평가사는 일정한 요건을 갖추어 등록(감정평가법 제17조)을 하고, 사무소 개설을(동법 제21조) 하거나 감정평가법인 설립인가(동법 제29조)를 받거나 그에 소속되어 감정평가할 권리를 지닌다. 그 외에도 청문권(동법 제45조 제1호), 행정쟁송제기권 등의 권리를 지닌다.

2. 의무

등록 및 갱신등록의 의무(감정평가법 제17조), 성실의무 등(동법 제25조), 비밀엄수 의무(동법 제26조), 명의대여금지 의무(동법 제27조) 등이 있다.

3. 책임

(1) 행정상 책임

1) 자격의 취소(감정평가법 제13조 제1항)

국토교통부장관은 감정평가사가 부정한 방법으로 감정평가사의 자격을 받은 경우와 동법 제39조제2항제1호에 해당하는 징계를 받은 경우 중 어느 하나에 해당하는 경우에는 그 자격을 취소하여야 한다.

2) 징계(감정평가법 제39조)

국토교통부장관은 감정평가사가 감정평가법에 따른 징계사유가 발생했을 때, 자격의 취소, 등록의 취소, 2년 이하의 업무정지, 견책의 징계를 발령할 수 있다.

3) 과태료(감정평가법 제52조)

국토교통부장관은 감정평가법에 따른 과태료 부과 사유가 발생했을 때, 500만원 이하의 과태료를 부과한다.

(2) 형사상 책임

1) 행정형벌(감정평가법 제49조 및 제50조)

감정평가법상 위반 사유가 발생하면 동법 제49조 및 제50조에 따라 징역 또는 벌금에 처하게 된다.

2) 공무원 의제처벌(감정평가법 제48조)

표준지의 적정가격의 조사·평가 등의 업무, 공공용지의 매수 및 토지의 수용·사용에 대한 보상 등 업무를 수행할 때의 감정평가사(감정평가법 제48조 제1호), 감정평가관리·징계위원회의 위원 중 공무원이 아닌 위원(동조 제2호), 위탁업무에 종사하는 협회의 임직원(동조 제3호) 중 어느 하나에 해당하는 사람은 벌칙적용에 있어「형법」제129조부터 제132조 규정을 적용할 때에는 공무원으로 본다.

> **참고 관련 논점**
>
> **Ⅰ. 감정평가 및 감정평가업의 개념**
>
> 감정평가란 토지등의 경제적 가치를 판정하여 그 결과를 가액으로 표시하는 것을 말한다(동법 제2조 제2호). 감정평가업이란 타인의 의뢰에 따라 일정한 보수를 받고 토지등의 감정평가를 업으로 행하는 것을 말한다(동법 제2조 제3호).
>
> **Ⅱ. 감정평가사의 직무**
>
> ①감정평가사는 타인의 의뢰를 받아 토지등을 감정평가하는 것을 그 직무로 한다(동법 제4조 제1항). 감정평가사는 공공성을 지닌 가치평가 전문직으로서 공정하고 객관적으로 그 직무를 수행한다(제4조 제2항). ②토지등이란 토지 및 그 정착물, 동산, 그 밖에 대통령령으로 정하는 재산과 이들에 관한 소유권 외의 권리를 말한다(동법 제2조 제1호).
>
> **Ⅲ. 감정평가법인등의 업무**(동법 제10조)
>
> 감정평가법인등은「부동산 가격공시에 관한 법률」에 따라 감정평가법인등이 수행하는 업무,「부동산 가격공시에 관한 법률」제8조제2호에 따른 목적을 위한 토지등의 감정평가,「자산재평가법」에 따른 토지등의 감정평가, 법원에 계속 중인

소송 또는 경매를 위한 토지등의 감정평가, 금융기관·보험회사·신탁회사 등 타인의 의뢰에 따른 토지등의 감정평가, 감정평가와 관련된 상담 및 자문, 토지등의 이용 및 개발 등에 대한 조언이나 정보 등의 제공, 다른 법령에 따라 감정평가법인등이 할 수 있는 토지등의 감정평가의 업무를 행한다.

IV. 감정평가와 관련된 윤리규정

1. 개설

감정평가 업무는 국민의 재산권과 관련하여 사회성, 공공성, 윤리성이 강조되므로 감정평가법은 감정평가법인등이 지켜야 할 의무를 규정하고 있는 바, 이하 후술하기로 한다.

2. 성실의무 등(감정평가법 제25조)

①감정평가법인등(감정평가법인 또는 감정평가사사무소의 소속 감정평가사를 포함한다. 이하 이 조에서 같다)은 제10조에 따른 업무를 하는 경우 품위를 유지하여야 하고, 신의와 성실로써 공정하게 하여야 하며, 고의 또는 중대한 과실로 업무를 잘못하여서는 아니 된다. ②감정평가법인등은 자기 또는 친족 소유, 그 밖에 불공정하게 제10조에 따른 업무를 수행할 우려가 있다고 인정되는 토지등에 대해서는 그 업무를 수행하여서는 아니 된다. ③감정평가법인등은 토지등의 매매업을 직접 하여서는 아니 된다. ④감정평가법인등이나 그 사무직원은 제23조에 따른 수수료와 실비 외에는 어떠한 명목으로도 그 업무와 관련된 대가를 받아서는 아니 되며, 감정평가 수주의 대가로 금품 또는 재산상의 이익을 제공하거나 제공하기로 약속하여서는 아니 된다. ⑤감정평가사는 둘 이상의 감정평가법인 또는 감정평가사사무소에 소속될 수 없다. ⑥감정평가법인등이나 사무직원은 제28조의2에서 정하는 유도 또는 요구에 따라서는 아니 된다.

2. 비밀엄수(동법 제26조)

감정평가법인등이나 그 사무직원 또는 감정평가법인등이었거나 그 사무직원이었던 사람은 업무상 알게 된 비밀을 누설하여서는 아니 된다. 다만, 다른 법령에 특별한 규정이 있는 경우에는 그러하지 아니하다.

3. 명의대여 등의 금지(동법 제27조)

①감정평가사 또는 감정평가법인등은 다른 사람에게 자기의 성명 또는 상호를 사용하여 제10조에 따른 업무를 수행하게 하거나 자격증·등록증 또는 인가증을 양도·대여하거나 이를 부당하게 행사하여서는 아니 된다. ②누구든지 상기 '①' 행위를 알선해서는 아니 된다.

논점 003 감정평가법인

Ⅰ. 개설

감정평가사는 제10조에 따른 업무를 조직적으로 수행하기 위하여 감정평가법인을 설립할 수 있다(감정평가법 제29조 제1항).

Ⅱ. 감정평가법인 설립행위와 인가행위의 관계

1. 인가의 개념

①인가라 함은 타인의 법률적 행위를 보충하여 그 법률적 효력을 완성시켜 주는 행정행위를 말한다. 이론상 인가는 법률적 행위의 효력을 인가라는 행정청의 결정에 의해 발생시킬 공익상 필요가 있는 경우에 인정된다. ②인가가 행해져야 인가의 대상이 된 제3자의 법률적 행위가 법적 효력을 발생한다. 인가는 기본행위가 효력을 발생하기 위한 효력요건이다. 무인가행위는 효력을 발생하지 않는다. 그러나, 허가와 달리 강제집행이나 처벌의 대상은 되지 않는다.

2. 인가의 보충성

인가는 신청에 따라 기본행위의 효력을 완성시켜 주는 보충적 행위이다. 따라서, 인가는 항상 상대방의 신청에 의해 행해지고, 인가의 대상이 되는 행위의 내용은 신청인이 결정하며 행정청은 인가를 할 것인지의 여부만을 결정한다. 인가의 대상이 되는 행위의 내용을 수정하여 인가하는 것(수정인가)은 인정되지 않는다. 인가의 대상이 되는 행위는 인가가 있어야 비로소 효력을 발생한다. 인가의 대상이 됨에도 인가를 받지 않은 행위(무인가행위)는 효력을 발생하지 않는다.

3. 기본행위(설립행위)에 하자가 있는 경우

① 인가는 신청에 따라 기본행위의 효력을 완성시켜 주는 보충행위이다. 따라서 기본행위가 성립하지 않거나 무효인 경우에 인가가 있어도 인가는 무효가 된다. 유효한 기본적 행위를 대상으로 인가가 행해진 후에 기본행위가 취소되거나 실효된 경우에는 인가도 실효된다.

② 기본행위에 취소원인이 있는 경우에는 기본행위가 취소되지 않는 한 인가의 효력에는 영향이 없다. 취소원인이 있는 기본행위는 인가가 있은 후에도 취소될 수도 있고, 기본행위가 취소되면 인가도 실효된다.

4. 기본행위의 하자를 이유로 인가를 다툴 협의의 소익이 있는지

(1) 학설

기본행위의 하자가 판결확정 전이라면 기본행위의 하자를 이유로 인가처분의 취소를 소구할 협의의 소익이 없다는 견해가 다수설이다. 반면, 분쟁 해결의 일회성 취지를 강조하는 것을 근거로 협의의 소익을 인정해야 한다는 견해가 있다.

(2) 판례

판례는 인가처분에 하자가 없다면 기본행위의 무효를 내세워 행정청의 인가처분의 취소 또는 무효확인을 소구할 법률상의 이익이 있다고 할 수 없다고 판시하여 소극적인 입장이다(대판 1994.10.14. 93누22753).

(3) 검토

취소소송을 담당하는 법원이 인가처분취소소송에서 민사소송 등의 사항인 기본행위의 하자를 심리하기는 어렵다고 보아야 하므로 부정하는 견해가 타당하다.

5. 인가행위에 하자가 있는 경우

기본행위가 적법 유효하고 보충행위인 인가행위 자체에만 하자가 있다면, 그 인가처분의 무효나 취소를 주장할 수 있다. 인가처분이 무효이거나 취소된 경우에는 그 기본행위는 무인가행위가 된다.

논점 004 손해배상책임

Ⅰ. 개관

1. 의의 및 취지(감정평가법 제28조제 1항)

①감정평가법인등이 감정평가를 하면서 고의 또는 과실로 감정평가 당시의 적정가격과 현저한 차이가 있게 감정평가를 하거나 감정평가 서류에 거짓을 기록함으로써 감정평가 의뢰인이나 선의의 제3자에게 손해를 발생하게 하였을 때에는 감정평가법인등은 그 손해를 배상할 책임이 있다. ②이는 의뢰인 및 제3자의 보호 도모에 취지가 인정된다.

2. 감정평가의 법률관계

의뢰인과 감정평가법인등과의 법률관계는 상호 대등한 관계로서 사법관계로 볼 수 있고, 감정평가업무의 사회성, 공공성에 따라 공법관계로도 볼 수 있다. 판례 및 다수설은 사법상 특수한 위임계약으로 본다.

3. 감정평가법 제28조 법적성질

(1) 문제점

감정평가계약이 사법상 위임계약이라면, 감정평가법 제28조 제1항의 규정이 없더라도 의뢰인 및 선의의 제3자에게 손해배상책임을 진다. 그렇다면 이 규정이 민법 제750조의 특칙인지 문제된다.

(2) 견해의 대립

①특칙이라는 견해는 감정평가시 적정가격을 찾는 것이 어렵고, 감정평가법인등의 보호 측면에서 민법에 대한 특칙이라 본다. ②특칙이 아니라는 견해는 상대방이나 제3자의 보호입장에서 감정평가사법 제28조가 보험, 공제로 처리되는 감정평가법인등의 손해배상 책임의 범위를 한정하는 것일 뿐 채무불이행, 불법행위책임을 배제하는 규정은 아니라고 본다.

(3) 판례

대법원은 감정평가법인등의 부실한 감정으로 인하여 손해를 입게된 감정평가 의뢰인이나 선의의 제3자는 손해배상책임과 민법상 손해배상책임을 함께 물을 수 있다고 하여 특칙이 아니라는 견해이다.

(4) 검토

생각건대, 적정가격을 현실적으로 찾기 어려운 점, 정책적 배려에서 마련된 규정으로 보아야 하는 등 특칙으로 보는 견해가 타당하다 여겨진다.

II. 손해배상책임의 요건

1. 감정평가를 할 것

감정평가는 가치판단작용을 말하며 단순한 사실조사의 잘못은 그 배상책임이 없으나, 〈판례〉는 임대차 사실관계 조사상 과실을 이유로 배상책임을 인정한바 있다.

2. 고의 또는 과실이 있을 것

①고의란 부당한 감정평가임을 안 것을 의미하며, ②과실이란 통상 기울여야할 주의의무를 위반한 것을 말한다. ③판례는 감정평가법인등이 감정평가에 관한 규칙의 기준을 무시하고 자의적인 방법에 의해 고의, 중과실에 기한 손해배상을 인정한 바 있다.

3. 부당한 감정평가를 하였을 것

(1) 적정가격과 현저한 차이

대법원은 공시지가 결정과 관련하여 1.3배가 유일한 판단기준이 될 수 없다고 한바 있다. 감정평가액과 적정가격 사이에 현저한 차이가 있는지 여부는 부당감정에 이르게 된 감정평가법인등의 귀책사유가 무엇인가하는 점을 고려하여 사회통념에 따라 탄력적으로 판단하여야 한다.

(2) 거짓의 기재

평가서상의 기재사항에 대한 물건의 내용, 산출근거, 평가액을 거짓 기재함으로써 가격에 변화를 일으키는 요인을 고의, 과실로 기재하는 것을 말한다.

4. 의뢰인이나 선의의 제3자에게 손해가 발생할 것

선의의 제3자란 감정내용이 허위 또는 적정가격과 현저한 차이가 있음을 인식하지 못한 것 뿐만 아니라, 타인이 사용할 수 없음이 명시되어 있는 경우 그 사용사실까지 인식하지 못한 제3자를 의미한다. 손해란 재산권적 법익에 관해 받은 불이익을 말한다.

5. 상당 인과관계가 있을 것

부당한 감정평가행위와 손해발생 사이에 상당한 인과관계가 있어야 한다. 인과관계란 선·후 사실 사이에 전자가 없었더라면 후자도 없었으리라는 관계가 있는 경우 성립되는 관계를 말한다.

6. 위법성이 필요한지 여부

위법성에 대하여 ①별도로 필요하다는 견해와, ②고의과실 속에 포함되는 것으로 보는 견해, ③부당한 감정평가에 포함되는 것으로 보는 견해가 있다. ④생각건대 감정평가법 제28조는 민법의 특칙으로 봄이 타당하다는 점에서 부당한 감정평가의 개념 속에 위법성 요건이 포함되는 것으로 보는 것이 타당하다.

Ⅲ. 손해배상책임의 내용

1. 손해배상책임의 범위

손해배상의 범위는 부당감정이 없었다고 한다면 있어야 할 법익상태와 부당감정평가가 이미 발생하고 있는 현재의 법익상태의 차이를 말한다.

2. 손해배상의 보장(동법 제28조 제2항)

감정평가법인등은 손해배상책임을 보장하기 위하여 보험에 가입하거나 한국감정평가사협회가 운영하는 공제사업에 가입하는 등 필요한 조치를 하여야 한다.

3. 고지 의무(동법 제28조 제3항)

감정평가법인등은 동법 제28조 제1항에 따라 감정평가 의뢰인이나 선의의 제3자에게 법원의 확정판결을 통한 손해배상이 결정된 경우에는 국토교통부령으로 정하는 바에 따라 그 사실을 국토교통부장관에게 알려야 한다.

논점 005 징계와 과징금

Ⅰ. 징계 제도

1. 징계의 의의 및 취지

감정평가사가 감정평가법 제39조의 사유에 해당하는 경우 국토교통부장관이 감정평가관리·징계위원회의 의결에 따라 해당 감정평가사를 제재하는 것을 말한다. 이는 감정평가사의 신뢰성 도모 등에 취지가 있다.

2. 징계의 종류 및 법적 성질

①징계는 자격의 취소, 등록의 취소, 2년 이하의 업무정지, 견책 등이 있으며, ②이는 감정평가사의 권리와 의무에 영향을 미치는 침익적 처분이다.

3. 징계의 절차

징계요청, 징계의결의 요구, 징계의결, 징계사실의 통보 및 공고 등으로 징계가 이루어진다.

Ⅱ. 과징금 제도

① 과징금이란 행정법규의 위반이나 행정법상의 의무 위반으로 경제상의 이익을 얻게 되는 경우에 당해 위반으로 인한 경제적 이익을 박탈하기 위하여 그 이익액에 따라 행정기관이 과하는 행정상 제재금을 말한다.

② 행정법규 또는 행정법상 의무의 위반으로 막대한 경제적 이익을 얻는 경우에 있어서는 행정벌만으로는 그 위반을 막을 수 없는 것이 현실이다. 과징금은 행정법규 위반으로 발생하는 경제적 이득을 박탈함으로써 행정법규 위반행위를 막는 효과를 갖는다.

③ 감정평가법상 과징금은 변형된 과징금으로서, 이는 영업정지, 업무정지 등에 갈음하여 과징금을 부과하는 것으로, 제재적 성격의 과징금이다. 과징금은 국토교통부장관이 부과처분을 하게 되며, 부과절차 및 징수 등은 감정평가사법 제41조 내지 제44조 규정에 따른다.

④ 과징금부과행위는 과징금 납부의무를 명하는 급부하명으로서 처분에 해당하며, 감정평가법 제41조 문언에 비추어 공익을 고려하는 등 재량행위로 보여진다.

논점 006 타당성조사와 표본조사

Ⅰ. 타당성조사

1. 의의 및 취지(감정평가법 제8조)

타당성조사란 국토교통부장관이 감정평가서가 발급된 후 직권 또는 관계 기관 등의 요청 있는 경우에 감정평가법인등의 감정평가가 법률에서 정하는 절차와 방법 등에 따라 타당하게 이루어졌는지를 조사하는 것을 말한다. 이는 평가보고서의 합리성 검증, 의뢰인의 의사결정에 확신 제공, 제도개선 기능 등에 취지가 있다.

2. 실시 및 중지사유

(1) 사유(동법 시행령 제8조 제1항)

국토교통부장관은 ①국토교통부장관이 감정평가법 제47조에 따른 지도·감독을 위한 감정평가법인등의 사무소 출입·검사 결과나 그 밖의 사유에 따라 조사가 필요하다고 인정하는 경우와 ②관계 기관 또는 이해관계인(이때의 이해관계란 해당 감정평가를 의뢰한 자)이 조사를 요청하는 경우에 타당성조사를 실시할 수 있다.

(2) 중지 및 불실시사유(동법 시행령 제8조 제2항)

국토교통부장관은 타당성조사의 대상이 되는 감정평가가 ①법원의 판결에 따라 확정된 경우, ②재판에 계류 중이거나 수사기관에서 수사 중인 경우, ③토지보상법 등 관계 법령에서 감정평가와 관련하여 규정하고 있는 권리구제 절차가 진행 중이거나 권리구제 절차를 이행할 수 있는 경우, ④징계처분, 제재처분, 형사처벌 등을 할 수 없어 타당성 조사의 실익이 없는 경우에는 타당성조사를 하지 아니하거나 중지할 수 있다.

3. 조사의 절차(동법 시행령 제8조 제4항 내지 제6항)

국토교통부장관은 ①감정평가의 타당성조사의 착수일부터 10일 이내에 감정평가법인등 및 이해관계인에게 이를 알려야 하며, ②이해관계인은 통지를 받은 날부터 10일 이내에 국토교통부장관에게 의견을 제출할 수 있다. ③타당성조사가 완료되면 그 결과를 감정평가법인등·이해관계인·조사를 요청한 관계 기관에 지체 없이 통지하여야 한다.

ll. 표본조사(동법 제8조의2)

1. 내용

①무작위추출방식의 표본조사, ②우선추출방식의 표본조사가 있다. ③〈우선추출방식의 표본조사의 경우〉 ㉠최근 3년 이내에 실시한 타당성조사 결과 감정평가의 원칙과 기준을 준수하지 않는 등 감정평가의 부실이 발생한 분야, ㉡표본조사를 실시한 결과 법 또는 다른 법률에서 정하는 방법이나 절차 등을 위반한 사례가 다수 발생한 분야, ㉢그 밖에 감정평가의 부실을 방지하기 위하여 협회의 요청을 받아 국토교통부장관이 필요하다고 인정하는 분야에 대하여 실시한다.

2. 의견 요청 및 고시

①국토교통부장관은 표본조사 결과 감정평가 제도의 개선이 필요하다고 인정되는 경우에는 기준제정기관에 감정평가의 방법과 절차 등에 관한 개선 의견을 요청할 수 있다. ②표본조사에 필요한 세부사항은 국토교통부장관이 정하여 고시한다.

CHAPTER 06 도시정비법

1. 개관

정비계획 수립과 정비구역 지정, 안전진단(재건축사업의 경우에만 해당)-추진위원회 구성 및 승인- 조합설립 및 인가-시공사의 선정과 재건축조합의 매도청구-사업시행계획인가-정비조합(재개발사업의 경우)의 토지수용-관리처분 계획 및 인가-이전고시-청산금 부과 및 조합의 해산.

2. 도시·주거환경기본계획의 수립

시장 등이 수립하는 정비사업의 바탕이 되는 행정계획으로서, 비구속적 계획에 해당한다.

3. 정비구역의 지정

지정에 따라 정비계획의 내용에 적합하지 않은 건축물 또는 공작물의 설치가 제한되며, 이러한 지정은 도시관리계획의 일종으로서 처분에 해당한다(판례).

4. 추진위원회의 구성과 승인

5. 조합설립 및 인가 및 사업시행계획인가, 관리처분 계획 및 인가

6. 공용환권의 시행

(1) 개설

도시정비법상 공용환권은 분양신청과 관리처분계획에 따른 환권처분에 의해 행해진다.

(2) 환권처분의 의의

환권처분(換權處分)이라 함은 환권계획에 따라 권리의 변환을 행하는 것을 말한다. 도시정비법상 환권처분은 이전고시 및 청산에 의해 행하여진다.

(3) 이전고시

이전고시는 준공인가의 고시로 사업시행이 완료된 이후에 관리처분계획에서 정한바에 따라 종전의 토지 또는 건축물에 대하여 정비사업으로 조성된 대지 또는 건축물의 위치 및 범위 등을 정하여 소유권을 분양받을 자에게 이전하고 가격의 차액에 상당하는 금액을 청산하거나 대지 또는 건축물을 정하지 않고 금전적으로 청산하는 공법상 처분이다(대판 2013다73551).

(4) 청산금 부과

청산금을 확정하는 처분은 행정처분이므로 항고소송을 제기할 수 있다.

> **참고** **관련 논점 : 조합설립인가**

I. 조합설립인가의 법적 성질

1. 문제점

재개발조합 및 재건축조합을 설립하기 위하여는 시장·군수의 인가를 받아야 한다.

이러한 조합을 설립하는 조합설립행위에 대한 행정기관의 인가처분의 법적 성질이 무엇인지가 문제된다.

2. 학설

①인가설은 조합설립결의를 기본행위로, 조합설립인가는 이를 보충하는 행위(인가)로 보는 견해이며, ②특허설은 조합설립인가(특허)를 받기 위한 요건으로 보는 견해로, 조합설립인가는 행정주체인 도시정비법상의 정비사업조합을 만드는 행위(형성적 행위)로 보는 견해이다.

3. 판례

과거의 판례는 재건축조합설립인가에 대하여 인가설을 취하였다. 그러나 최근 대법원은 행정청이 도시정비법 등 관련 법령에 근거하여 행하는 조합설립인가처분은 단순히 사인들의 조합설립행위에 대한 보충행위로서의 성질을 갖는 것에 그치는 것이 아니라 법령상 요건을 갖출 경우 도시정비법상 주택재건축사업을 시행할 수 있는 권한을 갖는 행정주체(공법인)로서의 지위를 부여하는 일종의 설권적 처분의 성격을 갖는다고 보아야 한다고 판시하였다.

4. 검토

도시정비법상 조합설립인가처분은 조합이 정비사업을 시행할 수 있는 권한을 갖는 행정주체로서의 지위를 부여하는 능력설정행위이므로 학문상 특허로 보는 것이 타당하다.

II. 쟁송의 형태

조합설립인가를 특허로 본다면 조합설립행위는 조합설립인가의 적법요건이 된다. 따라서 조합설립행위에 하자가 있다면 그 하자를 이유로 직접 항고소송의 방법으로 다툴 수 있을 것이다(만약 인가로 볼 경우 조합설립인가 자체의 하자가 없다면 민사소송을 통하여 조합설립결의의 무효를 다투어야 한다).

MEMO

이현진
감평법규 핵심정리 요약서

초판인쇄	2022년 03월 29일
초판발행	2022년 04월 07일
개 정 판	2024년 04월 07일
저　　자	이현진
발 행 인	최창호
등　　록	제2016-000065호
발 행 처	주식회사 좋은책
주　　소	서울시 관악구 관악로12길 10, 3층
교재문의	TEL) 02-871-7720 / FAX) 02-871-7721
I S B N	979-11-6348-623-7 [13360]

본서의 무단 전재·복제 행위는 저작권법에 의거하여 5년 이하의 징역 또는 5천만원 이하의 벌금에 처하거나 이를 병과할 수 있습니다.

저자와의 협의하에 인지를 생략합니다.

정가 22,000원